KB262732

한국의 대표 선지식
18인에게 듣는
인생과 깨달음 이야기

불광출판사

이 책은 조계종 홍보팀에서 기획하고 진행한 '5대총림 방장 및 원로의원스님 홍보콘텐츠 제작사업'의 결과물입니다. 당시 저는 홍보팀에 근무하면서 큰스님들의 삶과 수행 이야기를 기록하는 이 사업을 담당했는데, 느끼고 깨닫는 바가 많았습니다. 그래서 다른 곳으로 자리를 옮긴 이후에도 개인적으로 큰스님들을 찾아뵙고 말씀을 기록하는 일을 계속했습니다. 이렇게 총 1년 반 동안 진행한 인터뷰들을 정리한 결과가 바로 이 책입니다. 책에 수록된 열여덟 분 중 열 분의 자료를 제공해 준 조계종 총무원에 감사의 마음을 전합니다.

해방 전후에 출가하신 큰스님들의 수행 과정은 한국 현대불교사와 궤를 같이 하고 있습니다. 한 분 한 분 스님을 뵙는 것이 저에게는 '역사 그 자체'와 마주하는 경험이었습니다. 봉암사 결사와 불교정화 불사, 이후 계속된 한국불교역사에 대한 큰스님들의 생생한 증언은 큰 울림으로 다가왔습니다.

저는 큰스님들을 뵈면서 여러 가지를 느낄 수 있었습니다.

가장 크게 다가온 것은 '큰스님들이 어른으로서 존경받는 이유가 있다'는 것이었습니다. '명불허전(名不虛傳)'이라는 말 그대로였습니다. 수행이나 포교를 비롯한 여러 분야에서 큰스님들은 (당신들께서는 굳이 드러내려고 하지 않았지만) 일가를 이룰 만한 성과를 만들어 왔습니다. 여기에 소개된 스님들은 종단의 큰 어른이십니다. 짧게는 몇 시간, 길게는 이틀 정도를 곁에 머무르면서 봤던 것은 어른다운 모습 그 자체였습니다.

또 큰스님들의 솔직한 모습들을 보았습니다. 공부가 부족하다고 하시는 것이나 아직도 모자란 것이 많다고 말씀하시는 모습들을 보면서 큰스님들은 이 시대 국민과 불자들의 스승이기 전에 존경받을 수밖에 없는 '사람'이었습니다.

몇몇 사람들은 한국불교에 선지식(善知識)이 없다고 말하곤 합니다. 공부를 하고 싶어도 가르침을 받을 만한 스승을 찾기 어렵다고 말합니다. 그러나 저는 열여덟 분의 스님들, 나아가 제방에서 수행하고 있는 많은 스님들이 우리 곁에 있는 살아 있는 선지식이라고 감히 말합니다. 큰스님들께서 인터뷰 중간 중간 저에게 던져주신 물음들은 아직도 해결하지 못한 숙제로 남아 있습니다.

부족하지만 이 책을 통해 많은 국민과 불자들이 큰스님들의 가르침과 한국 현대불교의 역사를 조금이라도 확인할 수 있으면 좋겠습니다.

인터뷰에 응해주신 열여덟 분의 큰스님께 다시 한 번 머리 숙여 감사드립니다. 특히 제공해주신 과거 수행시절 사진은 사료(史料)로서도 큰 가치가 있을 것으로 생각됩니다.

또 책이 나올 수 있게 배려해주신 지홍 스님과 류지호 주간님을 비롯한 불광출판사 식구들에게 감사의 인사를 올립니다.

2011년 8월

공동저자 유철주

차례

조지장식필택기림 (鳥之將息必擇其林)

인지구학내선사우 (人之求學乃選師友)

새가 쉴 때는 반드시 그 쉴 만한 숲을 잘 선택해야 하고

사람이 배울 때 역시 스승과 벗을 잘 선택해야 한다.

– 야운 스님, 『자경문』

깨닫지
못하면

죽어도

죽는 것이
아니다!

고불총림 백양사 방장

수산 스님

수산 스님

가족들의 잇따른 죽음에 충격을 받고
세상에서 자신의 흔적을 없애고자 백양사로 출가했다.
만암 스님의 상좌인 법안 스님을 은사로 정식 출가했지만
법안 스님은 이미 입적한 뒤여서 만암 스님의 말씀에 따라
법안 스님의 위패상좌가 되었다.
만암—서옹으로 이어진 고불총림 백양사의 법맥을 이으며
고불총림의 방장이자 영광 불갑사 조실로
후학들을 제접하고 있다.
전쟁 직후 어려움에 처했던 백양사 말사들을
하나둘 복원해 살림을 정상화시키기도 했다.
수산 스님은 차(茶)의 대가로도 알려져 있으며,
예순 넘어 시작한 아침운동을
30여 년째 하루도 거르지 않고 있다.

유난히 추운 겨울이다. 온 나라가 꽁꽁 얼어붙었고, 서울을 비롯한 전국에는 '눈폭탄'이 쏟아졌다. 그래도 태양은 간간이 차갑지 않은 햇빛을 내려 사람들의 마음을 누그러뜨리기도 한다. 큰스님들의 법문도 이와 다르지 않다. 팍팍하기만 한 세상살이지만 그래도 불자들이 힘을 내 정진할 수 있는 것은 선지식(善知識)들의 감로수 같은 말씀과 가르침 덕분일 것이다.

수산지종(壽山知宗) 대종사. 한국 현대 불교의 대선사 서옹 스님의 뒤를 이어 지난 2004년부터 고불총림(古佛叢林) 방장(方丈)으로서 불갑사에 주석하며 후학들을 제접하고 있다.

불갑사는 현존하는 최고(最古)의 사찰이다. 인도 스님 마라난타존자(摩羅難陀尊者)가 남중국 동진(東晉)을 거쳐 백제 침류왕 1년(384)에 영광 법성포로 들어와 모악산에 최초로 사찰을 창건하였는데, 이 절이 제불사(諸佛寺)의 시원(始原)이요 으뜸이 된다고 하여 불갑사(佛甲寺)라고 이름 지었다고 한다.

고려시대 각진 국사가 주석하던 14세기 전후에는 상주 대중만 1,000여 명, 40여 동의 전각에 500여 칸의 대가람을 이뤘다고 전해진다. 불교가 가장 어려웠던 시기인 조선시대에도 적게는 200여 명, 많게는 300여 스님들이 정진했다.

한국전쟁을 전후로 쇠락했던 불갑사가 오늘날의 위상을 다시 갖추기 시작한 것은 수산 스님이 1975년 절에 오면서부터다. 수산 스님은 옛 자료들을 하나하나 다시 모아 허물어져 가던 전각의 보수불사를 시작했고, 20여 년 전 고시공부를 위해 이곳에 왔던 만당 스님이 수산 스님을 은사로 출가한 이후 본격적으로 중창불사를 진행해 오늘에 이르렀다. 만당 스님은 사적기(史蹟記)를 바탕으로 열여섯 동의 전각을 복원하고, 아홉 동의 전각을 보수하여 현재는 스물다섯 동의 전각이 불갑사에 자리를 하고 있다.

수산 스님은 "만당 스님이 참 일을 잘 한다."며 "만암 스님 뜻에 따라 젊었을 때는 거의 폐허에 가까웠던 절들을 다니며 다시 세우곤 했는데, 말년에 만당 스님을 만나 이렇게 편안하게 산다."며 미소를 지었다.

폭설이 잦은 서해안 지역의 기후 때문에 두 차례나 연기를 거듭한 끝에 2010년 1월 22일과 23일 양일간 대종사를 친견할 수 있었다. 스님은 1998년 재개원한 무각선원(無覺禪院) 염화실에서 정진하며 후학과 신도들을 만나고 있다.

인사를 드리고 자리에 앉아 숨을 돌린 후 스님에게 건강 유지 비결에 대해 먼저 여쭈었다. 스님은 1922년생이다.

"나는 어려서부터 환자였습니다. 담석증이 있었는데, 당시에는 병명을 모르니 치료를 위해 안 해본 것이 없어요. 어른들이 회가 돌아서 그렇다고 해 회충약을 먹어 보기도 하고, 누가 석유가 회를 잡는다고 해서 석유도 마셔 봤지만, 전혀 소용이 없었습니다. 이전에는 의술이 부족해서 병원에서도 원인을 모르다가 나중에 가서 엑스레이를 찍어

보니 담석증이었던 거예요. 수술해야 한다고 했는데, 형편이 안돼서 못하고 죽어도 염불이나 하다가 죽자는 생각으로 기도를 했습니다. 기도를 열심히 하다 보니 나중에 나도 모르게 비몽사몽간에 입속에 손을 넣어서 느슨한 덩어리를 끝없이 끄집어냈습니다. 그리고 나서 10년간은 아무 이상이 없었는데, 그 후에 다시 담석이 돌기 시작해서 할 수 없이 수술을 해 쓸개를 떼어 냈습니다. 제가 쓸개 없는 놈입니다. 허허."

⊙   수산 스님이 주석하고 있는 불갑사 무각선원 모습.

스님은 수술 후에도 신경통과 관절염, 소화불량 등의 병으로 정신없이 부대꼈다고 한다. 그래서 스님은 운동을 시작했다.

"몸이 너무 안 좋아 예순 넘어서부터 운동을 시작했어요. 음식도 규칙적으로 먹어야 합니다. 맛있는 음식이라도 소식을 하지요. 그래서 지금까지 사는 것 같습니다." 스님은 몸에 맞는 요가를 직접 '개발'해 매일 아침 운동을 한다. 밤 9시면 어김없이 잠자리에 들고 새벽 2시 30분이면 일어나 운동을 시작해 1시간 정도 몸을 풀어 준다. 운동 후에는 예불을 올리고 1시간 이상 참선을 해 6시에는 전체 불갑사 대중과 함께 아침 공양을 한다. 직접 요가 시범을 보여 주는 스님의 몸은 10대 못지않았다.

말씀은 자연스럽게 스님의 출가인연으로 이어졌다.

"제 형제가 4남매였는데, 어려서 큰형님이 갑자기 돌아가셨고, 아버지도 형의 죽음으로 화병을 얻어 제가 열네 살 때 돌아가셨습니다. 3년상을 모셨습니다. 그런데 탈상을 하자마자 열일곱 살에 어머니마저 돌아가셔서 다시 3년상을 치렀습니다."

⊙　직접 개발한 요가 시범을 보이는 수산 스님.

　　깨닫지 못하면 죽어도 죽는 것이 아니다!

가혹한 운명이다. 스님에게 형과 부모님의 연이은 죽음은 큰 충격이었을 것이다. "이렇다 보니 인생무상이 느껴졌어요. 자식이 먼저 죽자 비탄에 빠져 슬퍼하다 돌아가신 부모님을 보면서 세상에 흔적을 남기지 않고 종적을 없애고자 출가하기로 결심하고 집에서 가까웠던 백양사로 갔습니다." 1940년, 스님의 나이 열아홉 살 때였다.

【 사람도 못 된 것들이 중을 해 세상이 시끄럽다 】

● **행자 생활은 어떠셨습니까?**

● "그때 행자는 법당에 들어가지도 못하게 했습니다. 염불 같은 의식(儀式)을 가르쳐 놓으면 절 밖에 나가 못된 짓 하고 다닌다고 해서 스님들이 하나도 가르치질 않았어요. 어린 동자승 같으면 귀여워서 이 것저것 시켜 보기도 했을 텐데, 저 같이 다 큰 놈이 행자로 왔으니 절에서는 온갖 일을 다 시켰죠. 그때 절에서는 행자를 정말 종 다루듯 했습니다. 지금 그렇게 하면 행자들 다 도망갈 겁니다. 그때 생각하면 지금은 중노릇하기 좋은 때입니다."

● **행자 생활이 끝나고 법안 스님의 위패상좌가 되셨습니다. 위패상좌라는 말이 좀 생소합니다.**

● "예전에 스님들은 상좌를 받으면 책임지고 가르쳐야 했습니다. 학비와 양식을 다 내야 했던 것이지요. 그런데 저를 맡아 줄 스승이 없었어요. 그래서 만암 스님께서 일찍 입적해 버린 당신 상좌 법안

스님의 위패상좌로 은맥(恩脈)을 정해 주셨습니다. 스승이 없다 보니 저는 명부전, 극락전, 대웅전 지전(持殿) 소임을 보면서 보시로 나오는 돈 2원과 곡식을 받아 사중에 양식을 내고 학비를 삼아 어렵게 공부를 하게 되었습니다. 그때는 지전이 온갖 잡일을 다 해야 했기 때문에 공부할 틈을 내는 것도 쉽지 않았습니다."

그렇게 스님은 세상에 없는 스님을 스승으로 모시고 수행자의 길에 나섰다. 모든 것을 혼자 헤쳐 나가야 하는 고된 출발이었다.

● **그래도 법안 스님에 대한 말씀은 들으셨을 것 같습니다.**

● "법안 스님은 20년이 넘게 목사로 살다 만암 스님과 한판 붙어 불교를 박살내러 왔다가 스님께 감화를 받아 출가했다고 합니다. 인연이지요. 그렇게 출가하게 된 스님은 강원 학인스님들에게 영어와 신학문을 가르쳤습니다. 당시에는 드물게 미국에서 신학대학까지 졸업했던 분입니다. 만암 스님께서도 상당히 아꼈던 스님이었다고 나중에 들었습니다."

일찍 요절한 제자에 대한 애틋함 때문이었겠지만, 그나마 상좌의 상좌를 뒀으니 만암 스님은 든든했을 것이다. 반대로 보면 수산 스님은 사실상 만암 스님의 상좌나 다름없었다고 할 수 있다. 만암 스님에 대해서도 몇 가지 여쭈어 보지 않을 수 없었다.

● **만암 스님이 평소에 강조했던 것은 무엇이었나요?**

● "만암 스님은 '중노릇 잘하려면 공부 열심히 해야 한다', '신심(信心)과 공심(公心)으로 살아라', '탐진치 삼독심(三毒心)을 경계하라',

'삼보정재를 함부로 쓰지 말라'는 말씀을 항상 하셨지요. 그리고 가장 중요한 것은 무엇이든 입으로 하는 것이 아니라 실천하는 것이라고 당부하셨습니다."

스님은 덧붙여 만암 스님과의 일화를 하나 소개했다. 하루는 만암 스님이 수산 스님을 불러 "중 승(僧) 자를 쓸 줄 아느냐?"고 물었다. 그래서 수산 스님은 "사람 인(人) 변에 일찍 증(曾) 아닙니까?"라고 대답했다. 그런데 답을 말하자 칭찬은커녕 호된 꾸중이 이어졌다. 만암 스님은 "나이도 어린 놈이 세속의 습(習)이 아직도 남아 있구나! 어찌 사람도 안 된 것이 중이 될 수 있겠느냐?"라고 호통을 쳤다. 사람이 먼저 돼야 한다는 말씀이었다. 만암 스님은 수산 스님에게 "모든 사람을 이롭게 하는 것이 부처님 법이다. 사람이 되고, 또 스스로의 주인이 돼야 한다. 사람도 못 된 것들이 중을 해 세상이 시끄럽다."고 질책했다고 한다.

【 수중일월 장악건곤 】

● **만암 스님께 화두를 받으셨지요?**

● "제가 강원을 마치고 나자 만암 스님이 백양사 산내 암자인 청량원(淸凉院)에 저를 머물게 하시며 말씀하시기를 '다 필요 없다. 죽었다 생각하고 이뭣고 화두를 참구하라'고 하셨습니다. 그래서 '이뭣고' 화두에 몰입하게 되었고, 청량원에 머무는 1년여 동안 만암 스님이 매일 아침 공양을 청량원에서 드시면서 공부를 점검해 주셨습니다.

'이뭣고'는 말 그대로 이놈이 어떤 놈이냐, 송장을 끌고 다니는 이놈이 어떤 놈이냐, 모든 것의 주체인 이놈이 어떤 놈이냐를 참구하는 것입니다. 도대체 어떤 물건인지에 대한 의심을 가득 품지 않으면 화두가 잘 안 들릴 수 있습니다. 여러 화두가 있지만 나에게는 '이뭣고'가 딱 걸렸습니다."

● **이후에도 수십 년간 제방에서 정진하셨습니다. 만안 스님에게 전법게**(傳法偈)**도 받으셨습니다.**

● "이렇게 화두를 받아 1945년 동안거를 백양사 운문암선원에서 인곡 스님을 조실로, 고암 스님을 선원장으로 모시고 비룡 스님 등과 함께 정진하였고, 1946년 하안거를 정혜사 만공 스님 회상에서 보냈습니다. 만공 스님은 제가 맘에 들었던지 저를 다른 선원으로 내보내려 하지 않았습니다. 그해 동안거부터 1948년 동안거까지는 인곡 스님을 조실로 모시고 다보사에서 수행했습니다. 이때 상기(上氣)가 올라와 머리가 익어 버릴 지경이 되자 인곡 스님이 화두를 내려놓으라고 하셨으나, 놓아지지 않아 그대로 화두일념에 맡겨 두고 지내는 중에 도리가 밝아져 '수중일월 장악건곤(袖中日月 掌握乾坤, 옷소매 속에 해와 달을 거두고 손아귀에 하늘과 땅을 모아 쥐었네)'이라고 하였습니다. 그 이후 목포 정혜원에서 만암 스님을 조실로, 서옹 스님을 선원장으로 모시고 주지 소임을 보면서 안거를 보냈고, 1953년 가을에 만암 스님에게 입실(入室)하여 전법게를 받았습니다."

이때 스님은 만암 스님으로부터 수산(壽山)이라는 법호를 받게 된다. 만암 스님이 수산 스님에게 준 전법게는 '고혜무견정 사해부증간 염

진언궁처 외연일수산(高侯無見頂 四海不曾間 念盡言窮處 巍然一壽山, 얼마나 높은
지 정상이 안 보이고 사해가 일찍이 그 틈이 없네. 생각이 다하고 말이 끊어진 곳에 외람되이
한 수산만 우뚝 나타났네)'이다. 수산 스님이 경지에 이르렀다고 보는 만암
스님의 인가(印可)였다. 전법게는 스승이 제자에게 법을 전한다는 것
이기 때문에 수산 스님이 만암 스님의 법을 이어 받았다는 것을 의미
한다.

수산 스님은 이후에도 수행과 포교를 소홀히 하지 말라는 만암 스님의
말씀에 따라 1949년부터 목포 정혜원, 완도 신흥사, 부안 개암사, 태백
흥복사 등의 주지 소임을 맡아 가람 수호에 진력하였고, 1966~1967년,
1969~1971년, 1973~1975년 세 번에 걸쳐 백양사 주지 소임을 맡아
보았다. 또 소임이 끝나면 미련 없이 걸망을 지고 운수행각을 떠나기
도 하였다.

⊙ 1974년 백양사 주지 시절의 모습. 앞줄 왼쪽
에서 세번째가 수산 스님.

● **만암 스님은 정화 불사 당시 조금은 점진적인 방법을 말씀하신 것으로 알고 있습니다.**

● "스님은 일제시대부터 왜곡 변질된 승단에 대한 개혁의 필요성을 줄기차게 주장했습니다. 대처승이 본사 주지를 하는 것도 절대 인정하지 않았어요. 해방 후에도 스님은 중앙 교단에 일제 때의 폐습을 고쳐야 한다고 건의하기도 했습니다. 그런데 그것이 잘 안됐어요. 그러던 중에 정화가 시작됐는데, 스님은 점진적인 방법을 강조하셨습니다. 우선 삼보사찰을 정화해 인재를 양성하고, 대처승들을 적절하게 활용할 필요가 있다고 하셨지요. 사찰의 주지와 각 소임은 비구승이 해야 한다고 하셨어요. 대신 대처승들에게는 능력에 따라 포교사 등의 소임을 맡기자고 하신 것입니다."

⊙ 만당 스님과 수산 스님.

만암 스님에 대한 수산 스님의 회고는 끝이 없었다.

만당 스님은 평소 수산 스님에게 만암 스님에 대한 얘기를 많이 들어왔다고 한다. 만당 스님이 재밌는 일화를 하나 들려줬다. 하루는 만당 스님이 "도대체 어떤 분이시기에 그렇게 만암 스님 말씀만 하십니까?"라고 물었다고 한다. 그러자 수산 스님이 답해 주겠다고 가까이 오라고 했다. 그런데 스님은 말씀 대신 뺨을 철퍼덕 후려쳤다고 한다. 그러자 만당 스님이 "이것이 전부입니까?" 하고 다시 여쭈었고, 스님은 다시 뺨을 후려쳤다. 그런데 만당 스님은 아픔을 전혀 느끼지 못했다. 대신 스승의 스승에 대해 다시 알게 되었다고 한다.

【 화두 속에서 살다가 화두 속에서 죽어라 】

● **서옹 스님과도 함께 수행을 하셨습니다. 어떤 분이셨나요?**

● "서옹 스님은 만암 스님의 수제자입니다. 복이 많은 분이지요. 만암 스님은 서옹 스님을 당신의 보물이라고 생각했습니다. 스님은 공부를 열심히 했어요. 법문도 잘 듣고 절도 잘하고 그랬지요. 부처님같이만 된다면 스님이 되겠다고 해 출가했습니다. 출가할 때 한 재가자가 만암 스님을 소개해 줘서 스님께 왔다고 합니다. 스님은 1939년에 일본 교토에 있는 임제대학에 입학했습니다. 임제대학은 과정이 엄격하고 까다로웠어요. 1940년 최범술 스님이 여러 한국 스님들을 이끌고 도쿄를 거쳐 교토에 갔을 때 서옹 스님을 만나서 격려했습니다. 일본 스님들이 서옹 스님을 가리키며 '조선에는 저렇게 공부 열심

히 하는 스님만 있느냐?'고 한국 스님들에게 물어 볼 정도로 공부를 잘했다고 해요. 스님은 임제대학을 졸업하고 임제종 묘심사에서 3년간 더 참선 공부를 하고 한국에 돌아왔지요. 한국에 와서는 저와 같이 만암 스님을 모시고 공부도 했고 나중에 종정도 하시고 또 고불총림을 복원해 참사람운동을 벌이며 전통 간화선의 현대화를 이끌기도 했습니다."

서옹 스님과 수산 스님은 만암 스님의 애제자였다. 서옹 스님은 공부를 계속해 현대 한국불교사에 한 획을 그었고, 수산 스님 역시 쓰러져 가던 호남불교를 중흥시키기 위해 수많은 가람을 일신시켰다.

● **만암 스님, 서옹 스님 등을 거쳐 이어져 온 고불총림의 가풍은 무엇인가요?**

● "다른 것은 없습니다. 오직 모든 스님들이 공부 열심히 해서 견성성불(見性成佛)하게 하는 것이 근본이고 가풍입니다. 마음자리를 찾는 것이 부처 되는 길입니다. 석가여래의 법을 마하가섭을 비롯한 33명의 조사스님들이 계승했듯이 우리도 부처님의 가르침을 올곧게 잇고 실천해야 합니다. 그것이 총림에 살고 있는 사람들의 임무일 것입니다."

● **2004년부터 총림을 이끌고 계십니다. 총림 운영의 원칙이 있을 것 같습니다.**

● "제일 중요한 것은 화합입니다. 그리고 정진입니다. 총림 사정이 아무래도 어려운 편이다 보니 사심이 아닌 공심으로 살아야 한다는 것을 강조합니다. 스스로 주인이 되어 아끼고 수행하는 마음자세가 필요합니다. 소임자들은 공부하는 대중들을 잘 외호하고 가람을 수호

    깨닫지 못하면 죽어도 죽는 것이 아니다!

하는 것에 진력해야 합니다. 중생을 제도하겠다는 지극한 마음으로 모두 합심해서 살도록 당부하고 있습니다."

● **고불총림은 돈오돈수(頓悟頓修)를 중심으로 수행하고 있는 것으로 알고 있습니다. 돈오돈수와 돈오점수(頓悟漸修)를 어떻게 보시는지요?**

● "돈오(頓悟) 후에는 점수할 것이 없습니다. 지극한 수행 끝에 몰록 깨닫는 것이 돈오고 더 닦을 것이 없는 것입니다. 확철대오(廓撤大悟) 이후에는 돈수지요. 돈오돈수는 의식과 무의식을 투과해 깨달은 것입니다. 본래 망상이 없는 자리를 찾은 것이지요. 역대 조사스님들의 입장은 돈수의 경지에서 한 것입니다. 점수는 조사선과는 다른 부분이 있습니다."

돈오돈수가 선(禪)의 본류라는 것을 강조한 말씀이다.

방장으로서 총림을 이끄는 것도 중요한 소임이다. 후학들이 공부를 열심히 하도록 돕고 스님들이 화합하게 하는 것도 어른의 몫이다. 또 수시로 공부를 점검해 주는 것도 빼놓을 수 없는 일이다. 그래서 여쭈었다.

● **공부는 어떻게 해야 합니까?**

● "화두를 들고 공부하는 간화선은 생사를 해탈하기 위해 하는 공부입니다. 사람은 태어나서 '참 자기'를 알고 죽어야 합니다. '자기'도 모르고 죽는 것같이 어리석은 것은 없습니다. 모든 것을 걸고 공부해야 합니다. 먹고 노는 일은 모두 잊고 화두에만 매달려야 합니다. 화두 속에서 살다가 화두 속에서 죽어야지요."

● **요즘 제방의 수행 풍토에 대한 우려가 많습니다. 어떻게 보시는지요?**

●   "중이 견성성불 못하면 죽어도 죽는 것이 아닙니다. 이런 생각을 항상 하면서 정진해야 합니다. 지금 제방에서는 2,000명이 훨씬 넘는 스님들이 공부하고 있습니다. 열심히 하고 있어요. 그런데 앞서도 말했지만 요즘은 공부하기 너무 좋은 환경입니다. 그렇다 보니 나태해지는 측면이 있습니다. 선방에 앉아만 있으면 된다고 생각하니 마음이 자꾸 딴 곳으로 갑니다. 그래서 비판이 많은 것 같습니다. 부처님 법을 믿고 오로지 공부하고 또 공부해야 합니다."

【 신심, 초심, 공부 】

● **오늘**(1월 22일)**이 부처님이 깨달음을 이룬 성도재일입니다. 부처님은 무엇을 깨달으셨습니까?**

●   "그 자리를 깨쳤습니다."

잠시 이해가 안 돼 "네?"라고 다시 여쭙자 수산 스님은 말씀을 이었다. "그대가 묻고 내가 답하는 그 자리를 깨쳤습니다." 한 마디 화두를 던진 스님은 차를 마신다. 오묘한 말씀을 알아듣기에는 너무나 부족한 중생도 어쩔 수 없이 차를 따라 마셨다.

● **33대 총무원이 출범했습니다. '소통과 화합으로 함께하는 불교'를 모토로 합니다. 격려의 말씀 부탁드립니다.**

●   "총무원장 스님 이하 모든 소임자들은 자리에 연연하지 말고

하심(下心)하면서 소임을 살아야 합니다. '총무원장'이라는 생각을 버리고 어떻게 하면 종단이 잘될 수 있는지만 생각해야 합니다. 종단에 몸뚱이를 바친다는 생각으로, 삐끗하면 종단도 본인도 망한다는 생각으로 일해야 합니다. 총무원장 스님은 그동안 잘 살아온 분이기 때문에 앞으로 종단이 잘될 것으로 생각합니다."

● **최근 종단은 승가 교육 개선을 위해 다양한 논의를 하며 대안을 제시하고 있습니다. 스님께서는 어떻게 보시는지요?**

● "옛날에는 계 받고 의식 배우고 강원 가서 치문, 사집, 사교, 대교를 배웠습니다. 또 대교를 마치고 은사스님을 시봉하면서 보통 3년은 더 공부했습니다. 그렇게 공부를 시켜 보고 쓸모 있으면 소임도 맡기고 그랬어요. 철저하게 공부시켜 스님을 만들어야 한다고 생각했기 때문에 그렇게 했습니다. 공부는 신심(信心)이 바탕에 있어야 합니다. 신심을 키울 수 있는 공부가 중요합니다. 또 사람이 되도록 가르쳐야 합니다. 발심(發心)했던 초심(初心)이 유지되고 공부가 계속될 수 있는 방안을 마련해야 할 것입니다."

● **경제도 어렵고 국민들의 생활은 점점 더 어려워지는 것 같습니다. 불자와 국민들에게 격려와 당부의 말씀 부탁드립니다.**

● "지금 우리는 살기 쉽지 않은 세상 속에서 살고 있습니다. 모든 사람의 머릿속에는 100보다는 300, 500을 가져야 한다는 생각만 가득합니다. 족한 줄 모르고 살면 항상 마찬가지입니다. 욕심을 놓고 살아야 합니다. 어렵겠지만 공심으로, 그리고 언행일치(言行一致)와 실

⊙ 수산 스님은 차의 대가이기도 하다.

 깨닫지 못하면 죽어도 죽는 것이 아니다!

천궁행(實踐躬行)의 정신으로 살아야 합니다. 언젠가는 점점 더 나아진다는 기대를 가지고 현재에 충실하며 살아가기기를 바랍니다."

출가와 수행, 후학 지도 등을 주제로 말씀을 듣다 보니 벌써 몇 시간이 흘렀다. 열기를 식히려 문을 열고 염화실 마당을 보니 눈이 내리고 있었다. "눈도 오는데 차나 한잔 더 하고 가라."며 스님은 시자스님에게 차를 더 내리라고 한다. 그러고 보니 스님은 '차(茶)의 대가'이기도 하다. 생각난 김에 스님에게 차와 수행에 대해서 한 말씀 더 여쭈었다.

"다선일여(茶禪一如)라고 했습니다. 차는 예전부터 공부하는 스님들에게 필수품이었어요. 작설(雀舌)은 피를 깨끗하게 해서 정신도 맑게 합니다. 참선 공부는 정신이 혼탁하면 안 되기 때문에 수좌스님들은 항상 차를 가까이 뒀습니다. 또 차에는 잡념이나 그 어떤 것도 들어오지 못하게 해야 한다고 해서 독신 남녀가 차를 만들었습니다. 혹여나 순수하지 못한 생각이 차에 들어갈 것을 우려해서 그랬습니다. 그렇게 여러 과정을 거쳐 절에서 차가 만들어지게 되었던 것입니다."

만들 때는 물론 마시는 순간에도 깨끗한 마음으로 차를 대하는 것이 중요하다고 스님은 여러 차례 강조했다. 스님은 마치 화두를 들 듯, 차 한잔을 마실 때에도 모든 성성을 다했다.

뜨거운 차를 몇 잔 마시고 나니 눈도 그치고 이내 해도 다시 모습을 드러냈다. 구름에 가려 있던 해가 다시 나와 눈을 녹이고 세상에 온기를 불어 넣듯, 무명(無明)을 걷어내지 못한 중생에게 선지식의 할(喝)과 방(棒)은 영원한 자유를 위해 정진하고 또 정진하라고 채찍질을 하고 있었다.

중이

출가 본분
잊고 사는
것이

법난

조계총림 송광사 방장

보성 스님

보성 스님

효봉 스님과 구산 스님에 이어
조계총림 송광사 방장으로 대중들의 존경을 받고 있다.
해방 전후 극심한 이념대결이 한창일 때
'참 나'를 찾을 수 있는 길이 출가에 있음을 직감하고
은사 구산 스님을 따라 사문의 길에 들어섰다.
출가 직후부터 효봉 스님을 모시며 자연스럽게
공부를 시작했으며 송광사의 안정과 화합을 이끌었다.
조계종 전계대화상을 역임할 정도로 율(律)에 밝으며
삼보일배를 행자교육 과정에 처음 도입하기도 했다.
후학들이 공부를 한다고 하면 교육비 전액을
후원할 정도로 교육에 큰 관심을 가지고 있다.

보성 스님을 뵙기 위해 송광사를 찾은 2010년 2월 27일. 오랜만에 만난 종무소 직원들과 애기를 나누던 중 보성 스님을 모시고 있는 시자 스님이 종무소를 찾아왔다. "방장스님께서 오늘 나온 일간지를 찾으신다. '김연아 선수 금메달 획득' 기사를 보고 싶어 하신다."며 스님은 종무원들을 채근했다. "TV로 보셨을 텐데, 왜 굳이 신문을 찾으실까?" 하는 생각이 들 때쯤, 신문을 찾아 스님에게 건네던 한 종무원이 "송광사에는 TV가 없어 큰 일이 있으면 스님들이 가끔 신문을 찾아보신다."고 귀띔한다. 그렇다. 송광사에는 TV가 없다. 수많은 방에도 TV는 없다. 그나마 종무소에 있는 것은 '전시용'일 뿐이다.

송광사 스님들은 이렇게 산다. 철저하게 '스님답게' 산다. 어떤 전각이든 그 앞을 지날 때면 스님들은 어김없이 합장하고 예를 올린다. 행자부터 방장스님까지 예외가 없다. 다른 절에서는 쉽게 볼 수 없는 장면이다. 그래서 사람들은 송광사를 승보종찰(僧寶宗刹)이라 부른다.

이렇게 여법(如法)한 스님들의 중심에 바로 범일보성(梵日菩成) 대종사가 있다. 지난 1997년부터 총림 방장으로서 10년이 넘는 시간 동안 수백 명의 대중을 이끌고 있는 보성 스님은 "중은 중다워야 한다."며 경내 곳곳을 살핀다.

시자스님이 신문을 가져가고 나서도 한참을 기다린 끝에야 보성 스님을 만날 수 있었다. 스님이 신문을 본 후 몇 군데 송광사 말사(末寺)까지 둘러보고 왔기 때문이다. 송광사 내 삼일암 미소실(微笑室)에서 스님에게 삼배를 올리고 앉으니, "다 늙은 중 보러 여기까지 왔나?"며 인사를 건넨다. 조계종 초대 종성이었던 효봉 스님과 조계총림을 세웠던 구산 스님의 법을 이은 보성 스님은 출가인연부터 남달랐다.

"해방 전부터 우리 사회는 좌우의 이념 대결이 극에 달했습니다. 내 형제와 친구들도 특정 이념에 깊이 빠져 있었습니다. 그러나 나는 어느 쪽의 이념에도 동의할 수 없었습니다. 이 혼란스러운 세상에서 나를 제대로 이끌어 줄 수 있는 것이 없을까 계속 고민했어요. 그러던 중 구산 스님을 만났는데, 구산 스님이 '정신 차려서 스스로를 챙길 수 있는 공부 방법이 불교에 있다'고 하셔서 그 길로 구산 스님을 따라 나섰습니다. 그때가 1944년이었고 내 나이 열일곱 살 때였지요."

고향인 경북 성주 근처에는 절들이 많았기 때문에 구산 스님을 만나기 전부터 스님은 '출가'에 대해 진지하게 생각하고 있었다. 그래서 실제로 여러 절을 찾아다니기도 했다. 그러던 중 인연을 만난 것이다. 당시 해인사 조실(祖室)이 효봉 스님이고, 구산 스님은 원주(院主) 소임을 보고 있었다. 구산 스님은 살림을 맡아 봤기 때문에 해인사 안팎을 자주 다녔고, 보성 스님의 고향 집에도 몇 차례 다녀 보성 스님과는 구면인 사이였다.

    중이 출가 본분 잊고 사는 것이 법난

【 잠들어 있으면 깨우라 】

● **'출가'는 무엇입니까?**

● "단순히 집을 나오는 것이 아닙니다. 오직 일대사(一大事)를 해결하겠다는 일념으로 여러 대중이 한 집에 모여 같이 머리 깎고 같이 자고 같이 공부하는 것입니다. '참 나'를 찾을 수 있는 확실한 길이지요."

● **해인사에서 출가하셨는데, 당시 해인사는 어땠나요?**

● "다른 절도 마찬가지였지만 해방 직후에는 다들 먹고사는 것을 걱정했습니다. 그때 먹는다는 것이 정말 힘든 일이라는 것을 알았습니다. 해인사는 자체적으로 식량 해결이 안 됐습니다. 해인사 대중이 50~60명 정도였는데, 그때는 큰 됫박으로 한 말을 밥하면 60명이 먹을 수 있었습니다. 모든 음식은 이것을 기준으로 했습니다. 그래도 나는 가끔 밥이 모자라더라도 절 일을 하는 일꾼들에게는 수북하게 담아 주곤 했습니다. 반찬은 엄청 짜 거의 소금 같았습니다. 몇 가지 없으니 짠 반찬으로 허기를 달랬지요. 허허. 어른스님들은 산감(山監)과 싸워 가면서 나무를 해다가 불을 땠어요. 솥에 데운 뜨거운 물 쓰는 데도 눈치를 살피곤 했지요." 당시에도 해인사는 상당히 큰 절이었다. 큰 절 사정이 이러했으니 다른 절은 더 말할 필요가 없을 정도였을 것이다.

● **행자 생활이 꽤 힘들었을 것 같은데요.**

● "출가 직후부터 효봉 스님을 모셨습니다. 그렇다보니 정신이

없었습니다. 효봉 스님이 하루는 방 청소를 시켰습니다. 청소가 끝났다고 말씀을 드렸더니, 당신께서 손으로 먼지를 닦아 보고는 다시 청소를 시켰어요. 그래서 철저하게 청소를 했더니 스님께서 다시는 말씀을 안 하셨습니다. 다른 일도 마찬가지입니다. 수행도 수행이지만 먹고사는 것도 중요했기에 대중들이 필요로 하는 일은 무엇이든 했던 기억이 납니다. 지금 생각하면 그때 공부가 큰 자산입니다."

● **출가 직후부터 모신 효봉 스님은 어떤 분이셨나요?**

● "효봉 스님은 늘 대중과 함께했습니다. 대중들의 뜻에 따라 판단하고 실천했습니다. 대중들이 공의를 모을 때도 말씀을 하기보다 먼저 들으려 하셨고, 대중들의 화합을 항상 강조하셨지요. 계율(戒律)을 화합의 기본으로 하셨고, 또 지독할 만큼 언행일치를 실천하셨습니다. 효봉 스님은 정진을 열심히 하셔서인지, 수행에 대해 누가 물어도 철저하게 당신의 경험을 말씀하셨습니다. 체험을 법문으로 했던 것입니다. 그리고 무슨 일을 할 때 재주 부리지 말고 제대로 하라고 하셨지요. 계정혜 삼학(三學)을 두루 갖추셨고, 부처님 법에 어긋나는 것은 절대로 하지 않았습니다."

효봉 스님은 잘 알려져 있듯이, 일제시대에 판사를 하다 사형선고를 내린 뒤 삶과 죽음에 대한 고민에 빠진 끝에 출가했다. 금강산 신계사 법기암에서 엉덩이 살이 헐고 진물이 나 좌복(방석)이 떨어지지 않을 정도로 수행해 깨달음을 얻었다. 이때부터 효봉 스님에게는 '절구통 수좌'라는 별칭이 따라 붙기도 했다. 수많은 수행 일화를 남긴 '전설적'인 스님이 바로 효봉 스님이다.

● **효봉 스님은 입적하면서도 많은 가르침을 주셨다고 들었습니다.**

● "스님은 깨어 있다가 생을 마치기를 원하셨습니다. 그래서 스님은 저에게 당신이 잠들어 있으면 깨우라고 하셨어요. 그래서 저는 아주 곤히 잠드셨다 싶으면 10분 정도 있다가 깨워드리곤 했어요. 스님은 밀양 표충사 서래각에서 입적하실 때까지 정신을 놓지 않으셨습니다. 낮에도 많이 힘들지 않으면 눕지 않으셨습니다. 스님이 열반하실 때 저에게 갈 준비를 해야겠다고 하시더군요. 스님은 저에게 중노릇이 어떤 것인지를 알게 해주신 분입니다." 그렇게 보성 스님은 20여 년 모신 노스님(은사의 은사)을 1966년 10월 15일에 보내드렸다.

많은 사람들이 효봉 스님의 한 마디 한 마디를 가슴에 새기고 실천하는 스님이 바로 보성 스님이라고 말하곤 한다. 출가 직후부터 삶의 나침반이었기에 그 가르침을 평생 이어가고자 하는 스님의 의지가 그만큼 크다는 말이다. 그래서인지 지금도 보성 스님은 후학들에게 효봉 스님에 대한 말씀을 많이 한다.

⊙ 젊은 시절 효봉 스님과 함께한 모습.

【 점수 없이 돈오가 된 분은 없다 】

● **구산 스님을 은사로 모셨습니다. 구산 스님에 대해서도 불자들이 많이 궁금해 합니다.**

● "스님은 평소에 무엇을 하는 굉장히 노력하는 분이었습니다. 마당 쓸고 풀을 뽑아도 제대로 하라고 하셨지요. 건달꾼같이 대충 하면 안 된다고 가르쳤습니다. 그래서인지 나도 대중들에게 울력을 많이 시킵니다. 신도한테 자꾸 손 내밀면 안 됩니다. 할 수 있는 것은 스스로 해결하면서 공부해야 합니다." 구산 스님 역시 효봉 스님 못지않은 수행력으로 한국불교사에 한 획을 그었다. 효봉 스님이 엘리트 판사 출신인 반면 구산 스님은 남원에서 조그만 이발관을 운영하다 우연히 병을 얻어 신음하던 중, 진주에 사는 한 거사(居士)를 만나 그에게서 "본래 청정한 자성(自性)자리인데 어디에 병이 붙겠는가?"라는 말을 듣고 홀연히 발심하게 되어 그 길로 지리산 영원사를 찾아가 백일 동안 천수기도를 하여 성취함으로써, 육신의 병도 낫고, 불법에 비로소 눈을 뜨게 된다. 29세 때 정식으로 입산 출가하였다. 늦게 출가한 만큼 엄청난 수행력으로 용맹정진을 하다 깨달았다. 구산 스님은 1969년 조계총림을 송광사에 개설했으며, 1973년 송광사 내에 불일(佛日) 국제선원을 열어 해외포교에도 매진했다.

● **구산 스님과의 기억나는 일화 하나만 전해 주십시오.**

● "구산 스님은 수좌스님들이 토굴에 가서 공부하는 것을 매우 싫어했습니다. 대중 생활하면서도 공부를 못하는데 혼자 살면서 공부

  중이 출가 본분 잊고 사는 것이 법난

가 되겠느냐고 여러 스님을 혼냈어요. 스님은 또 염불 10만 시간보다 참선 5분이 낫다며 스님들을 독려했습니다. 은사스님께서는 또 게을러서는 안 된다는 그 한 마디를 일러 주셨습니다. 송광사 공부 가풍을 구산 스님이 다 만들어 놓은 것이지요.”

효봉 스님과 구산 스님에 대한 얘기는 끝없이 이어졌다. 보성 스님의 맏상좌인 송광사 주지 영조 스님은 “방장스님은 두 어른으로부터 많은 가르침을 받았고, 그렇게 배운 것을 후학들에게 가능한 많이 전해 주시려 한다.”며 “어른스님들에 대한 방장스님의 존경심은 정말로 대단하다.”고 밝혔다.

효봉–구산–보성 스님 이전에 송광사를 상징하는 인물은 바로 보조국사 지눌 스님이다. 지눌 스님 이후 송광사에서는 16국사(國師)가 배출됐다. 2010년은 보조지눌 스님이 입적한 지 800주기가 되는 해이다.

● **보조지눌 스님은 한국불교의 중흥조로서 추앙받고 있습니다. 한국불교에서 보조 스님은 어떤 존재일까요?**

● “보조 스님은 한국불교를 중흥시킨 장본입니다. 1185년 학가산 보문사에서 대장경을 열독하고 선교 통합의 필요성을 절실히 느꼈고, 1188년 팔공산 거조암에서 정혜결사 운동을 전개하셨으며, 1200년 송광사로 대중을 이끌고 와 11년 동안 주석하시면서 진각 국사 등 수많은 제자를 길러 내 한국불교의 중흥과 선의 황금시대를 이끌었습니다. 지금의 간화선 전통은 보조 스님 이후 정립된 것입니다. 보조 스님의 공부 과정을 보면 신심(信心)이 무엇인지를 알 수 있습니다.”

송광사와 보조지눌 스님은 '함께 사용되는 단어'이기에 최근 한국불교를 달구었던 돈오돈수와 돈오점수 문제에 대해서도 여쭈지 않을 수 없었다.

"점수(漸修) 없이 돈오(頓悟)는 있을 수 없습니다. 또 돈오 후에도 점수가 필요합니다. 역대 조사를 보더라도 점수 없이 돈오가 된 분은 없습니다." 짧은 말씀이다. 그래도 스님은 굵게 설명했다.

【 내가 내 코를 꿰어 공부해야 한다 】

● **깨달음은 무엇입니까?**

● "부처님처럼 사는 것이 곧 깨달음입니다. 부처님과 똑같이 생각하고 똑같이 말하고 똑같이 행동하면 됩니다. 중생이라는 생각을 버리고 머릿속에 부처님만 남게 하는 것이 깨달음입니다."

● **어떤 화두로 공부를 하셨나요?**

● "'이뭣고'를 했지요. 효봉 스님이 주신 것입니다. 밥은 오래 씹을수록 맛이 납니다. 빨리 무엇을 이루겠다는 마음은 접어 두고 꾸준히 공부하면 됩니다. 그러면 지혜가 생깁니다."

보성 스님을 20여 년간 모셨던 상좌 영진 스님(송광사 도감)은 "방장스님이 나에게 처음 한 말씀이 틈이 있을 때마다 참선해야 한다는 것이었다."고 전했다. 율사지만 마음공부도 소홀히 하지 말라는 당부였다. 그래서 보성 스님이 20안거를 성만(盛滿)한 것도 전혀 어색하지가 않다. 마음공부에 소홀하지 않으면서 계율(戒律) 정립에도 진력한 것이다.

● **여러 선지식들과 함께 공부하셨는데, 기억에 남는 스님들이 많을 것 같습니다.**

● "종정을 하셨던 혜암 스님과 행자 생활을 같이 했습니다. 그때부터 혜암 스님은 정말 공부를 열심히 했습니다. 효봉 스님을 모실 때 뵈었던 보문 스님도 기억에 많이 남습니다. 보문 스님은 오대산 한암 스님의 상좌인데 나이 서른에 출가해 쉰에 입적하셨지요. 효봉 스님께서는 저를 일부러 보문 스님께 보내 공부를 하게 하셨어요. 수행력이 대단했던 분입니다. 한번은 법주사에서 공양주를 할 때 화두 공부에 매달리다 밥을 다 태워 먹을 정도로 수행을 열심히 하신 분입니다."

● **'목우가풍'이라는 조계총림의 가풍은 무엇인가요?**

● "보조 스님의 호가 바로 목우자(牧牛子)입니다. 소를 치는 사람이라는 뜻입니다. 송광사의 가풍이 바로 소를 길들이듯 스스로를 길들이라는 것입니다. 내가 내 코를 꿰어 공부해야 합니다. 누가 공부를 대신 해주는 것이 아닙니다. 자기 공부 정도는 본인만이 알 수 있습니다. 이것을 명심해야 합니다. 총림 대중들에게 그래서 스스로 공부할 수 있어야 한다고 말하고 있습니다."

보성 스님이 주석하고 있는 미소실에도 목우가풍(牧牛家風)이라는 글씨가 걸려 있다. 스님을 찾아오는 많은 스님들과 신도들에게 제일 먼저 강조하는 것이 바로 '목우가풍'이다.

【 하심에는 땅바닥에 절하는 것만큼 좋은 것이 없다 】

● **총림을 이끄는 원칙이 있을 것 같습니다.**

● "승가의 원칙은 반드시 지켜야 합니다. 한국불교가 잘되면 우리가 중노릇을 잘하고 있는 것이고, 그렇지 않으면 중노릇을 잘못해서 그런 것입니다. 중노릇은 청정하게 계를 지키면서 공부할 때 잘할 수 있습니다. 대중을 두려워해야 합니다. 대중외호에도 철저하라고 소임자들에게 당부합니다."

보성 스님은 종단의 계율을 관장하는 전계대화상(傳戒大和尙)을 역임하고, 평소에도 계율을 강조하는 것으로 잘 알려져 있다. 송광사에 총림이 개설되던 1969년도에 보성 스님은 율주(律主)를 맡아 율원(律院, 계율을 가르치는 곳)을 개원했다. 당시 어려운 살림이었지만 율원은 보성 스님의 지속적인 관심과 지원으로 1988년부터는 '비니원(毘尼院)'이라는 이름을 걸고 10여 명의 스님들에게 공부할 자리를 내주고 있다. "중을

⊙ 송광사 주지 영조 스님, 유나 현묵 스님과 함께.

    중이 출가 본분 잊고 사는 것이 법난

중답게 하는 것이 바로 계율입니다. 출가는 계를 받들어 지키겠다는 약속입니다. 법난이 따로 있는 것이 아닙니다. 중이 출가 본분을 잊고 사는 것이 법난입니다. 계율이라는 그릇이 깨지면 지혜도 선정도 담을 수 없습니다." 스님은 단호했다.

● **어떻게 하면 계(戒)를 더 잘 지킬 수 있습니까?**

● "계율은 본디 착한 마음을 그대로 써 나가게 하는 지남(指南)입니다. 선남자 선여인으로서 강한 자부심을 가진 사람은 계율을 억압으로 느끼지 않습니다. 이런 사람은 누가 자신을 음해한다 하더라도 '나에게 뭔가 허물이 있었구나' 하고 자신을 살핍니다. 행동을 맑게 하려고 생각하면 그것이 바로 계가 됩니다. 다는 못 지키더라도 '이것은 조심해야지'라는 마음만 있으면 됩니다."

● **행자교육원을 여는 등 승려 교육에도 관심이 많으신 것으로 알고 있습니다.**

● "80년대 중반에 대만 불광산사에 갔다가, 행자교육원의 필요성을 절실히 느꼈습니다. 확실하게 정립된 교육 체계가 부러웠습니다. 디베트도 지독하게 공부를 시킵니다. 그렇게 시키는데 제대로 된 스님이 안 나올 수가 없죠. 스님이 되는 것은 지도자가 되는 것입니다. 응당한 지도력을 갖추어야 하는 것은 두말할 필요가 없습니다. 그렇기 때문에 행자교육이 중요한 것입니다. 그래서 1991년 가을에 당시 해인사 교무 무관 스님과 함께 해인사에서 행자교육원을 처음으로 열었습니다. 23일 동안 전국의 행자들을 모아 교육을 하고 계를 주는 과정이 처음으로 시작된 것입니다."

● **행자교육원 교육과정에 삼보일배를 처음으로 도입하셨습니다. 의미가 있을
것 같습니다.**

● "삼보일배가 공식 의례로 자리 잡게 된 것은 1992년 행자교
육원의 교육 과정으로 행해지면서부터입니다. 요즘은 일반 시민들도
삼보일배를 하는 경우가 많은 것 같습니다. 하심(下心)하는 데는 땅바
닥에 절하는 것만큼 좋은 것이 없습니다. 몸을 땅에 대고 자신을 낮추
는 것은 행자 시절부터 필요한 것입니다."
우리 사회에서 의사 표현 수단의 하나로 사용되는 삼보일배가 보성 스
님의 교육 의지로 시작되었다는 것이다. 역시 '기본'을 중시하는 스님
다운 발상이다. 국제선원을 처음 개설한 구산 스님의 만상좌답게 보성
스님은 스님들의 해외포교에 대해서도 지대한 관심을 갖고 있다. "요
즘 스님들 영어 공부는 왜 이렇게 안 하나?"고 되물을 정도다. 스님은
후학들에게 도움이 된다면 해외 어디도 마다하지 않고 달려간다.

【 공부는 목마른 자들만 할 수 있는 것 】

● **달라이 라마와도 특별한 인연이 있다고 들었습니다.**

● "달라이 라마를 처음 만난 것은 1991년입니다. 그때 나는 해
인사 강주를 비롯한 몇몇 젊은 스님들과 함께 다람살라로 갔습니다.
강사들이 후학들을 잘 가르칠 수 있도록 견문을 넓혀 주기 위해 순례
에 나섰지요. 달라이 라마와 여러 얘기를 했어요. 특히 나와 함께 간
스님들이 후배들을 잘 가르칠 수 있도록 조언을 많이 해달라고 하기도

했습니다. 그 이후에도 몇 차례 더 만났습니다.

달라이 라마는 나라를 잃고 조국에서 쫓겨난 상황에서도 세상의 평화를 위해 헌신하고, 탄압한 사람들을 용서했습니다. 그는 용서의 진정한 의미를 행동으로 보여 주었습니다. 참 용기 있는 사람입니다.”

● **내일**(2월 28일)**이면 안거를 마치고 납자들은 만행을 떠납니다. 안거는 무엇인가요?**

● “지난 결제(結制) 동안 대중들은 나름대로 열심히 공부했을 것입니다. 깨치는 것이 빠르고 더딘 것은 사람마다 인연이 다르기 때문입니다. 중국의 영운 선사(靈運禪師)는 30년을 공부해서 깨쳤고, 고봉 선사(高峰禪師)는 7일 만에 깨쳤습니다. 공부하는 사람은 화두만 열심히 하면 됩니다. 빨리 깨치겠다는 욕심은 없어야 됩니다. 남이 알아주기를 바라지 말고, 깨치기도 바라지 말고, 결제 해제 상관없이 간단(間斷) 없는 화두로 끊임없이 공부하면 자연히 시절인연이 도래하여 눈

녹듯 의심(疑心)이 사라질 것입니다."

● **한국불교에 대한 비판이 종단 안팎에서 나오고 있습니다. 어떻게 보시는지요?**

● "불교는 참다운 인간성을 회복하도록 일러주신 부처님의 가르침을 따르는 종교입니다. 그런데 엉뚱한 방향으로 나아가는 경우가 적지 않습니다. 불교를 믿으면 돈을 잘 벌고 잘 살 수 있다는 말들을 하는데, 본질과는 거리가 먼 얘기들입니다. 물론 방편으로 그런 얘기를 할 수도 있겠지만, 그것이 전부인 줄 알고 공부를 안 하기 때문에 길 위에서 길을 잃는 악순환이 계속되고 있습니다. 부처님은 인간이 가야 할 길을 보여 주셨습니다. 불교는 인간의 기본을 새롭게 하고 의식을 새롭게 하는 일을 해야 합니다."

● **수행에 목말라하는 재가자가 많이 늘었습니다. 수행에서 가장 중요한 요소는 무엇입니까?**

● "공부는 목마른 자들만이 할 수 있는 것입니다. 화두를 챙기든지 염불을 하든지 간경을 하든지 알뜰하게 배워서 하면 됩니다. 종단도 다양한 수행법을 더 연구해 신도들에게 알려 줘야 합니다."

● **후학들에게 당부하고 싶으신 말씀이 있을 것 같습니다.**

● "스승을 제대로 찾아야 합니다. 선재동자가 53선지식을 찾아 다녔듯이 해야 합니다. 스승을 잘 만나야 정견(正見)을 갖출 수 있습니다. 조석(朝夕)으로 부처님께 절하고 기도하면 스승을 찾을 수 있을 것입니다. 또 요즘 스님들은 돈에만 의지해 공부를 잘 안 합니다. 절 주

변에 수많은 논밭들이 놀고 있습니다. 먹고사는 문제를 스스로 해결할 수 있는 힘을 길러야 합니다. 부처님은 당신의 경험을 제자들에게 가르쳤습니다. 하루하루가 헛되지 않도록 살아야 합니다.”

● 사회 전반에 갈등이 계속되고 있습니다. 어떻게 풀어야 할까요?

● “살인마 앙굴리말라가 하루에 백 명의 사람을 죽이면 수행이 완성될 것이라는 바라문의 허언에 빠져 99명의 사람을 죽이고 자신의 어머니마저 해치려 할 때, 그의 살기를 내려놓게 한 힘은 ‘멈춰라’라는 부처님의 말씀이었습니다. 부처님께서 멈추라고 하신 것은 탐욕과 분노와 어리석음을 내려놓고, 참 성품의 자리에서 쉬라는 뜻이었습니다. 지금 우리 사회는 도무지 멈출 줄을 모릅니다. 내려놓을 줄 모릅니다. 쉴 줄 모릅니다. 돈에 대한 그칠 줄 모르는 욕망은 돈 그 자체를 병으로 만듭니다. 자식 공부 못하는 것도 병이 됩니다. 순간순간 살펴야 합니다. 자신이 어떤 마음자리에 서 있는지를 항상 봐야 할 것입니다.”

인터뷰를 마치고 스님은 송광사 내 율원으로 자리를 옮겼다. 붓글씨를 쓰기 위해서였다. 이번 동안거 때 송광사 선원에서 정진한 한 스님이 인도네시아에 한국 사찰을 개원하는데, 절 이름을 지어 달라고 했기 때문이다. 스님은 자리를 잡고 한 자 한 자 정성스럽게 글씨를 써내려 갔다. ‘高麗精舍(고려정사).’ 나중에 들은 얘기지만 보성 스님이 붓글씨를 쓴 지 50년이 넘었다고 한다. 그런데 효봉 스님이 “중이 글씨만 쓰면 됐지 무슨 붓글씨냐?”고 ‘한 말씀’ 하시는 바람에 한동안 쓰지를 못했다. 그래도 스님의 글씨는 당신의 60여 년이 넘는 수행 기간을 대변하듯 고준하고 간결했다.

법(法)의 보물창고에서

쓰레기

찾지 마라

덕숭총림 수덕사 방장

설정 스님

설 정 스 님

'대나무에 핀 연꽃'으로 칭송될 정도로
대중들의 존경을 받고 있다.
스승인 원담 스님의 뒤를 이어
덕숭총림 수덕사 방장을 맡고 있으며
덕숭산 정혜사 능인선원에서 주석하고 있다.
어린 시절부터 공부에 대한 관심이 컸다고 하며,
독학으로 서울대 원예학과에 입학해 학업을 마쳤다.
수덕사 주지와 조계종 중앙종회 의장을 역임한 뒤
줄곧 선방에서만 정진하고 있으며
이(理)와 사(事)를 겸비한 스님으로 알려져 있다.
설정 스님은 '방장이지만 행자의 마음으로 살겠다'며
대중들을 살피고 있다.

몇 해 전 여름, 수덕사에 1박 2일 취재를 간 적이 있다. 첫날 취재를 마치고 이튿날 이른 새벽 덕숭산을 오르다 정혜사까지 이르렀다. 근현대 선(禪)의 대종장(大宗匠)을 길러 낸 능인선원을 보기 위해 발꿈치를 들고 울타리 너머를 들여다봤다. 선원 마당에서는 한 노스님이 풀을 뽑고 마당을 청소하고 있었다. 스님에게 정혜사에 들어가서 능인선원을 보고 싶다고 했다. 스님은 "지금 대중들이 울력 중이어서 들어와도 볼 것이 없다."며 미소 지었다. 안거가 끝나면 오라는 말씀이었다. 아쉬웠지만 발길을 돌려 산을 내려왔다. 후에 알게 됐지만 그 스님이 바로 설정 스님이었다. 당시 스님은 능인선원 수좌로서 후학들과 함께 정진하면서, 울력 때도 어김없이 먼저 호미와 낫을 들었다. 그날 이후 스님을 몇 번 더 친견할 수 있었다. 어느 스님은 설정 스님을 이렇게 표현했다. '대나무에 핀 연꽃.' 대나무처럼 곧으면서도 연꽃처럼 인자한 분이라는 것이다. 스님을 가까이에서 모시거나 만난 사람들의 말도 크게 다르지 않다.

스님은 수덕사 주지와 조계종 중앙종회의장 등 여러 소임을 맡아 보았고, 사판(事判)이 끝난 후 미련 없이 선방에 들어가 수십 년간 정진하며 이판(理判)의 길을 걷고 있다. 그리고 지난 2009년 4월 덕숭총림(德崇叢林) 방장(方丈)에 추대됐다. 2008년 입적한 스승 원담 스님의 뒤를 이은 것이다. 2010년 3월 26일 능인선원에서 만난 스님은 예전과 크게 다르지 않은, 여여(如如)한 모습 그대로였다.

"일상생활은 똑같습니다. 안거 기간에는 정혜사 능인선원에서 대중들과 같이 정진하고 해제 후에는 여러 스님들과 신도들을 만납니다. 전국의 사찰에서 요청하는 법문을 하러 다니기도 합니다. 방장이라는 소임을 맡으면서부터는 여러 가지 번거로운 일들이 많이 생겼습니다."

⊙ 설정 스님이 주석하고 있는 정혜사 능인선원의 모습.

【 수덕사 출신이 해인사 강원에 간 이유 】

● **출가인연이 궁금합니다.**

● "저의 속가(俗家) 집안이 독실한 불교 집안이었습니다. 부친께서는 만공 노선사에게 계(戒)를 받을 정도 열심인 불자였어요. 그래서 저도 어렸을 때부터 자연스럽게 스님들을 뵙게 됐고 절에도 자주 다녔습니다. 조계종 종정을 지내셨던 서암 스님 등이 집에 자주 오셨던 기억이 납니다. 스님들이 저를 보면 '중노릇하라'는 말씀을 자주 하시곤 했지요. 부친 생신이 음력 4월 2일인데, 열세 살 때 부친과 함께 불공을 드리러 수덕사에 왔다가 남게 됐습니다. 나중에는 집에서 저를 찾으러 와도 절 안에 숨어 있다 따라 가지를 않았습니다. 그렇게 인연이 된 것이 벌써 60여 년입니다."

● **스님 출가 당시 수덕사 형편은 어땠나요?**

● "제가 1955년에 절에 왔습니다. 전쟁 직후여서 우리 사회 전체적으로 많이 어려운 때였습니다. 수덕사도 마찬가지였습니다. 지금 생각하면 상상할 수 없을 정도의 빈곤과 고통의 상태였지요. 양식이 모자랄 때는 가을에 수학여행 오는 학생들에게 쌀이나 보리를 받아 생활할 정도였습니다. 워낙 먹지 못하다 보니 그때 정말 음식의 소중함에 대해 많이 생각했습니다. 지금도 대중들이 음식을 함부로 남기면 바로 얘기를 해서 고칠 수 있게 합니다."

수덕사와 정혜사를 오가며 행자 생활을 시작한 스님은 당시 기억을 더듬었다. 당시에는 어느 누가 공양을 조금만 많이 먹어도 대중공사

(大衆公事)가 열릴 정도였다고 한다. 그래서 가끔 나오는 국수가 성찬 중의 성찬이었다. 국수는 지금도 스님들을 미소 짓게 한다고 해 '승소(僧笑)'라고 불린다. 스님은 당시를 떠올리며 "춥고 배가 고파야 도심(道心)이 일어난다."며 "당시는 무척 어려웠지만 공부하겠다는 마음은 다들 대단했다."고 말했다.

● **행자 생활이 쉽지 않았을 것 같습니다.**

● "제가 집에 있을 때는 몸이 너무 약해 어른들이 걱정을 많이 하셨습니다. 어머니 젖을 여덟 살 때까지 먹었습니다. 아홉 살 때는 1년 동안 앉은뱅이로 살았을 정도로 몸이 약했습니다. 그래서 학교에 가지 못하는 일도 잦았습니다. 그런데 절에 온 후로는 언제 그랬냐는 듯이 몸이 좋아졌어요. 공양주(供養主)와 채공(菜供)을 3년 동안이나 거뜬히 해낼 정도가 됐습니다. 정성스럽게 소임을 살았습니다. 산중 어른들도 맡은 일을 열심히 하는 것이 복을 짓는 일이고 중노릇의 기본이라고 말씀하셨습니다. 지금도 밥하고 국 끓이는 일은 문제가 안 됩니다."

● **행자 이후 공부 과정은 어떠셨나요?**

● "수덕사 대중들은 새벽 3시에 모두 일어나 예불하고 참선한 뒤 아침 공양을 하고 나면 논과 밭으로 나가 일을 했습니다. 논만 100마지기(약 2만 평)가 훨씬 더 됐는데, 모든 농사일을 스님들이 직접 했습니다. 해가 지면 다시 절에 와 정진을 했습니다. 진짜 주경야선(畫耕夜禪)의 생활이었습니다. 농한기에는 일정 기간을 정해서 용맹정진도 했

    법(法)의 보물창고에서 쓰레기 찾지 마라

습니다. 일을 한다고 해서 정진을 게을리 한 것은 아닙니다. 이렇게 살다가 강원(講院)에 갔습니다. 처음 은사스님께서는 강원에 가는 것을 반대하셨습니다. 본래 덕숭총림이 불립문자(不立文字)를 중요시하기 때문에 따로 스님들을 공부시키지 않는 가풍이 있었습니다. 다시 간곡하게 말씀을 드리니 은사스님께서 허락을 하셨습니다.”

스님은 어렵게 은사스님의 허락을 얻은 뒤 직지사로 갔다. 거기서 현대불교의 대강백 관응 스님을 모시고 1년 정도 공부했다. 관응 스님이 당시 학인스님들에게 『선가귀감』을 강의했는데, 설정 스님이 칠판에 글을 써 놓으면 관응 스님이 들어와 강의를 하곤 했다.

“그러던 중 관응 스님이 서울 중앙선원으로 가신다고 해 스님을 따라서 같이 올라갔습니다. 그런데 어머니뻘 되는 보살님(여자 신도)들이 자꾸 저에게 양자로 들어오라는 말을 했습니다. 관응 스님에게 말씀드려

⊙ 해인사 강원에 다닐 때 가야산 정상에서 찍은
모습. 맨 아래가 설정 스님.

서 보살님들을 말려달라고 부탁했는데, 관응 스님이 보살님들에게 주의를 줘도 고쳐지지 않아 결국 해인사 강원에 가게 됐습니다. 수덕사 출신으로 처음 해인사 강원에 간 것입니다.”

준수한 외모와 총명한 머리를 가진 젊은 설정 스님을 보살님들이 가만둘 리 없었을 것이다. 설정 스님은 나섯 살에 천자문을 줄줄 외고 한글을 뗄 정도의 ‘천재’였다. 학력은 무학(無學)이었지만 군에 가서도 일처리를 잘해 “머리가 이렇게 좋은데, 왜 무학이냐? 학력 속이는 거 아니냐?”고 추궁을 당할 정도였다.

【 나는 방장 행자다 】

● **독학으로 서울대에 입학하셨습니다. 특별한 이유가 있었나요?**

● “강원을 마치고 군대를 갔습니다. 그런데 군대를 제대하면 환속하는 스님들이 많았습니다. 그래서 저는 입대 전 동화사 비로암에서 7일간 기도를 했습니다. 제대 후에도 스님으로서 부처님 가르침을 공부하게 해달라고 정성껏 기도를 올렸습니다. 3년여 간의 군 생활을 마치고 저는 다른 고민에 빠졌습니다. 환속에 대한 고민이 아니라, 선원에 가서 공부할 것인지 아니면 서양 학문을 더 공부해 볼 것인지를 두고 며칠 밤을 세워가며 많은 생각을 했습니다. 그러던 중 가깝게 지내던 후배스님이 서울에 가서 공부를 해보자고 제안해 은사스님의 허락을 받고 상경했습니다. 작은 절에서 일을 도와주고 학원을 다니며 검정고시를 준비했습니다. 잘 먹지도 못하고 잠도 잘 못 자면서 공부를

해 그만 폐병이 왔어요. 죽을 고비도 넘겼습니다. 스스로 주사를 놓고 또 참아가며 공부를 했습니다. 지금 생각하면 '부처님 법'만 믿고 살아 났던 것 같습니다. 그렇게 공부를 했는데 막상 시험을 치려 하니 무엇을 전공할지가 또 고민이었습니다. 절에 땅이 많고 농사를 많이 짓고 있으니 농대에 가자고 결심했습니다. 사찰 토지를 효율적으로 활용할 수 있는 방법을 찾고자 했습니다."

● **대학을 마치고 후회를 하셨다고 하던데요?**

● "대학에서 원예학을 전공하며 열심히 학교를 다녔습니다. 물론 승려로서 종립학교가 아닌 일반 학교를 다니는 것이 쉽지는 않았습니다. 조석(朝夕) 예불에도 꼭 참석했습니다. 성적도 괜찮았습니다. 그런데 졸업할 때는 다소 후회를 했습니다. 선방에서 참선을 했으면 마음공부에 진전을 많이 이뤘을 텐데 그러지 못했다는 아쉬움이 컸습니다. 저의 뜻이 순수하긴 했지만 그때 학교 다녔던 것이 조금은 바람직하지 않았다는 생각을 합니다."

그렇게 스님은 젊은 시절을 보냈다. 납자로서의 본분을 지키는 것이 더 중요했다고 스님은 판단하는 듯했다. 그래도 사찰에 작은 도움이라도 주고자 독학으로 공부를 해냈다는 것은 대단한 일임이 분명하다.

● **덕숭총림을 근현대 한국불교의 뿌리라고 합니다.**

● "한국불교는 조선 500년 동안 초토화됐습니다. 선(禪)과 교(教)가 다 무너졌습니다. 말로 표현할 수 없었죠. 이때 경허 스님이 나

타났습니다. 경허 스님은 한국불교를 일으킨 대보살입니다. 유(儒)·불(佛)·선(仙)에 통달했고, 서양학문을 제외한 모든 학문에도 능했습니다. 생사(生死)를 해결하기 위해 3년간 옷도 갈아입지 않고 공부할 정도로 정진력도 대단했습니다. 그래서 대도(大道)를 이루셨습니다. 경허 스님은 한국불교를 중흥시키기 위해 이 땅에 오신 분이라고 생각합니다. 경허 스님 이후 근현대 한국불교가 정립됐습니다. 경허 스님은 수월, 혜월, 만공, 혜봉, 침운, 한암 스님 등 여섯 명의 제자를 뒀습니다. 특히 북부에서는 수월 스님, 중부에서는 만공 스님, 남부에서는 혜월 스님이 경허 스님의 법을 이었습니다. 또 이 세 분의 스님 밑에서 비구는 물론 비구니 선지식들도 많이 배출됐습니다. 그래서 근현대 한국불교의 뿌리가 이곳 덕숭총림에 있다고 많은 사람들이 얘기합니다."

특히 만공 스님은 덕숭문중의 법맥을 형성하여 비구 보월(寶月), 용음(龍吟), 고봉(高峰), 금봉(錦峰), 서경(西耕), 혜암(惠庵), 전강(田岡), 금오(金鳥), 춘성(春城), 벽초(碧超), 원담(圓潭) 스님 등과 비구니 법희(法喜), 만성(萬性), 일엽(一葉) 스님 등 당대의 뛰어난 제자들을 길러냈다.

● 덕숭총림의 가풍은 무엇인가요?

● "덕숭총림에는 여느 사찰에는 흔한 부도가 하나도 없습니다. 초대 방장을 지낸 혜암 스님이나 2대 방장 벽초 스님, 3대 방장 원담 스님이 입적하셨을 때도 우리는 사리를 수습하지 않았습니다. 만공 스님은 사리를 절대 수습하지 말라고 하셨습니다. 부처님 사리만으로도 충분하다는 것이 만공 스님의 뜻이었습니다. 사리를 수습해 '상'을 내는 것은 마구니들이 하는 짓이라고 엄명을 내리셨습니다. 이것이 바로

⊙ 스승인 원담 스님과 사제들과 수덕사 대웅전 앞에서 함께 한 모습.

우리 총림의 무상(無想), 무념(無念), 무심(無心)의 가풍입니다. 또 역대 방장스님들이 몸소 실천해 왔던 '일일부작 일일불식(一日不作 一日不食)'의 청규도 중요한 내용입니다. 선(禪)과 농(農)이 하나 된 선농일치의 가풍도 수덕사를 상징한다고 할 수 있습니다."

지금도 능인선원 선방에는 만공 스님이 내린 추상같은 청규(淸規)가 걸려 있다. 한눈팔지 말고 오직 공부에만 매달리라며 만공 스님은 다음과 같은 당부를 내렸다. 첫째, 입승(立繩)의 지도에 복종하라. 둘째, 공부는 필히 마쳐라. 셋째, 잠을 많이 자지 마라. 넷째, 묵언하라. 다섯째, 바깥출입을 삼가라. 여섯째, 청규를 어길 시에는 축출한다. 간단하지만 덕숭총림의 수행 분위기를 확인할 수 있는 명료한 말씀이다.

● "부처님 경지에 오르기 전에는 누구나 행자입니다. '도(道)'의 경지에 이르면 지행합일과 언행일치를 수반하게 됩니다. 특히 언행일치가 안 되면 도가 아닙니다. 수행자로서 조고각하(照顧脚下) 하면서 중도연기(中道緣起)를 깨달을 때까지 철저히 공부해야 합니다. 저도 아직 도를 이루지 못했기에 행자라고 생각합니다. 대중들에 의해 방장으로 추대됐을 때부터 '행자'의 신분으로 살아야겠다고 다짐하고 있습니다. 제가 몇 년 전 암으로 죽음의 문턱에까지 간 적이 있습니다. 그 고비를 넘기고 나서 앞으로는 절대 편하게 살지 않겠다고 생각했습니다. 심신이 허락하는 한 정진하면서 대중과 중생들을 위해 살 것입니다."

방장과 행자는 함께 쓰기가 어려운 단어이다. 방장은 선(禪), 교(敎), 율(律)을 겸비한 최고의 선지식이다. 행자는 발심(發心)하여 불가에 갓 입문한 사람이다. 별 네 개를 단 대장과 막 입대한 이등병이라고 보면 된다. 그런데 '방장 행자'라니… 하심하고 또 하심하겠다는 스님의 의지가 엿보인다.

【 스님은 수행자여야 한다 】

● **스님께서는 승격(僧格)을 강조하고 계십니다.**

● "승격이 굉장히 중요합니다. 최근 한국불교의 문제들은 하나같이 승격의 결여에서 발생하고 있습니다. 스님들은 출가초심이 무엇이었는지 철저하게 반성해야 합니다. 출가 유형에는 몇 가지가 있습니

다. 첫째는 신출가(身出家) 심불출가(心不出家), 둘째는 심출가(心出家) 신불출가(身不出家), 셋째는 심출가(心出家) 신출가(身出家), 넷째는 삼계출가(三界出家)입니다. 우리 스님들은 생사와 윤회를 다 끊고 삼계출가해야 합니다. 중생을 구제하겠다는 마음이 있어야 합니다. 그래야 승격이 있다고 할 수 있을 것입니다. 인격과 교양과 지성도 겸비해야 하는 것은 물론입니다. 그런데 요즘 '생활인'으로서의 스님이 많습니다. 이런 사람들은 중이 아닙니다. 직업인입니다. 승격을 망가뜨리는 사람입니다. 이런 스님이 많을수록 불교 발전은 요원합니다. 비승가적이고 비교양적이고 반지성적인 불교는 암담할 수밖에 없습니다."

스님은 단호했다. 나태한 수행자들을 향해 거침없이 죽비를 내리쳤다. 수행자가 아닌 '직업승려'로 사는 것은 곤란하다고 스님은 여러 차례 강조했다. 이 시대 한국불교가 마음 속 깊이 새겨야 할 대목이다.

● **스승이신 원담 스님은 활발발한 선풍을 보이셨다고 하던데요.**

● "참으로 소박한 분이셨습니다. 가식이 없었습니다. 불법(佛法)에 철저하셨고 안목도 출중하셨습니다. 살활자재(殺活自在)의 법력을 보여 주셨습니다. 은사스님을 모시면서 공부를 어떻게 하고 앞으로 어떤 모습으로 살아야 하는지를 많이 배웠습니다. 글을 정식으로 배우시지는 않았지만, 글과 그림에도 천부적인 재능을 보이셨지요. 철저하게 공부하시면서 모든 것을 이루었다고 보고 있습니다."

● **깨달음은 무엇입니까?**

● "중도연기를 성취하는 것입니다. 중도(中道)는 무심(無心), 무

념(無念), 무상(無想)을 증득하고 유무와 선악, 대소 등을 극복한 것입니다. 모든 분별심이 끊어진 자리인 것입니다. 본래 청정한 마음자리에는 차별이 없습니다. 얻을 수 없는 것을 얻는 것이 바로 깨달음입니다."

● **어떤 화두로 공부를 하셨나요?**

● "은사스님께서 주신 만법귀일 일귀하처(萬法歸一 一歸何處, 우주의 모든 것이 하나로 돌아간다고 하는데 그럼 그 하나는 어디로 돌아가는가)를 들고 있습니다."

● **조계종 중앙종회의장 임기를 마치고 선방에 가셨습니다.**

● "1998년, 4년 동안의 중앙종회의장 소임을 마치고 암에 걸렸을 때 철저히 나를 돌아봤습니다. 스님이든 재가자든 한번쯤은 모든 것을 내려놓고 자기를 돌아보는 시간도 필요하다고 생각했습니다. 몸이 완쾌돼지 않았지만 봉암사 선방으로 내려갔습니다. 그때 선방에서 죽겠다고 결심했습니다. 봉암사에서 3년간 공부를 하고 나니 몸도 점차 좋아졌습니다. 이후에는 상원사 청량선원에 갔습니다. 상원사에서는 하루도 안 빠지고 부처님 진신사리가 모셔져 있는 적멸보궁을 참배했습니다. 날마다 환희심이 났습니다. 젊은 시절 범어사와 묘관음사 등에서 공부했던 시기만큼이나 좋았던 때였습니다. 상원사에서 좀 더 공부했으면 하는 아쉬움이 있었는데, 정혜사 능인선원도 챙겨야 해서 다시 이곳으로 돌아오게 되었습니다."

【 영어 공부 열심히 합시다 】

● **숭산 스님이 진행한 해외포교에도 상당한 관심을 갖고 계신 것으로 알고 있습니다.**

● "덕숭문중은 숭산 스님의 포교 원력을 이어받아 해외포교를 소홀히 하지 않으려 하고 있습니다. 외국인스님들이 많이 찾아와 자신의 나라에 와서 법문을 해달라고 많이 청합니다. 자주 나가서 격려해 줘야 하는데 그러지 못해 미안한 마음뿐입니다. 해외포교를 하기 위해서는 현지인들의 눈높이에 맞는 다양한 교재가 있어야 하는데, 우리 한국불교는 그런 것들을 전혀 만들어 내지 못하고 있습니다. 영어에 능한 스님들도 많이 배출해야 합니다. 승가대학에서부터 교육하고 또 정식 스님이 된 후에도 해외포교 원력을 가지고 있는 스님들이 열심히 할 수 있도록 모든 지원을 아끼지 않아야 합니다. 외국인들은 지금 불법(佛法)을 간절히 원합니다. 그런데 우리들은 너무 안일합니다. 불교의 진리는 새로운 시대에 인류를 구원할 수 있는 가르침이 될 것입니다."

생불(生佛)로 칭송받았던 숭산 스님의 출가본사가 바로 수덕사다. 숭산 스님이 세계 곳곳을 누비며 이룬 성과들을 이어가는 것도 설정 스님에게는 중요한 과제다.

● **여러 선지식들과 함께 공부하셨는데, 기억에 남는 스님들이 많을 것 같습니다.**

● "제가 강원에 갈 무렵 수덕사에 송담 스님이 계셨습니다. 지금 '남진제, 북송담'이라고 얘기되는 그 송담 스님 말입니다. 송담 스

님은 한없이 자비로운 분입니다. 인격적으로 그렇고, 스님으로서도 배울 것이 너무 많습니다. 스님을 뵈면서 '저렇게 살아야겠다'는 생각을 계속 했습니다. 승격(僧格)을 제대로 갖춘 분이 바로 송담 스님입니다."

설정 스님은 선배스님들을 잘 모시는 것뿐만 아니라 후배스님들을 잘 챙기는 것으로도 정평이 나 있다. 이날 인터뷰를 하는 도중에도 선방에서 공부하고 있는 수좌스님들이 찾아와 설정 스님과 공부에 대한 이야기를 한참 동안 나누고 돌아가기도 했다.

● **스님께서 가슴에 새기고 있는 부처님 말씀이나 경전을 추천해 주신다면 어떤 것이 있을까요?**

● "부처님 말씀은 한 구절도 소홀히 할 수 없습니다. 모든 말씀이 금과옥조입니다. 『금강경』, 『화엄경』과 같은 대승(大乘) 경전을 보는 것도 좋지만, 우리 불자들이 초기 경전들을 세심하게 보는 것도 필요합니다. 초기 경전 중『아함경』을 특히 추천하고 싶습니다. 부처님 원음(原音)을 먼저 보고 대승 경전을 보면 공부가 좀 더 수월할 것입니다."

● **종단은 스님들의 사후 개인명의 재산을 종단에 귀속시킬 수 있도록 법과 제도를 마련하고 있습니다. 어떻게 보십니까?**

● "취지에 적극 공감합니다. 스님들이 평생 공부하면서 모은 재물은 당연히 종단에 귀속돼야 할 것입니다. 스님 사후에 개인재산을 속가에 주는 것은 복을 주는 것이 아니라 죄악을 주는 것입니다. 대신 제도 시행을 조급하게 추진하지는 말아야 합니다. 대중들이 이

해할 수 있게 제도를 잘 만들어서 실행한다면 좋은 결과가 있을 것입니다. 과정과 절차에 문제가 없도록 충분히 준비해서 잘 시행하기를 기대합니다."

● 스님과 불자들은 어떻게 해야 공부를 잘할 수 있을까요?

● "머리 긴 사람도 불법(佛法)의 도리를 알면 대선지식이고 머리 짧은 사람도 종지(宗志)를 모르면 속인과 다르지 않습니다. 근기에 맞게 염불이나 주력, 참선 세 가지 중에 하나를 꼭 선택해서 수행하면 좋습니다. 공부를 하면서는 '이놈은 누구인가?', '주인공은 누구인가?'를 참구하며 공부해야 합니다. 그것이 해결되면 끝입니다. 모든 공부가 다 여기에 있습니다. 간절한 마음으로 화두를 공부해야 합니다. 숨 쉬고 밥 먹을 줄 알면 화두 공부는 할 수 있습니다."

설정 스님은 이와 함께 "인과법(因果法)을 철저히 믿고 기도하고 수행하며 살면 모두가 행복해질 수 있을 것"이라고 말했다. 복을 바라기보다는 복을 만드는 일을 많이 하고 긍정적이고 열정적이며 자비로운 생각 속에 살면 복은 저절로 굴러올 것이라고 스님은 강조했다.

● 우리 사회 지도자들에게도 당부하실 말씀이 있을 것 같습니다.

● "무신불립(無信不立)이라고 했습니다. 신뢰가 없으면 바로 설수 없다는 말입니다. 신의와 신뢰가 있어야 힘이 생기고 어려움도 물리칠 수 있습니다. 이런 기풍이 바로 선다면 우리 사회에 아무리 큰 난관이 닥쳐도 능히 물리칠 수 있을 것입니다."

설정 스님은 평생 수행하면서 살아온 얘기는 물론 절집 안팎의 현안에 대해서도 시원하게 해법을 내놓았다. 명쾌했다.

인터뷰가 끝날 즈음 서울 동국대에서 공부하고 있는 상좌스님이 인사를 드리러 왔다. 설정 스님은 매학기 이 상좌스님의 성적표를 직접 받아 보면서 공부를 점검해 주고 있었다. 그래서인지 당부 말씀도 따끔했다. 스님은 "불가(佛家)에 보물을 찾으러 왔으면 보물을 찾아야지, 쓰레기만 주워서는 안 된다."며 "공부 열심히 해서 나중에는 대중들을 잘 교화할 수 있는 스승이 될 수 있도록 항상 노력해야 한다."고 강조했다.

승속(僧俗)을 막론하고 찾아오는 사람들에게 언제나 온화한 미소로 부처님 법을 전하며 덕숭산을 지키고 있는 설정 스님. 스님의 법향(法香)은 덕숭산을 넘어 마음 속 보물을 찾고 있는 우리 모두의 마음 깊숙한 곳에까지 이르고 있다.

설정 스님이 능인선원 마당에서 수좌스님들과 환담을 나누고 있다.

불법(佛法)은

봄날에
꽃이 피는
것과

같아

영축총림 통도사 방장

원명 스님

원
명
스
님

원명 스님은 통도사 극락암 경봉 스님을 은사로 출가한 이후

1960년대 초반 군에 입대했을 때와

1973년 영월 법흥사에서 100일 기도할 때를 제외하곤

60년간 통도사에만 머물러 온 통도사의 산증인이다.

영축산뿐만 아니라 제방에서도

어른스님들을 잘 모시기로 소문이 날 정도로

대중 외호를 잘했다고 한다.

영축총림 통도사 방장으로 추대된 이후에도

'섣달의 부채와 같이 살겠다'고 할 정도로

묵묵히 후학들을 제접하고 있다.

매일 통도사 적멸보궁을 참배하고

108배를 하며 하루하루를

정진하는 마음으로 보내고 있다.

통도사는 양산 영축산(靈鷲山)에 있다. 영축산은 1,000미터가 넘는 높이에 갖가지 모양의 기암괴석이 어우러져 영남의 알프스로 불리기도 한다. 멀리서 보면 험한 산세에 주눅이 들지만, 절 초입에서부터 굽이굽이 이어지는 계곡을 따라 들어가다 보면 드넓은 대지가 끝없이 펼쳐진다. 논과 밭 사이에 자리한 암자들의 모습이 아담하면서도 포근하고 넉넉하다. 스님들은 여기서 농사를 지으며 영축산에서 생활하는 대중들의 양식을 마련한다.

영축산이라는 이름은 석가모니 부처님 당시 인도 마가다국(Magadha) 왕사성 동쪽에 있던 산의 이름에서 따왔다. 부처님은 영축산에서 법화경(法華經)을 설하여 많은 중생을 구제했다. 신라시대 통도사를 창건한 자장 율사가 이곳에 부처님의 진신사리를 봉안하고 절 이름을 통도사라고 한 것은 바로 '이 산의 모습이 인도의 영축산과 통한다(此山之形 通於印度靈鷲山形)'는 의미에서였다.

이와 같은 의미를 가지고 있는 영축산에 자리한 통도사는 '불지종가 국지대찰(佛之宗家 國之大刹)'로 불린다. 한국 불교의 으뜸이자 가장 큰 절이라는 것이다. 20여 개의 산내 암자와 수많은 선지식만으로도 통도사는 이 수식어를 사용할 자격이 있다고 사람들은 입을 모은다.

통도사가 최근 들어 다시 기지개를 켜고 있다. 2010년 4월 29일

원명지종(圓明智宗) 대종사를 만나기 위해 통도사를 찾았다.

　원명 스님은 1960년대 초반 군에 입대했을 때와 1973년 영월 법흥사에서 100일 기도를 할 때를 제외하곤 60년간 통도사에만 머물러 온 영축산의 역사 그 자체다. 스님은 "영축산만큼 좋은 수행처가 세상 어디에 있느냐."며 "오늘 아침 통도사에 우거진 녹음을 보니 이렇게 좋은 도량은 없다는 생각이 다시 들더라."고 했다.

　깨달음을 얻은 많은 선사들은 오랫동안 한 곳에 주석하며 많은 후학들을 가르쳤다. 조주 스님은 여든 살부터 40년간 조주성(趙州城) 동쪽 관음원에 머물며 수많은 일화를 남겼다. 선의 황금기를 열었던 마조 선사도 개원사(開元寺)에서 30년을 머물며 수많은 선지식을 길러냈다. 원명 스님의 머묾과 조주, 마조 스님의 그것은 다르지 않을 것이다. 한 장소지만 그 안에서 해제와 결제를 거듭했고, 매 순간 머무름과 떠남을 반복했으리라.

　그렇다면 원명 스님은 어떤 인연으로 영축산에 왔을까?

　"집안 어른 중에 출가해 스님이 된 분이 계셨습니다. 화산 스님이라는 분이었는데, 그 스님께서 출가를 권하셨습니다. 화산 스님은 우리가 영원히 잘 살 수 있는 방법을 찾으려면 절에 가야 한다고 했습니다. 어른의 말씀이니 당연히 맞을 거라고 생각했습니다. 화산 스님은 통도사에 이름난 도인이 있으니 찾아가 보라고 하셨죠. 그래서 극락암에 계시던 경봉(鏡峰) 스님을 찾아 왔습니다." 전쟁이 한창이던 1951년 음력 3월 15일, 몸의 피난보다 마음의 피안을 찾기 위해 그렇게 스님은 통도사로 향했다. 마침 원명 스님을 친견한 날이 출가 60년 하고도 딱 하루가 더 지난 날이었다.

　불법(佛法)은 봄날에 꽃이 피는 것과 같아

【 해우소의 탄생 】

● 스님 출가 당시 통도사는 어땠나요?

● "당시에는 비구승과 대처승이 함께 살았습니다. 그러나 정화 이후로는 비구스님들이 수행 정진하고 있습니다. 지금 20여 개에 이르는 영축산 내 암자들도 그 당시에는 많지 않았고 또 지금과 같이 정비되지도 않았습니다. 세월이 흐르면서 하나둘 자리가 잡히고 있으니 참 다행입니다." 원명 스님 역시 경봉 스님을 모시면서도 다 허물어져 가던 비로암(毘盧庵)을 중창해 많은 불자들의 발걸음을 붙잡고 있다.

● 통도사는 어떤 절입니까?

● "통도사에는 부처님 진신사리를 모신 적멸보궁이 있습니다. 그래서 통도사를 불보종찰(佛寶宗刹)이라고 합니다. 통도사에 봉안된 진신사리와 금란가사는 자장 율사가 당나라에서 유학을 마치고 귀국하면서 모셔 온 것입니다. 이때 당나라 황제가 준 비단과 채색 옷감, 대장경 400권, 불교용 깃발〔幡幢〕, 꽃으로 장식된 가리개〔花蓋〕 등을 함께 가져와 자장 율사가 통도사를 창건하였다고 합니다. 순천 송광사는 보조지눌 스님을 비롯한 16국사를 배출하여 승보종찰(僧寶宗刹)이라고 불리며, 합천 해인사는 부처님 가르침을 집대성해 놓은 팔만대장경이 있어 법보종찰(法寶宗刹)이라고 합니다. 삼보(三寶)사찰은 바로 통도사와 송광사, 해인사를 말하는 것입니다. 또 우리나라에서 부처님 진신사리를 모시고 있는 사찰은 다섯 군데입니다. 통도사를 비롯해 설악산

봉정암, 오대산 상원사, 사자산 법흥사, 태백산 정암사 등인데 이 사찰들을 5대 적멸보궁이라고 합니다."

● 경봉 스님을 평생 모셨습니다. 경봉 스님은 어떤 분이셨나요?

● "스님은 열일곱에 출가하셨습니다. 출가 후 선(禪)만 하셨습니다. 일흔이 넘어서는 극락암에서 매월 첫째 일요일 법회를 열었습니다. 교통 사정이 좋지 않았지만 전국에서 1,000명이 넘는 신도들이 왔습니다. 일생을 정진과 교화에만 전념하셨습니다."

경봉 스님은 현대 한국불교 역사에서 빼놓을 수 없는 대선사다. 경봉 스님은 1908년 3월 통도사가 설립한 명신학교(明新學校)에 입학하였으며, 그해 9월 통도사 금강계단에서 청호 스님을 계사(戒師)로 사미계를 받았다. 1912년 4월 해담 스님으로부터 비구계와 보살계를 받은 뒤 통도사 불교전문강원에 입학하여 불경 연구에 몰두하였다.

강원 졸업 후, 하루는 경을 보다가 '종일토록 남의 보배를 세어도 본디 반 푼어치의 이익도 없다〔終日數他寶 自無半錢分〕'는 경구를 보고 커다란 충격을 받고 참선 공부를 시작해 해인사, 금강산 마하연 등 이름난 선원을 찾아다니면서 공부했다. 이때 김천 직지사에서 만난 만봉 스님과의 선담(禪談)에 힘입어 '자기를 운전하는 소소영령(昭昭靈靈)한 주인'을 찾을 것을 결심하고, 통도사 극락암으로 자리를 옮겨 3개월 동안 장좌불와(長坐不臥)하면서 정진을 계속하였다.

그러던 중 1927년 11월 20일 새벽에 방안의 촛불이 출렁이는 것을 보고 크게 깨달았다. 뜨겁게 타오르던 불길 같은 마음이 식어 버리자 다음과 같은 게송을 읊었다.

  불법(佛法)은 봄날에 꽃이 피는 것과 같아

⊙　은사인 경봉 스님과 함께한 원명 스님.

'아시방오물물두 목전즉견주인루 가가봉착무의혹 우발화광법계류(我
是訪吾物物頭 目前即見主人樓 呵呵逢着無疑惑 優鉢花光法界流, 내가 나를 바깥 것에서 찾
았는데 눈앞에 바로 주인공이 나타났도다. 하하 이제 만나야 할 의혹 없으니 우담바라 꽃빛이
온 누리에 흐르는구나).'

오도송(悟道頌)이다. 이후 스님은 1932년 통도사 불교전문강원장에 취
임한 뒤부터 50여 년 동안 한결같이 중생 교화에 나섰다. 통도사 주지
등을 거쳐 1953년 극락호국선원(極樂護國禪院) 조실(祖室)에 추대되어 입
적하던 날까지 이곳에서 설법과 선문답으로 법을 구하러 찾아오는 불

자들을 지도하였다. 스님은 특히 후학들에게는 언제나 온화함과 자상함을 잃지 않았고, 청렴하고 검소한 생활을 하였으며, 꾸밈없는 활달한 경지에서 소요자재하였다고 한다.

경봉 스님의 선기(禪氣)를 느낄 수 있는 일화는 많다. 그중에 하나가 바로 '해우소'와 관련된 것이다. 요즘 내중적으로도 널리 사용되고 있는 해우소(解憂所)라는 말을 처음 사용한 사람이 바로 경봉 스님이다. 사연은 이렇다. 한국전쟁이 끝난 지 얼마 되지 않았을 때였다. 하루는 경봉 스님이 나무토막에 글씨를 써서 시자스님에게 내밀었다. "이것을 변소에 갖다 걸어라." 경봉 스님이 내민 것에는 각각 휴급소(休急所)와 해우소(解憂所)라는 글씨가 쓰여 있었다. 스님은 휴급소는 소변보는 곳에, 해우소는 대변보는 곳에 걸라고 했다. 극락암을 찾는 사람들은 글씨를 보고 무슨 의미인지 의아해했다. 경봉 스님은 이에 대해 다음과 같은 말씀을 남겼다고 한다. "극락암 변소에 갔다가 휴급소, 해우소라는 팻말을 본 사람들은 고개를 갸웃거리고 다들 한소리를 합니다. 이 세상에서 가장 급한 것이 무엇입니까? 바로 자기 자신이 누구인지를 찾는 것입니다. 그런데도 중생들은 화급한 일은 잊어버리고 바쁘지 않은 것을 바쁘다고 합니다. 내가 소변보는 곳에 휴급소라고 쓴 것은 쓸데없이 바쁜 마음을 그곳에서 쉬어 가라는 뜻입니다. 해우소는 배 속에 들어 있는 쓸데없는 것을 다 버려 근심을 풀라는 의미입니다."

휴급소에서 다급한 마음을 쉬어 가고 해우소에서 근심 걱정을 버려 마음의 평안을 찾으라는 스님의 뜻이 고스란히 담겨 있다.

　　불법(佛法)은 봄날에 꽃이 피는 것과 같아

● "경봉 스님이 극락암에 주석하시던 시절에는 안거 때마다 50명이 넘는 수좌들이 함께 정진했습니다. 앞서 말씀드린 바와 같이 스님에게 법(法)을 배우기 위해 전국에서 온 스님들로 호국선원은 항상 북적였습니다. 경봉 스님은 수좌스님들에게 '이번 생에는 세상에 안 나왔다 생각하고 공부만 하라'고 당부했습니다. 경봉 스님은 수좌스님들이 찾아오면 제일 먼저 '극락에 가는 길이 없는데 어떻게 왔냐'고 물었는데 대답하는 사람이 없었지요."

【 함께 잘 어우러져야 총림이다 】

● "혼자 수많은 대중을 모셔야 했기 때문에 밥하고 빨래하고 청소하는 것은 물론 수많은 허드렛일까지 도맡았습니다. 정신없었습니다. 한참 전쟁 중인 터라 생활이 곤란했습니다. 은사스님께서 돈을 주시면 가계부를 쓰면서 살림을 살았습니다. 이렇다보니 공부할 시간이 많지 않았습니다." 스님은 경봉 스님을 30년 가까이 모셨지만 야단맞은 적이 한 번도 없었다고 한다. 묵묵히 수좌들을 뒷바라지는 하는 제자가 경봉 스님은 더없이 고맙고 대견했을 터이다. 조계종 교육원장을 지낸 원산 스님은 "어른을 모시는 데는 뭔가 특별함이 있는 분이 바로 원명 스님"이라며 "스님은 어른들 생각에 어긋나는 일은 절대로 안 하는 사람이었다."고 귀띔했다.

● "가풍이 따로 있습니까? 모든 대중들이 계(戒)를 잘 지키고 서로 화합하며 공부하는 것이 가풍입니다."

우문(愚問)에 현답(賢答)이다. 스님은 방장 취임 초기부터 줄곧 화합을 강조해 왔다. 덧붙여 스님은 통도사 일주문 양쪽 돌기둥에 새겨져 있는 글을 소개했다. '방포원정상요청규 이성동거필수화목(方袍圓頂常要淸規 異性同居必須和睦).' '삭발염의한 수행자들은 항상 청규를 중요하게 여겨야 하고, 서로 다른 성격을 가진 대중이 모여 사는 데는 반드시 화합하고 우애롭게 지내야 한다'는 뜻이다.

⊙ 원산 스님(왼쪽)과 함께 법회에 참석하러 가는 원명 스님.

● **총림 운영의 원칙이 있을 것 같습니다.**

● "총림 내에 있는 선원(禪院), 강원(講院), 염불원(念佛院), 율원(律院) 등이 조화를 이루어 함께 발전하는 것이 중요합니다. 어느 것 하나가 넘쳐도 좋지 않고, 부족해도 옳지 않습니다. 함께 잘 어우러져야지요." 스님의 말씀과 표정이 '화합'을 강조하는 대목에 이르러서는 온화함이 아닌 단호함으로 바뀌어 있다. 대중이 풀과 나무처럼 빽빽하게 서 있는 까닭에 내키는 대로 어지럽게 자라지 못하도록 서로 붙들어 주는 공간을 총림(叢林)이라고 부르는 이유를 원명 스님의 말 속에서 확인할 수 있다.

● **방장에 추대되신 후 "섣달의 부채같이 살겠다."고 말씀하셨습니다. 의미가 있습니까?**

● "하심(下心)하며 살겠다는 말입니다. 스님이든 재가자든 항상 자신을 낮추며 살라고 당부하고 싶었습니다. 12월에는 부채가 필요 없습니다. 대중들이 알아서 공부를 잘해서 그렇기도 하지만, '나'를 버리고 대중을 섬기는 마음으로 살겠다는 다짐이었고 지금도 그 다짐을 지키려 하고 있습니다."

● **방장이 되신 후 변화가 많을 것 같습니다.**

● "변한 것은 없습니다. 예전에도 그랬고 지금도 매일 대중들과 새벽 예불을 같이 하고 공양도 함께 합니다. 매일 오전 사시 예불 시간에는 적멸보궁에서 108배를 합니다. 그냥 해오던 그대로 살고 있습니다. 비로암에 머물 때는 잠자리에 들기 전에 항상 내 손으로 걸레를 빨

아 방을 닦았는데 방장이 되니 못 하게 합니다. 허허.”

스님을 30여 년 가까이 모셔온 통도사 비로암 감원 현덕 스님은 “부처님에 대한 신심이 대단하시다.”며 “예전부터 예불과 공양, 울력 등에는 한 번도 빠지지 않으셨다.”고 전했다. 현덕 스님은 이어 “방장이 되신 후에도 생활을 너무 철저하게 해 대중들이 더 열심히 정진하려 노력할 정도”라고 밝혔다. 원산 스님도 “스님의 생활이 부처님 말씀하신 그대로라고 보면 된다.”며 “생활이 워낙 철저하다 보니 몸도 건강하시고 사고도 정확하다.”고 말했다.

【 공부할 때는 목숨 걸고 하라 】

● **통도사에도 여러 선지식들이 계셨습니다. 인연을 듣고 싶습니다.**

● “통도사에는 수많은 선지식들이 계셨습니다. 특히 근현대 들어서는 통도사 출신의 성해, 구하, 경봉, 벽안, 월하 스님 등이 한국불교를 이끌었습니다. 저는 특히 은사스님과 전임 방장이셨던 월하 스님을 가까이에서 모셨습니다. 월하 스님은 50여 년 가까이 통도사 보광선원을 떠나지 않고 조실로 주석하면서 납자들을 지도했습니다. 함께 수행하며 늘 수좌들을 자상하게 지도했던 스님은 졸음에 겨워하는 납자들을 야단치거나 죽비로 때리는 대신 ‘졸음이 올 때는 일어나 경행(輕行)하라’고 이르며 자비롭게 대했습니다. 언제나 문을 열어 놓은 채 지위고하와 노소를 막론하고 방문자들을 맞았고, 자신의 빨래는 직접 챙기는 수행자의 청규(淸規)를 지키신 분입니다. 월하 스님이 방장을

하실 때 제가 주지를 했었는데, 스님은 항상 저를 믿고 모든 일을 맡기셨습니다."

원명 스님이 월하 스님을 극진한 존경으로 모셨듯이 월하 스님 또한 원명 스님을 매우 아꼈다고 한다. 원명 스님이 환갑 때 통도사 적멸보궁에서 100일기도를 마치자 월하 스님은 글을 하나 써 줬다. '산영입문압불출 월광포지소부진(山影入門押不出 月光鋪地掃不塵).' '산 그림자가 문에 들어왔는데 아무리 내보내려 해도 나가지 않고, 하늘에 밝은 달빛이 우주를 덮었는데 티끌인들 쓸어내려 해도 지워지지 않는다'는 말이다. 이 글을 본 많은 사람들은 문에 들어와서 나가지 않는 이가 바로 평생 영축산문을 벗어나지 않은 원명 스님을 일컫는다고 말한다.

경봉 스님과 월하 스님을 모신 원명 스님에게 공부에 대해서도 묻지 않을 수 없었다. 원명 스님도 30여 차례 가까이 안거를 보낸 스님이다.

깨달음은 무엇입니까?

"말로 표현할 수는 없지만 굳이 말한다면 가깝게는 번뇌망상을 쉬는 것이고 궁극적으로는 생사(生死)를 해결하는 것입니다. 생사를 해결하는 것이 무엇입니까? 어떤 어려움이 닥쳐도 그것을 지혜롭고 슬기롭게 극복하는 것이며, 죽음도 두려워하지 않을 정도로 공부해 마음자리를 챙기는 것입니다."

원명 스님은 찾아오는 후학들에게 선원에서 먼저 공부를 하고 공부가 어느 정도 이뤄지면 현장에서 포교를 하라고 당부하고 있다. 현덕 스님은 "기도든 참선이든 공부할 때는 목숨 걸고 하라고 항상 강조하신다."고 전했다.

● **어떤 화두로 공부를 하셨나요?**

● "은사스님이 주신 무자(無字) 화두를 들고 있습니다."

화두는 대략 1,700여 개가 있다. 그중 스님들이 가장 많이 참구하는
화두가 바로 '무자(無字)'다. 무자 화두는 고불(古佛)로 칭송받던 중국
당나라 때 조주 스님이 내린 화두다. 어느 날 한 스님이 소주 스님에게
물었다. "개에게도 불성이 있습니까?" 그러자 조주 스님은 "없다〔無〕."
고 했다. 불교에서는 모든 생명에게 불성이 있다고 하는데 조주 스님
은 왜 '무'라고 했을까? 이것을 뚫어내는 것이 바로 무자 화두다. 원명
스님도 무자 화두를 들고 평생을 정진해 온 것이다.

● **여러 선지식들과 함께 공부하셨는데, 기억에 남는 스님들이 많을 것 같습니다.**

● "경봉 스님 문하에는 수많은 스님들이 있었습니다. 종정을 지
낸 혜암 스님, 덕숭총림 수덕사 방장을 역임하신 원담 스님, 해인사 일
타 스님, 원로의장 종산 스님, 원로의원 성수 스님 등과 극락암에서 함
께 공부했습니다. 모두들 치열하게 공부하신 분들입니다."

최근까지 한국불교를 이끌었고 또 현재 많은 스님들에게 가르침을 주
고 있는 기라성 같은 스님들이 경봉 스님을 모시고 원명 스님과 함께
공부했다. 종산 스님, 성수 스님과는 수십 년 전에 만나 같이 공부했고
지금도 자주 만나는 도반(道伴)이 되었으니 어려운 시절 함께 공부한
인연이 보통은 아닌 듯하다.

● **스님께서 가슴에 새기고 있는 부처님 말씀은 무엇인가요?**

● "『화엄경(華嚴經)』에 있는 '초발심시변정각(初發心時便正覺)'을

항상 생각합니다. 우리 스님들과 불자들에게는 특히 초심(初心)이 중요
합니다. 무엇이든 '처음'의 마음으로 한다면 이루지 못할 것이 없을 것
입니다. 우리 사회가 자꾸 혼탁해지는 것도 첫 출발의 마음을 내팽개
치고 삿된 이익만을 찾아다니기 때문입니다."

스님은 오대산 한암 스님이 "천고에 자취를 감추는 학이 될지언정 삼
월 봄날에 말 잘하는 앵무새가 되지는 않겠다."고 한 말씀도 자주 생
각한다고 했다. 흔들리지 않는 마음으로 자리를 지키겠다는 다짐이 엿
보인다.

⊙   적멸보궁을 참배하는 원명 스님.

●　　　　조계종은 스님들의 사후 개인명의 재산을 종단에 귀속시킬 수 있도록 법과 제도를 마련하려 합니다.

●　　　　"스님들의 사후 개인명의 재산을 종단과 교구 본사 등에 출연하는 것은 당연합니다. 확실하게 해야 합니다. 스님들의 개인 재산이나 사찰 재산은 모두 부처님 재산입니다. 세상의 인연을 다할 때는 가지고 있던 모든 것을 그 자리에 놓고 가면 됩니다. 더 말할 필요도 없이 중요하고 필요한 일입니다."

●　　　　어떻게 해야 공부를 잘할 수 있을까요?

●　　　　"원력(願力)과 신심(信心)이 중요합니다. 공부를 반드시 마치겠다는 다짐이 필요합니다. 그래야만 제대로 정진을 할 수가 있습니다. 그리고 하루하루를 반성하고 점검하는 참회(懺悔)도 필요합니다. 공부하겠다는 마음을 먹은 이후에는 좌도 우도 보지 말고 오직 앞만 보고 달려들어야 합니다. 석가모니 부처님 이후 모든 역대 조사와 선사들은 그렇게 공부해서 견성(見性)을 이뤘습니다." 스님은 말을 이었다. "부디 밖에서 부처를 찾지 마세요. 불법(佛法)은 온 천하에 두루 있습니다. 봄이 되면 온 세상에 꽃이 만발하는 것과 같습니다."

●　　　　우리 사회가 많이 어렵습니다.

●　　　　"중생들이 욕심만 버리면 다 잘 살 수 있습니다. 사회도 마찬가지고 국가 관계도 똑같습니다. 욕심 때문에 부모 자식이 싸우는 세상이 되어 버렸습니다. 통탄할 일이지요. 모든 것을 그 자리에 놓아 버리면 됩니다."

　　불법(佛法)은 봄날에 꽃이 피는 것과 같아

원명 스님의 말씀은 짧고 간결했다. 군더더기가 없었다. 말씀을 끝낸 스님이 일행에게 글씨를 내려준다. '世界一花(세계일화)'다. 세계가 한 송이 꽃이라는 말씀이다. 어린 시절 수십 대중과 하나가 되었고 지금은 수백 대중을 하나로 묶어 조화를 이루고 있는 영축총림 방장 원명 스님의 모습에 어울리는 표현이다. 스님은 글씨를 건네고 예불을 올리기 위해 적멸보궁으로 향했다. 정성스럽게 절을 하고 지극한 마음으로 보궁 주변을 한 바퀴 돌며 참배한다. 뒤따르는 스님과 신도들도 절로 신심이 난다. 이렇게 영축총림은 사부대중이 하나가 되어 '종가'의 위용을 되찾고 있었다.

수행하는 삶은 기쁨의 길을 가는 것

문경 봉암사 수좌

적명 스님

적명 스님

조계종립 특별선원 봉암사의 '조실격 수좌' 스님이다.

평생 선방에서 정진해 오다 새롭게 조실을 추대하려는

봉암사 대중들의 청을 물리칠 수 없어

'수좌'로 동방장실에서 주석하고 있다.

봉화 금봉암 고우 스님과 함께

선원에서 정진하는 스님들의 높은 신망을 받고 있다.

스님은 선(禪)은 물론 초기불교와 대승불교 전반에도

두루 해박하고 깨달음의 사회적 회향에도

많은 관심을 나타내고 있다.

봉암사에서 향후 10년 내에

많은 선지식이 나와 선불교 선양에

크게 기여하기를 바라고 있다는 적명 스님은

존재 자체만으로도 후학들의 귀감이 되고 있다.

경북 문경시 가은읍에 위치한 봉암사는 조계종립 특별수도원이다. 봉암사가 자리한 희양산을 온전한 수행처로 만들기 위해 온몸을 바쳤던 스님들과 종단이 의견을 모아 1982년 6월 종립 수도원으로 지정했다. 그래서 지금 일반 시민들은 1년에 한 번 부처님오신날에만 봉암사를 참배할 수 있다. 홈페이지에 접속하면 첫 번째로 보이는 것이 '출입금지'를 알리는 팝업 게시판일 정도로 봉암사는 철저하게 세상과 거리를 두고 수행한다.

봉암사가 최고의 수행도량임은 창건 당시부터 내려오는 이야기로 확인할 수 있다. 통일신라시대, 심충(沈忠) 거사는 법랑 선사(632~?)와 신행 선사(704~774)의 법을 이은 지증 선사에게 이곳을 수행도량으로 만들 것을 제안했다. 처음엔 거절하던 선사는 희양산 일대를 둘러본 뒤 "산이 병풍처럼 두르고 있어 봉황 날개가 구름을 흩는 것 같고, 강물이 멀리 둘러싼 모양이 뿔 없는 용의 허리가 돌을 덮은 것 같다〔鳳巖龍谷〕."며 경탄했다. 그리곤 "스님들이 수행하지 않으면 도적 소굴이 될 것"이라며 봉암사를 창건해, '해동에 들어선 선의 아홉 도량〔九山禪門〕' 가운데 희양산문의 중심 사찰로 삼았다.

매년 두 차례 진행하는 안거는 물론 안거가 끝난 이후의 산철결제도 수시로 열리는 곳이 봉암사다. 지금도 100여 명의 대중이 화두와 치열한 싸움을 하고 있다. 태고선원(太古禪院) 큰방에서는 하루 10시간, 성적당(惺寂堂)에서는 14시간, 관음전에서는 16시간씩 정진한다. 또 주지스님을 비롯한 '외호대중' 역시 하루 6~8시간 이상 수행하는 것은 물론 희양산 깊숙이 위치한 암자에서도 스님들의 정진은 쉴 새 없이 계속된다.

이렇게 봉암사 태고선원이 '선원 중의 선원'으로 자리 잡게 된 것은 1947년 성철, 청담, 자운, 우봉 스님 등이 "오직 부처님 법대로 살 것"을 결의하고 3년여 간 진행한 '봉암사 결사'에서 출발한다. 결사 말미에 합류했던 전 조계종 총무원장 지관 스님은 "당시 빨치산이 총을 들고 들이닥쳐 쌀과 곶감까지 모조리 털어 가는 사건을 직접 겪었다."며 "그 사건을 겪고 얼마 후 결국 결사가 끝나고 말았다."고 회상한 바 있다. 비록 한국전쟁의 기운이 드리워지면서 결사는 3년여 만에 끝났지만 당시의 결사정신은 60년이 훨씬 지난 지금도 조계종단 운영의 큰 바탕이 되고 있다. 지난 2007년 조계종은 봉암사 결사 60주년을 맞아 장대비가 쏟아지는 중에도 참회와 재도약을 위한 법회를 열기도 했다.

봉암사는 개인의 이익이나 문중 개념이 없다. 오로지 대중스님의 뜻에 따라 절 살림이 운영되는 대중공의 제도가 완벽하게 실행되는 도량이다. 최근 새롭게 주지로 부임한 원타 스님은 주지 임명장도 받지 않았다고 한다. "대중들이 주지를 뽑았으면 됐지, 무슨 임명장이냐?"는 것이다. 주지도 대중의 한 사람일 뿐이다.

봉암사는 최근 지난 수년간 공석이었던 '조실(祖室)'격의 수좌스님을 새로 모시면서 활발발한 선풍을 다시 드날리고 있다. 적명(寂明) 스님이 그 주인공이다. 적명 스님은 우화 스님을 은사로 출가한 후 50년이 넘는 시간 동안 제방에서 정진해 왔다. 봉암사 수좌로 오기 전에는 천성산 토굴과 은해사 기기암 선원에서 수행했다.

적명 스님과의 인터뷰는 두 차례에 걸쳐 진행됐다.

먼저 2010년 하안거 결제를 하루 앞둔 5월 27일 문경 봉암사를 찾았다. 그동안 '소문'으로만 들어온 스님을 만난다는 사실에 설레는 마음을 좀처럼 주체할 수가 없었다. 적명 스님은 봉화 금봉암에 주석하고 있는 고우 스님과 함께 수좌스님들은 물론 많은 불자들의 존경을 받고 있는 이 시대 대표적 선지식이다. 그래서 봉암사 대중들은 오랜 시간에 걸친 노력 끝에 적명 스님을 봉암사로 모셔왔다. 대중들은 조실(祖室)로 추대했으나 스님은 한사코 수좌(首座)로 살겠다고 해 '조실격 수좌'로 후학들을 제접하고 있다.

"향곡 스님은 누구나 인정하는 스님이었지만 자신은 선원장으로 남았습니다. 용화사 송담 스님도 마찬가지입니다. 이 분들은 조실이라는 이름을 쓰지 않지만 누구나 그분들의 권능을 인정합니다. 내가 능력이 있으면 수좌 이름으로도 조실 이상의 역할을 할 수 있을 것입니다."

봉암사 보림당(寶林堂)에서 만난 스님은 일흔두 살의 나이를 무색케 할 정도로 표정이 맑고 눈빛은 형형하다.

【 미래는 지금부터 짓는 것입니다 】

● **봉암사에 처음 오셨을 때 내면의 불사를 강조하셨습니다.**

●   "봉암사는 우리나라에서도 대표적으로 가난한 절이었습니다. 80년대 초반 한 스님이 콩나물을 많이 먹었냐고 대중들이 화를 낼 정도였으니까요. 그러나 최근에 훌륭하신 여러 주지스님들이 가람을 복원하면서 대중들이 정진에만 전념할 수 있는 여건이 마련되었습니다. 이제는 내면의 불사를 해야 합니다."

적명 스님은 2009년 동안거 해제날 처음으로 봉암사 대중 앞에 섰다. 당시 스님은 "외형의 불사는 끝났다. 이제는 내면의 불사를 해야 한다."며 조계종립 특별수도원으로서 봉암사가 다시 자리매김돼야 한다는 뜻을 강력하게 피력했다.

스님은 그러면서 "봉암사에서 앞으로 10년 내에 수많은 선지식이 배출되어 나오는 대도량이 되도록 할 것."이라고 포부를 밝혔다.

⊙ 봉암사 태고선원.

하안거가 시작됩니다. 후학들에게 당부하시고 싶은 것이 있을 것 같습니다.

"수행의 길이라는 것은 깨달음에 이르지 못하더라도 그 삶 자체가 행복과 기쁨입니다. 이를 이해하자면 적어도 정신이 순일한 상태의 체험이 있어야죠. 공부의 기본적인 체험을 해야만 수행이 고행의 길이 아니라 환희의 길임을 알 수 있습니다." 체험 없는 공부는 의미가 없다는 지적이다. 명쾌한 설명이다.

참선은 어떻게 해야 합니까?

"'명경지수(明鏡止水)'라고 합니다. 물이 고요하고 움직임이 없을 때 맑음과 비춤이라는 능력이 발현됩니다. 참선은 우리 심성에 원래 있는 선정(禪定)과 지혜(智慧)를 계발하는 일입니다. 참선은 화두를 통해 마음을 명경지수 상태, 순일의 상태, 고요한 상태로 만듭니다." 정혜를 같이 닦아야 한다는 말씀이다. "'북두(北斗)를 면남간(面南看)하라'라는 화두가 있습니다. 얼굴을 남쪽으로 하여 북쪽에 있는 별을 보라는 말인데 상식적으로는 이해가 안 됩니다. 하지만 깨달은 사람은 실제로 보이는 대로 말합니다. 여기에서 바로 의문이 시작됩니다. '이게 무슨 말인가' 고민하다가 화두에 몰입하게 되는 것입니다."
이러한 간화선이 어렵다며 남방의 위빠사나 같은 것에 관심을 갖는 풍토가 늘어나고 있는 것에 대해 스님은 "간화선은 부처의 자리로 바로 들어갈 수 있는 지름길"이라고 역설했다.

재가불자들은 어떻게 수행하는 것이 좋을까요?

"『달마사행론』을 보면 그 첫째가 보원행(報怨行)입니다. 좋은 것이든, 나쁜 것이든 지금의 현실은 내가 만든 것이니까 원망하지 말고 기꺼이 받아들이는 것입니다. 미래는 지금부터 짓는 것이므로 지금 최선을 다해 기쁜 마음으로 살아야 합니다. 현재의 절망감을 회피하지 않고 당당하게 받아들인 상태에서 미래를 위해 끝까지 매진할 수 있어야 합니다. 이것이 진정한 수행의 길이요, 삶의 지혜입니다. 재가자들이 이 부분을 가슴에 새기고 정진하면 더 나은 삶을 살 수 있을 것입니다.” ‘인과’를 철저히 믿고 따라야 한다는 말씀이다. 시시때때로 발생하는 현실문제에 의연하면서도 적극적으로 대처하라는 것이다.

달마 스님은 보원행 외에도 수연행(隨緣行), 무소구행(無所求行), 칭법행(稱法行) 등을 제시했다. 수연행은 사람은 인연에 따라서 괴로움과 즐거움을 경험하게 되지만 그러한 것들은 모두 업보의 인연에 의한 것으로 인연이 다하면 모두 무(無)로 된다는 것을 순역(順逆)의 인연에 입각해서 도에 들어맞게 하는 것이고, 무소구행은 가치를 밖에서 추구하고 집착하는 것을 그치며 추구함을 없애는 데 철저하고자 하는 것, 칭법행은 일체 중생이 모두 본래 청정하다고 하는 이법(理法)을 믿고 이 이법에 맞도록 끊임없이 육바라밀을 닦아 나가되 이 육바라밀을 닦는 것에 머무르지 않고 얻을 바 없는 무소득(無所得)으로 철저한 생활을 하는 것을 말한다.

● **4대강 사업 문제로 온 사회가 시끄럽습니다. 어떻게 보십니까?**

● “율장(律藏)에 있는 이야기입니다. 한 비구가 길을 가다가 도적을 만나 가진 것을 모두 털리고 길가의 풀에 묶였습니다. 한참 뒤에 지나가던 이가 풀어 주면서 ‘스님, 조금만 힘을 쓰면 풀어지는데 왜

풀지 않았습니까?'라고 물었죠. 스님이 '알지만 힘을 쓰면 풀이 뽑혀 죽을까 봐 하지 않았습니다. 풀어 줄 때까지 기다렸죠'라고 했습니다. 이 비구스님의 얘기와 같은 자비사상이 불교의 기본 가르침입니다. 불가피한 살생, 개발을 전혀 도외시할 수는 없습니다. 그러나 꼭 필요한 것이 아닌, 다른 목적에 의한 살생 또는 개발을 위한 개발이라면 잘못된 것입니다. 인적이 없는 수백 킬로미터의 강을 파헤치는 것은 잘못이라 생각합니다. 서울 청계천에 가보니 좋긴 하지만, 온 산하를 청계천처럼 만드는 것은 무리가 있다고 봅니다." 불필요한 개발 외에는 자연을 보전하고 생명을 지키는 일이 중요하다는 준엄한 꾸짖음이다. 적명 스님이 생명평화를 염원하는 수많은 목소리를 거부하는 정부에 대해 죽비를 내려치고 있다.

⊙   지관 스님(오른쪽), 원타 스님(가운데)과 함께 포행하는 적명 스님.

● "하루에 10분, 길면 30분간이라도 염불이든 화두참선이든 관법이든 절이든 무엇이라도 했으면 합니다. 정신을 하나로 모으는 것을 해보라는 것입니다. 계속하다 보면 어느 땐가 삼매에 들고, 희열을 체험할 수 있습니다."

길지는 않았지만 적명 스님과의 첫 번째 만남은 강렬했다. 그리고 스님을 가까이서 다시 뵌 것은 지난 2011년 4월 30일이었다. 1년여 만이다. 서울에서 열렸던 몇몇 행사에서 잠시 인사를 드리긴 했지만 법문을 듣기 위해 다시 자리에 앉은 것은 오랜만이었다.

이날 필자는 조계사 선림원(원장 토진 스님)이 부처님오신날을 앞두고 봉암사 대중공양에 나선 길에 동참했다. 오후 1시 보림당에서 적명 스님의 법문은 시작됐다. 40여 명의 대중들은 적명 스님의 한 마디 한 마디에 이목을 집중시킨다.

"이렇게 비가 많이 오는데도 멀리서 와 주셔서 고맙습니다. 여러분들의 위법망구(爲法忘軀) 정신이 대단합니다."

【 무아사상은 평화의 근본 】

● "불교는 인류에게 두 가지를 줄 수 있다고 봅니다. 첫째는 선정(禪定) 또는 삼매(三昧)입니다. 둘째는 깨달음입니다. 선정과 깨달음

은 각각 정(定)과 혜(慧)로 표현할 수 있을 것입니다.

먼저 선정에 대해 알아보겠습니다. 서구사회에는 이런 전통이 없습니다. 동양의 유교와 도교에서도 정신통일이라는 표현을 쓰기는 합니다만 불교의 그것과는 다릅니다. 불교에서 삼매는 깨달음의 발판이 됩니다. 선정 없이는 해탈할 수 없는 것입니다.

삼매 체험을 매우 힘든 것으로 생각하지만 쉽게 체험할 수도 있습니다. 짧으면 7~10일, 길게는 한두 달이면 가능하기도 합니다. 시간과 장소, 의지가 있다면 일주일 만에 체험할 수 있습니다. 옛 중국의 수행 일화들을 보면 선칠일(禪七日) 정진이 있었습니다. 이 공부법이 바로 일주일 만에 체험이 가능하기에 만들어진 제도입니다. 우리나라에도 용맹정진 가풍이 있습니다. 용맹정진은 보통 일주일씩 진행합니다. 역시 같은 이유입니다.

선정 삼매의 세계는 우리의 '의식'이 기본이 됩니다. 특수상황이 아니라는 말입니다. 보통 세계를 욕계(欲界)와 색계(色界), 무색계(無色界), 출세간의 세계로 나눕니다. 이 중 선정 아닌 세계는 욕계뿐입니다. 나머지는 다 선정 삼매의 세계입니다.

선정 삼매의 세계를 한두 번 경험하는 사람이 더러 있습니다. '황홀감을 느끼는 정도'라고 보면 됩니다. 이런 체험을 하면 친구나 가족에게 '기분 좋은 체험을 했다'고 자랑할 수는 있습니다. 그래도 체험 자체는 의미가 있습니다. 특별한 세계에 대한 가능성을 느끼게 되고 또 다시 해보고 싶은 생각을 갖게 하기 때문입니다. 좀더 나아가면 초선(初禪), 이선(二禪), 삼선(三禪), 사선(四禪)의 단계가 있는데 희(喜)와 락(樂), 사(捨)와 정(定), 즉 기쁨과 즐거움 그리고 순수의식 등의 체험입니다.

이로 인해서는 인생관이 달라지는 경험도 할 수 있습니다. 예전에는 행복을 밖에 있는 것이라 생각했는데, 많은 시간 동안 선정 삼매를 경험하고 수행이 되면 더 깨끗하고 깊은 희열을 느끼게 되고 또 진정한 행복은 내 안에 있다고 생각하게 됩니다. 이 과정을 믿으면 인생이 달라집니다. 나의 행복을 위해 남과 다투는 일도 없어집니다."

남방불교에도 선정 삼매가 나옵니다.

"남방불교의 『청정도론』에 보면 선정 삼매 방법이 나옵니다. 남방에서는 수행하는 대상, 즉 '까시나'를 정합니다. 모든 것이 대상이 됩니다. 예를 들어 '땅의 까시나'를 정했다고 합시다. 그러면 나무에 천을 씌워 황토를 발라 그것을 봅니다. 계속 보고 익숙해지면 눈을 감고 봅니다. 눈을 감고도 흙이 보이면 집에서도 수행할 수 있습니다. 그런데 이것을 보다가 어느 순간 경계가 달라지게 됩니다. 실제로 볼 때 보다 더 눈에 잘 들어올 때가 있습니다. 눈에 빛으로 다가오는 것입니다. 어둠 속에서 달이 나오듯 광명이 드러납니다. 그것이 바로 '니미따'입니다. 니미따, 즉 닮은 표상이 나타나면 삼매 상태가 됩니다. 지속성이 있으면 이것을 본삼매(本三昧)라 하고 그렇지 않은 것은 근접삼매(近接三昧)라고 합니다. 이것이 『청정도론』에서 하나의 예로 제시되는 내용입니다.

대승불교에도 관법(灌法)이 있습니다. 오조홍인 대사가 쓴 『최상승론』에 보면 일몰관(日沒觀) 얘기가 나옵니다. 지는 해를 보는 것이지요. 눈을 감고 해를 봅니다. 그것도 마찬가지입니다. 어느 순간 빛을 보는 경험이 거듭되면 마음 상태에 반영됩니다. 매우 맑고 깨끗하고 시원한 느낌이 됩니다. 이것역시 관(觀)을 통해 삼매에 드는 것입니다.

화두 수행도 마찬가지입니다. 화두로 의식이 집중되면 삼매가 됩니다. 화두는 한 번 들리면 전후가 없어지는 장점이 있습니다. 능소(能所)가 없어져 상대성을 초월할 수 있는 것입니다.

우리 삶은 보고 듣는 것에 익숙합니다. 그래서 대상을 두고 하는 관법은 상대적으로 쉬운 방법이라고 할 수 있습니다. 그러나 화두는 보고 듣는 것이 없는 대상을 목표로 합니다. 경험하지 못한 세계를 추구하기 때문에 다소 어렵게 느낄 수 있습니다. 그렇지만 삼매를 넘어 깨달음에 빠르게 도달할 수 있는 장점이 있습니다.

이렇듯 선정 삼매 체험을 하면 매우 큰 희열을 느낄 수 있고 그것이 반복되어 생활의 일부가 되면 세계관과 인생관이 바뀝니다. 그래서 이것

자체로도 불교는 인류에게 긍정적 영향을 미치게 됩니다."

확철대오(廓撤大悟)는 아니지만 선정 삼매를 체험하기만 해도 삶이 바뀔 수 있다는 것이 적명 스님의 말씀이다.

● **그럼 깨달음은 우리사회에 어떤 효과를 줄 수 있을까요?**

● "내가 깨달은 것이 아니어서 이 부분을 얘기하는 것이 조심스럽기는 합니다. 깨달음이 무엇인가? 바로 무아(無我)입니다. 무아는 내가 없다는 것입니다. 이것은 또 너도 없다는 말입니다. 쉽게 말하면 너와 내가 둘이 아니다(不二)는 뜻도 됩니다. 깨달음을 얻은 보살(菩薩)은 중생을 위해 헌신합니다. 나와 남이 둘이 아니기 때문에 가능합니다. 중생의 아픔을 나의 아픔으로 보는 것입니다.

중생을 위한 연민과 헌신은 끝없이 이어집니다. 그런데 여기서 아무리 보살이지만 중생의 끝없는 고통에 대해서도 연민하고 헌신할 수 있는지 의문을 가질 수 있습니다. 그러나 답은 '그렇다'입니다. 고는 락과 고 아님과 다르지 않음을 깨닫고 있기 때문입니다.

깨달음의 세계, 즉 무아와 불이의 세계는 너와 내가 일체가 되는 세계입니다. 그래서 보살행도 가능해집니다. 아마 100년 후 이 세상에 평화의 시대가 온다면 그 근본에는 무아사상이 자리 잡고 있을 것입니다. 그래서 불교인들은 자긍심을 가지고 더 노력해야 합니다. 자신의 해탈과 남의 해탈을 위해 열심히 정진하기 바랍니다."

선정 삼매와 깨달음이 불교가 사회에 내놓을 수 있는 평화와 분쟁해소의 길이 될 수 있음을 역설한 적명 스님은 불자들의 질문에도 시원한 답을 내놓았다.

⊙   봉암사 동방장실 앞에서.

【 대중의 고통을 해결하는 것도 불교의 임무 】

● **기복불교는 어떻게 봐야 하나요?**

● "기복불교(祈福佛敎)는 무조건 배척할 것은 아니라고 봅니다. 기복불교에는 명과 암이 있습니다. 불교에는 중생들의 마음을 헤아리는 것도 필요하다고 봅니다. 해탈이 불교의 근본 목적이지만 대중들의 고통을 알아보고 해결해 주는 것도 중요합니다. 물론 기복이 불교의 본질인 양 호도하는 것은 경계해야 합니다."

스님은 공부에 있어서도 '꾸준함'이 중요하다고 강조했다.

"화두는 가벼운 마음으로 시작해도 됩니다. 어떤 사람이 한밤중에 길을 가다가 무슨 소리가 들리면 발을 멈추고 그 소리에 집중을 합니다. 그렇게 시작해도 좋습니다. 화두가 안 되더라도 당황하지 말고 잘 안 되는 그 자리에서 다시 화두를 보면 공부를 계속할 수 있습니다.

벽립천검(壁立千劍)이라고 했습니다. 벽에 천개의 칼을 세워 두고 정진한다고 하는 말입니다. 칼날을 시퍼렇게 세워야 합니다. 일타 스님은 집에 불이 났다는 마음으로 정진하라고 했습니다. 우리 중 자기 집에 불이 나면 가만히 있을 사람은 없을 것입니다. 집에 빨리 가서 불을 꺼야 한다는 그 심정으로 공부하라는 말입니다."

적명 스님은 이어 "둔공(鈍功)이라고 했습니다. 바보같이 공을 들여야 한다는 말입니다. 바가지로 바닷물을 퍼내는 심정으로 공부하기 바란다."고 당부하기도 했다.

이날 1시간 30여 분 동안 법문을 들은 불자들은 마당으로 나오며 "오늘 로또 맞았다."고 했다. 쉽게 만날 수도 들을 수도 없는 적명 스님의 법문을 듣고 난 후 환희심이 나 하는 말이었다. 적명 스님이 봉암사 동방장(東方丈)실에 주석하는 한 조계종립선원의 미래는 희양산 봉우리만큼이나 높고 밝아 보인다.

한 생각
돌이켜

<u>스스로</u>

행복
만드는 법
배워야

청주 보살사 조실

종산 스님

종
산
스
님

갑작스럽게 죽은 친구의 49재를 지내기 위해

찾아간 절에서 스님들의 모습을 보고 출가했다.

의대 출신으로 육체의 병보다

마음의 병을 치료하는 사람이 되고자 했던 것이다.

이마 앞에 못을 박아 놓고 정진할 정도로

열심히 수행했다고 하며,

현재는 청주 보살사에서 주석하고 있다.

2004년부터 조계종 원로회의를 이끌어 오고 있으며,

구례 화엄사의 문도들을 화합으로 지도하고 있다.

관세음보살은 대자대비(大慈大悲)의 마음으로 중생을 구제하고 제도하는 보살이다. 그래서 많은 불자들이 '관세음보살, 관세음보살, 관세음보살'을 염송하며 기도를 하곤 한다. 그만큼 관세음보살은 대중들 가까이 있다.

2004년부터 조계종 최고 의결기구인 원로회의를 이끌고 있는 혜광종산(慧光宗山) 대종사를 친견하기 위해 2010년 6월 22일 아침 일찍 서울을 나섰다. 종산 스님은 30여 년 전부터 청주 보살사에서 주석하고 있다. 보살사(菩薩寺)는 보타낙가산에 있다. 사찰 이름 역시 관세음보살(觀世音菩薩)에서 따왔다고 한다. 뭔가 모르게 범상치 않은 기운이 느껴졌다.

그래서 보살사에 도착하자마자 종무소 사무장에게 먼저 창건 설화에 대해 물었다.

보은 법주사를 창건했던 의신(義信) 조사는 중생들을 교화할 새로운 도량을 찾고자 하였다. 그래서 지극한 마음으로 기도를 시작했는데 마침내 회향을 앞둔 어느 날 기도를 하던 의신 스님은 비몽사몽간에 선인(仙人)이 나타나는 것을 보았다. 선인은 "그대의 기도가 지극하니 좋은 인연이 있을 것이다. 지금 대문을 나가 보면 한 노파가 있을 테니 그 노파에게 물어보라."는 말을 남기고 사라졌다.

선인의 말에 놀란 의신 스님이 밖으로 나가 보니 실제로 한 노파가 가고 있었다. 이에 스님은 노파를 부르며 쫓아갔지만 노파는 뒤도 돌아보지 않고 계속 걸어갔다. 노파가 한참 후 멈춰 섰는데, 스님이 다가가서 얼굴을 보니 관세음보살이었다.

깜짝 놀란 의신 스님은 환희에 젖어 무릎을 꿇고 기도하며 새로운 도량을 지을 곳을 일러 달라고 청했다. 그러자 관세음보살은 "그대가 찾고 있는 성지가 바로 이곳"이라고 일러 주었다. 의신 스님은 어렵게 친견한 관세음보살이 발길을 돌리려는 것을 보자 조바심에 "보살님께서는 어디로 가시나이까?"라고 물었다. 관세음보살은 스님의 마음을 아는 듯 "나 또한 이곳에 항상 머무르고 있을 것"이라고 대답하였다.

이에 의신 스님은 이곳에 절을 짓고 관세음보살이 일러준 곳이라 하여 절 이름을 '보살사'라 지었으며, 관세음보살이 항상 머무르는 곳이라 해서 산 이름을 '보타낙가산'이라 하였다. 신라 진흥왕 28년(567)의 일이다.

우리나라에서 낙가산은 단 두 곳뿐이다. 기도성지로 유명한 강화 보문사가 있는 산이 바로 낙가산이고 보살사가 있는 산이 그렇다. 두 사찰은 전국에서 기도하러 오는 불자들로 항상 붐빈다.

보살사는 아담했다. 극락전과 명부전 그리고 요사채가 전부다. 그래도 기도를 하는 염불 소리는 끊이질 않았다. 종산 스님이 주석하고 있는 관음실(觀音室)에서 스님에게 근황부터 여쭈었다.

    한 생각 돌이켜 스스로 행복 만드는 법 배워야

● **하안거도 시작됐고, 이제는 여름입니다. 요즘 어떻게 지내고 계신지요? 특별한 건강 관리 방법도 있으실 것 같습니다.**

● "수행자에게 건강 관리법이라는 게 있을 수 없습니다. 수행 그 자체가 이미 건강 관리이기 때문입니다. 수행을 하면 마음과 몸이 늘 평화롭습니다. 출가 후 사미계(沙彌戒)와 보살계(菩薩戒), 구족계(具足戒)를 받을 때 은사이신 도광 스님께서 세속의 것들은 다 버리고 항상 자신을 낮추고 아상(我相)을 내지 말라고 당부하신 이후에는 계율(戒律)에 맞게 생활하려 합니다. 부처님 율법정신을 그대로 따르면 수행자뿐만 아니라 재가자들도 건강을 지킬 수 있습니다." 올해 여든일곱 살이지만 다리가 조금 불편한 것을 제외하고는 또렷한 말씀과 생기 있는 표정에서 여느 수좌 못지않은 젊음을 확인할 수 있다.

종산 스님은 1949년 고암 스님을 계사로 사미계를 수지하고 1954년 동산 스님을 계사로 구족계를 받았다. 60년이 넘는 시간 동안 초심을 잃지 않고 묵묵히 정진해 온 스님의 힘이 느껴진다.

● **스님의 출가인연이 궁금합니다.**

● "나라가 어렵던 시절 부모님을 잘 만나서 넉넉한 생활을 하며 의과대학에 다녔습니다. 대학 시절 형제처럼 지내던 친구가 있었습니다. 그런데 그 친구가 폐병에 걸려 그만 세상을 일찍 떠났습니다. 마음이 많이 아팠고 저도 힘들었습니다. 49재를 지내기 위해 강진 만덕선원에 갔습니다. 만덕선원에는 동산 스님과 전강 스님, 선월 스님, 도천 스님 등이 함께 공부하고 있었습니다. 전각에서 들려오는 스님들의 염불 소리가 천상의 소리처럼 아름다웠습니다. 당시 기분은 그 어떤 언어로도 표현할 수 없습니다. 마치 염불 소리에 제가 미친 것 같았습니다. 나중에 은사로 모신 도광 스님도 거기서 만났습니다. 도광 스님을 친견하고 난 후 출가가 나의 길이 될 것이라는 예감이 들었고, 그것으로 저의 불연(佛緣)이 시작됐습니다. 친구 49재 때문에 찾은 절에서 육신을 치료하는 의사보다 마음을 다스리는 불제자가 되기로 결심한 것입니다."

의사가 되기를 원했던 부모님의 상심은 말로 표현할 수 없었지만, 스님은 뜻을 굽히지 않았고 출가의 길에 들어섰다.

● **출가 초기에는 주로 강원에서 생활을 하셨습니다.**

● "출가 후 은사스님이 세속의 지식은 다 필요 없으니 강원(講院)에 가서 경학(經學)을 공부하라고 하셨습니다. 강원을 마치고 은사스님이 계신 담양 보광선원에 갔더니, 불사를 하고 있었습니다. 그때는 스님들이 직접 울력으로 불사를 하던 시기여서 갓 출가한 스님들이 공부를 하는 것이 쉽지 않았습니다. 은사스님은 선원 옆 토굴에 강원

　한 생각 돌이켜 스스로 행복 만드는 법 배워야

을 열고 저에게 후배스님들을 가르치라고 하셨습니다. 출가 초기에는 이렇게 강원 소임을 보며 지냈습니다. 학인스님들을 몇 년간 가르치고 나서는 전국의 선지식들을 찾아다니기 시작했습니다." 은사스님의 말씀이 없었더라면 곧장 선원으로 달려갔을 터이지만, 낮에는 일하고 밤에는 공부하는 후배들을 외면하기 어려웠다. 그래서 스님은 같이 일하면서 후배스님들을 가르치고 또 함께 공부했다.

【 화합이 최상의 도리다 】

● **은사 도광 스님은 어떤 분이셨나요?**

● "도광 스님은 용성 스님의 손상좌입니다. 전쟁 전까지 금강산 마하연에서 정진하셨고, 전쟁 발발 이후에는 범어사로 내려와 원주로서 살림을 챙겼습니다. 탁발을 해서 100명이 넘는 대중을 먹여 살렸습니다. 도광 스님은 또 행(行)으로 도(道)를 닦으셨습니다. 도광 스님의 행(行)과 언(言) 하나하나가 인천지사(人天志師) 그 자체였습니다. 도광 스님의 수행은 성철 스님도 인정하셨습니다. 성철 스님이 해인사 주지로 도광 스님을 직접 추천했을 정도입니다. 동산 스님도 도광 스님에게 범어사 주지를 시키셨습니다. 저의 수행 역시 도광 스님의 영향이 컸습니다. 도광 스님은 율(律)을 이해하는 것에 그친 것이 아니라 먼저 행하신 분입니다. 스님께서는 외부에 출타하실 때 항상 바랑을 메고 다녔습니다. 하루는 제가 '도대체 바랑에 무엇이 있느냐?'고 여쭈어본 적이 있습니다. 스님께서는 손전등과 세면도구, 가사, 장삼, 우비를

가지고 다닌다며 바랑을 보여 주셨습니다. 길이 늦어져 절에 다시 돌아오지 못하면 다른 절에 가서 신세를 져야 하니 꼭 필요한 것들을 항상 가지고 다닌 것입니다. 또 어디에서든 어른스님들께 예를 갖추기 위해 가사와 장삼도 필요하다고 하셨습니다. 도광 스님은 이렇게 말이나 글보다는 몸으로 실천하신 분입니다."

스님은 항상 예(禮)를 강조한다. 젊은 시절 어디에 가더라도 어른들에게 먼저 인사를 올렸고, 도반이나 후배스님들에게도 하대를 하지 않았다. 그래서인지 법회나 회의에서 여든을 넘긴 원로스님들이 종산 스님에게 정성스럽게 삼배를 올리는 것이 전혀 어색하지 않다.

● **'혜광(慧光)'이라는 법호를 금봉 스님에게 받았다고 들었습니다.**

● "제방 선원에 있다가 금봉 스님이 해인사에 계신다고 해서 그곳으로 갔습니다. 당시 해인사는 금봉 스님이 조실, 청담 스님이 주지를 맡고 있었습니다. 1958년 어느 날, 하루는 선원에 있는데 얼마 전 입적한 법정 스님이 왔어요. 조실스님께서 찾으신다구요. 조실스님을 뵈러 갔더니 '어디에서 왔느냐?'고 물으셨어요. '선방에서 왔습니다'라고 답했어요. 금봉 스님이 '선(禪)! 선(禪)! 어떤 것이 선이냐?'고 외치시더니 염주를 들어 보이셨습니다. 저는 '진심(眞心)이 선입니다'라고 했습니다. 금봉 스님은 몇 가지 화두에 대해 더 물었고, 저는 즉시 대답을 했습니다. 한참 대화를 나누었는데, 금봉 스님이 나중에 저에게 『보장록』을 주시면서 '혜광'이라는 법호를 내리셨습니다."

금봉 스님은 근대 한국불교를 이끌었던 선사(禪師) 중의 한 분으로 해인사 계곡에서 좌탈입망(座脫立亡) 했다. 스님은 생전에 "어렸을 때부터 생선을 많이 먹어, 죽을 때는 내 몸을 물고기들에게 보시하겠다."는 말씀을 여러 차례 했다고 한다. 가볍게 넘겨들을 수 있는 말이지만, 평소 말씀을 그대로 실천한 것이다.

● 스님께서 문장(門長)으로 계신 화엄문도회가 불교계에서는 화합의 표본이 되고 있습니다.

● "은사 도광 스님은 모든 출재가는 일불제자(一佛弟子)라고 강조하셨습니다. 화합이 최상의 도리라는 말씀입니다. 우리 문도들은 스님의 가르침을 그대로 받들고 있는 것입니다. 문도스님들은 항상 하심하면서 서로를 존중하며 함께 정진합니다."

구례 화엄사 소속의 스님들이 주축을 이루고 있는 화엄문도회는 두 문중 스님들로 구성돼 있다. 종산 스님의 은사인 도광 스님 문중과 도광 스님의 사제 격인 도천 스님 문중이 그것이다. 두 스님이 다른 문중인데도 그 제자들이 서로 화합하고 함께 문도회를 결성한 것은 도광 스님과 도천 스님, 두 스님의 각별한 관계 때문이다. 두 스님은 금강산 마히언선원에서 처음 만나 평생결연을 맺었다. 두 스님은 이후 항상 동행하며 함께 수행했다. 한국전쟁 당시 범어사에 살 때 도광 스님은 원주, 도천 스님은 도감(都監)을 맡아 대중을 외호했으며 1952년 10월 두 스님은 도광 스님의 부친이 세운 담양 보광사에서 보광선원을 열어 함께 정진했다. 불교계에서 가끔 발생하는 문중 내 다툼을 화엄문도회에서는 볼 수 없다. 종산 스님이 중심을 확실하게 잡으며 모든 대중이 서로에게 예를 갖추는 까닭이다.

● **지난 부처님오신날에 법어를 내려 주셨습니다. 이 땅에 부처님이 오신 뜻은 무엇인가요?**

●   "부처님은 모든 중생을 고통에서 구제하기 위해서 오셨습니다. 부처님은 이 사명을 다하기 위해 이 세상에 오신 분입니다. 중생이 괴로움에서 벗어나지 못하는 이유는 다른 데 있지 않습니다. 무명(無明)에 눈이 가려 실상을 바로 보지 못하기 때문입니다. 이 고통에서 벗어나고자 한다면 부처님의 가르침에 귀를 기울여야 합니다. 하늘에 빌거나 운명을 탓하지 말고, 스스로 행복을 만드는 법을 배워야 합니다. 행복과 평화를 만드는 방법은 멀리 있지 않습니다. 지금 이 순간, 이 자리에서 혁신하여 한 생각을 돌이켜야 합니다. 탐진치 삼독심을 버리고 동체대비(同體大悲)한 마음으로 자비와 관용과 지혜로 살아가기를 다짐해야 합니다."

스님은 '부처님 정신'을 강조했다. 부처님이 행한 것을 따라하면 모든 일이 순조롭게 풀린다고 했다. 그렇길 바라지만, 쉽지 않은 일이다. 그래서 스님에게 깨달음이 무엇인지 여쭈었다. 스님은 질문에 한참 동안 표정의 변화도 없이 있다가, 단주로 탁자를 내리쳤다. 그리고는 알겠느냐고 물었다. 모른다고 했다. 스님은 화두를 하나 주셨다. "삼라만상 모든 것이 하나라고 하는데, 조사스님들은 그것도 아니라고 했다. 이것을 알면 된다."고 했다. 알쏭달쏭했다.

    한 생각 돌이켜 스스로 행복 만드는 법 배워야

【 못을 이마 앞에 박아 두고 수행하다 】

● **스님께서 공부하신 화두는 무엇입니까?**

●   "'여하시부모미생전 본래면목(如何是父母未生前 本來面目)', 즉 '부모에게 나기 전에 어떤 것이 참 나인가?'라는 화두를 챙깁니다. 이 화두는 중국의 위산영우 선사와 제자 향엄지한 선사 사이에서 벌어진 선문답에서 유래합니다. 하루는 위산 선사가 향엄에게 이르기를, 남에게 듣거나 경전에서 읽은 지식이 아닌 그대가 태어나기 이전의 본래 모습이 무엇이냐고 묻습니다. 향엄은 모든 지식을 동원하여 이 화두에 답하려 했으나 그럴 수 없었습니다. 좌절한 향엄은 스승의 곁을 떠나 초막을 짓고 이 화두와 씨름하다가, 어느 날 기와 조각이 대나무에 부딪치는 소리에 크게 깨칩니다.

화두는 '참 나'를 찾아가는 길의 첫머리입니다. 첫 단추를 잘 꿰어야 합니다. 요즘 스님들 화두 공부 제대로 하는지 모르겠습니다. 화두는 꼭 오랜 기간 정진을 해온 선지식들에게 받아야 합니다. 정진을 계속해 화두의 맛을 느낀 사람이어야 합니다. 그래야 화두를 준 스님들도 후학들을 섬검해 줄 수 있습니다. 깨닫겠다는 마음만 있으면 공부가 안 될 리가 없습니다. 깨닫고자 하는 마음이 있으면 어떤 것도 고통이 아니라 즐거움이 될 것입니다. 그래서 도(道)는 세수하다가 코를 만지는 것보다 쉬운 것이라고 조사스님들은 말씀하셨습니다."

● **참선 공부가 어렵다고 합니다. 보다 쉽게 공부할 수 있는 방법이 있을까요?**

●   "어려운 것은 없습니다. 방법을 잘 알아야 합니다. 화두를 받

고 앉아 있다고 해서 저절로 되는 것이 아닙니다. 대신심, 대분심, 대의심이 있어야 합니다. 바로 알면 쉽고, 하면 할수록 편안함 속에서 행복과 자유를 느낄 수 있습니다. 화두를 받았을 때는 굶은 고양이가 쥐를 잡듯, 노모가 집 나간 외아들을 찾듯, 알을 품은 닭이 병아리를 기다리듯 그렇게 공부하면 됩니다."

스님은 지난 2007년 재가자들이 마음 놓고 공부할 수 있도록 보살사 근처에 공간을 마련해 직지보림선원(直指寶林禪院)을 개원했다. 언제든 와서 시간에 구애받지 않고 정진할 수 있도록 선원의 문을 항상 열어 놓고 있다.

스님은 계율에도 철저하다. 젊은 시절 일화를 보면 어느 정도인지를 짐작할 수 있다. 해인사로 금봉 스님을 만나러 갈 때의 일이다. 아침 공양도 제대로 하지 못한 스님이 대구까지 왔다. "때가 지났는지 배가 고팠습니다. 그래서 칼국수 집을 찾다가 음식점 골목에 들어섰습니다. 그런데 갑자기 '불고기 냄새'가 코를 자극하는 것이었습니다. 제가 평생 율문(律文)을 제대로 보지는 않았지만 그래도 계율을 지키려는 마음으로 살아왔는데 그날따라 그 냄새가 얼마나 좋던지 저도 깜짝 놀랐습니다." 스님은 그 자리에 서서 자문자답(自問自答)을 했다. '평소 네가 그런 생각을 일으키지 않고 정진을 했는데 오늘따라 고기 냄새가 좋으냐. 만약 고기를 준다면 먹겠느냐?' 내면에서 아무 소리도 들리지 않았다. 안 먹겠다는 소리가 나오지 않은 것이다. 먹고 싶은 마음이 컸다. 그래서 다시 묻고 또 물었다. 스님은 그렇게 몇 번의 자문자답을 한 뒤에야 '불고기의 유혹'을 뿌리칠 수 있었다.

● **스님께서는 수십 년간 제방에서 정진하셨습니다. 많은 수행 일화가 있을 것 같습니다.**

● "대흥사, 만덕사, 보광사, 해인사, 범어사, 통도사 극락암, 동화사, 용주사, 천축사 무문관, 망월사 등의 선원에서 공부하며 전강 스님, 동산 스님, 금봉 스님, 경봉 스님, 춘성 스님 회상에서 지도를 받았습니다. 여러 선원에서 입승(立繩) 소임도 보았습니다.

통도사 극락암에서 입승을 볼 때였습니다. 안거 해제를 일주일 앞두고 경봉 스님이 저를 부르시더니 해제 법문을 하라고 하셨습니다. 그러고는 선방에 가서 대중들에게 '이번 해제 법문은 입승인 종산 스님이 할 것이니 공부하면서 생긴 의문은 종산 스님에게 물어보라'고 하시고 나가 버리셨습니다. 저는 못 한다고 몇 번이나 경봉 스님께 말씀드렸지만 뜻을 바꾸시지 않아 어쩔 수 없이 해제 법문을 했습니다."

스님은 범어사 동산 스님 회상에서 있었던 일도 회고했다. 스님은 몇몇 도반과 마주 보고 정진하면서 상대가 졸면 죽비로 서로를 경책하기로 했다. 그런데 생각과는 다르게 정진보다 때리는 것에 생각이 팔리는 것이었다. 결국 대중들이 함께 의논해서 널빤지에 못의 뾰족한 부분이 1센티미터 정도 튀어나오게 박아 각자 이마 앞에 두고 정진하기로 했다. 앉아 있다가 졸면 이마가 찍히기 때문에 수행에만 집중할 수 있다고 생각해 그렇게 실천하기로 했다는 것이다. 마주 앉은 스님이 피를 흘리는 걸 보며 스님은 대신심(大信心), 대분심(大忿心), 대의심(大疑心)을 일으켰다. "저렇게 상대 스님은 피를 흘리면서 정진하는데 나도 더 공부를 열심히 해야 한다는 생각이 들었지요. 그때는 정말 어느 조실스님이 지도해 주신 것 못지않은 성과를 봤습니다. 법문을 들

고 책을 보는 것보다 피를 흘리는 모습을 보며 티끌만큼의 허튼 생각
도 할 수 없었습니다. 그때 전후가 딱 끊어진 경계를 맛봤습니다. 이
세상에서 그 어떤 스님도 그 어떤 사람도 나보다 못난 사람은 없다는
것을 알았습니다. 그래서 다시 새롭게 묵언과 하심으로 수행을 시작
했습니다."

● **체험을 하셨다고 들었습니다.**

● "공부를 하면서 저에게는 세 번의 체험이 있었던 것 같습니
다. 방금 말씀드렸듯이 범어사에서 정진하면서 '편안함'을 느낀 적이
있습니다. 그때 세상을 보니 나보다 못난 사람이 없었습니다. 모두가
행복해질 수 있다는 것을 알았습니다. 두 번째는 태고사에서였습니다.
장좌불와는 물론 용맹정진도 서슴지 않았습니다. 범어사에서보다 몸
과 마음이 더 편안해졌습니다. 천축사에서 죽을 공부를 넘기면서 공부
를 했더니 세 번째 경험이 왔습니다. 정말 '크게 편안'했습니다. 이러
한 과정들을 거치면서 오늘에 이르렀습니다."

● **그럼 스님의 오도송(悟道頌)이 있을 것 같습니다.**

● "확철대오(廓徹大悟)를 하지 못해 그런 것은 없습니다. 허허.
대신 '편안하고 더 편안하고 크게 편안하다'라는 말씀을 드릴 수 있을
것 같습니다."

● **여러 선지식들과 함께 공부하셨는데, 기억에 남는 스님들이 많을 것 같습니다.**

● "월산 스님이 동화사 주지를 할 때 당시 조실이 전강 스님입

   한 생각 돌이켜 스스로 행복 만드는 법 배워야

니다. 그때 동화사에서 같이 정진한 스님이 명허 스님과 학산 스님 등입니다. 학산 스님은 특히 저와 가까이 지냈습니다. 스님은 나이가 저보다 많았지만 함께 정진하고 싶다고 해서 태고사에서도 토굴 생활을 같이 했습니다. 학산 스님은 참으로 솔직했습니다. 화두가 잘 안 들릴 때는 왜 안 되는지 솔직하게 털어놓고 얘기하기도 했습니다. 서로 경책하면서 공부에 대해 많은 얘기를 나눴습니다. 학산 스님의 솔직함이 제 공부에 참 많은 도움이 됐습니다."

【 자신을 낮추는 마음이 절실한 때 】

● **1999년 원로의원으로 선출되고 2004년 원로의장으로 추대되었습니다. 그동안 원로회의를 이끌어 오시면서 느끼신 점이 많이 있을 것 같습니다.**

● "저는 그동안 산중에 살며 계정혜 삼학(三學)을 지키며 사는 것이 저의 본분사라고 생각했습니다. 그래서 종단의 어떤 소임도 맡지 않고 조용히 수행만 해온 것입니다. 그러나 모든 중생과 출가 수행자들도 자신이 처한 현실에서 자유로울 수 없습니다. 출가 수행자는 내적으로는 깨달음을 구하는 것과 함께 밖으로는 중생을 교화하는 포교자, 전법자로서의 역할이 기본이라고 생각합니다. 제가 원로의장에 나서게 된 것은 몇 번의 고사에도 불구하고 동료 의원스님들과 도반스님들, 종단의 소임자 스님들이 종단을 위해 직접 나서야 한다는 요청을 계속했기 때문입니다. 긴 시간에 걸쳐 고민을 했고 의장을 맡은 이후로는 종단의 위계질서를 세워 승풍을 진작하고, 건강한 종단을 만드는

데 힘을 보태야겠다는 생각을 하고 있습니다."

종산 스님은 2004년 5월 원로의장을 맡자마자 조계종의 법계(法階)를 정립했다. 종정 법전 대종사를 비롯한 모든 원로의원 스님들에게 대종사(大宗師) 법계를 품서해 승가의 위의(威儀)를 확립한 것이다.

● **불자들과 국민들에게 지혜의 말씀 부탁드립니다.**

● "부처님은 왕이 될 수 있는 사람이었지만, 그것을 마다하고 가장 낮은 곳으로 내려왔습니다. 모든 것을 버렸습니다. 그러나 요즘 국민들은 버리려 하기보다 좀 더 많이 가지려 합니다. 겉모습 가꾸는 것에 더 신경을 씁니다. 이럴수록 우리는 마음을 향기롭게 하는 것이 필요합니다. 좋은 옷, 맛있는 음식은 한 순간입니다. 그러나 마음을 깨끗이 하면 평생 행복하게 살 수 있습니다. 부처님이 그러했듯이 자신을 낮추는 마음이 절실한 때입니다."

⊙ 자승 스님(오른쪽)과 이야기를 나누는 종산 스님.

　한 생각 돌이켜 스스로 행복 만드는 법 배워야

오전에 시작한 인터뷰가 점심시간을 훌쩍 넘겨 계속됐다. 스님은 마지막으로 할 말이 있다며 다시 운을 뗐다. "조계종은 한국불교의 정통 종단입니다. 그런데 요즘 들어 유사한 이름을 가진 종단이 수십 개에 이르고 있습니다. 조계종이라는 이름을 가진 종단의 스님들이 공부도 하지 않고 막행막식하는 경우가 많습니다. 바로잡아야 합니다. 이렇게 된 것은 우리 종단 스님들이 잘 살지 못한 것에도 책임이 있습니다. 이럴수록 좀 더 열심히 정진하면서 국민들에게 다가가야 합니다."

인터뷰를 마치고 관음실을 나와 낙가산을 다시 보니, 여름 신록이 더 짙어 보인다. 관세음보살이 중생들의 아픔을 보듬었듯이 종산 스님 역시 불자와 국민들의 마음이 더 편안해지기를 바라며 자비의 법(法)을 전하고 있다.

바로 놓인
그릇에

지혜의
달이

크게
비친다

하동 쌍계사 조실

고산 스님

고
산
스
님

하동 쌍계사와 부천 석왕사, 부산 혜원정사 등을
중창하거나 창건해 매주 각 사찰을 한 차례씩 다니며
불자들을 만나고 있다.
원로스님이지만 아직도 법회를 직접 주관할 정도로
남다른 포교 열정을 보여 준다.
선(禪)과 교(敎)는 물론 율(律)에도 뛰어난 스님은
현재 조계종 전계대화상을 맡고 있기도 하다.
젊은 시절 같이 정진했던 스님이
"못하는 것이 없을 정도로 뛰어났다."고
전할 정도였던 스님은
'남에게 용서를 구걸하지 말고
남을 용서할 줄 아는 사람이 되라'는 가르침을
제자들에게 강조하고 있다.

2010년 7월 12일 오전 11시 부산 혜원정사 대웅전. 초하루법회(음력 6월 1일)가 막 시작된 가운데 조실(祖室) 고산혜원(杲山慧元) 대종사가 직접 마이크를 잡았다. 그리고는 이내 불자들을 위한 축원(祝願)을 시작한다. 스님은 이후에도 법상(法床)에 오르기까지 마이크를 놓지 않고 불자들과 함께 기도를 올렸다.

사찰의 조실스님이 직접 마이크를 잡고 기도하는 것이 낯설었다. 사실 어른스님들은 법회에서 법문만 하는 경우가 대부분이다. 그러나 고산 스님은 달랐다. 스님을 오랜 시간 곁에서 모신 불자들은 "고산 스님의 '힘'이 바로 여기서 나온다."고 귀띔했다. 실제로 고산 스님은 1990년대 후반 총무원장을 역임하면서도 새벽 예불과 108배를 하루도 거르지 않았다. 스님은 법문도 명쾌했다. 스님은 "무설무문(無說無聞)이 진실진문(眞說眞聞)이라."고 했다. 말하지 않고 듣지 않는 것이 참으로 말하고 듣는 것이라는 얘기다. 이심전심의 이치를 전하는 듯했다.

법회가 끝나고 스님은 대중들과 사찰 공양실에서 공양을 같이 하고 주석처인 방장실에서 글을 보고 있었다. 잠시 시간을 내달라는 청을 드리니, 들어와 차나 한잔하라며 방문을 열어 주신다. 선교율(禪敎律)을 겸비한 스승으로 추앙받고 있는 고산 스님에게 몇 가지 우문(愚問)을 여쭈었다.

【 음식을 준비하는 것도 수행 】

● **법회를 직접 주관하시는 모습이 이채롭습니다. 요즘은 어떻게 지내시나요?**

● "대중들과 항상 함께하려 합니다. 새벽에 도량석(道場釋) 하는 동안 108배를 하고 참선합니다. 새벽 예불이 끝나면 법당을 돌면서 참배를 하고, 『원각경』과 『관세음보살 보문품』 등을 읽습니다. 또 시간이 되면 참선을 하고 맨손체조도 합니다. 아침 공양 후에는 틈틈이 텃밭과 화단을 가꾸고 책을 보기도 합니다. 오후 일정도 비슷합니다. 이러다 보면 하루가 금방 지나갑니다. 바쁘다는 생각을 할 틈도 없습니다. 주위 스님들은 그렇게 바쁘게 살아도 건강하기만 하다고 부러워할 정도입니다. 허허." 스님의 하루 일과에 빈틈은 없다. 스스로 쉴 수 있는 시간을 허락하지 않는다. 하루 일정뿐만 아니라 한 달 일정에도 스님이 쉬는 날은 없다.

매월 음력 초하루는 부산 혜원정사, 음력 8일은 부천 석왕사, 음력 15일은 하동 쌍계사, 음력 24일 관음재일은 통영 연화사에서 대중들과 함께 기도한다. 모두 스님이 조실로서 후학과 불자들을 제접하는 도량이다. 이렇게 한 달 내내 1주일씩 4개 사찰을 순회하고 있다. 스님은 "몸 걱정을 하고 다니면 이렇게 못한다. 매일 일과가 이러니 피곤한지 모른다."고 했다.

● **스님의 출가인연이 궁금합니다.**

● "해방되기 1년 전 어머니가 돌아가셨습니다. 어머니 생신이 음력 8월 3일인데, 8월 19일에 돌아가셨습니다. 당시 제 나이가 열두

살이었습니다. 한참 어머니 품에서 뛰어놀 나이지요. 어머니가 돌아가신 후 어머니가 그리워 참을 수 없었습니다. 『명심보감』을 보면 눈물이 안 나올 거라는 어른들의 말씀에 책을 봤지만, 자꾸 어머니 생각이 나 눈물이 멈추질 않았습니다. 이 모습을 보던 아버지가 저를 데리고 양산 통도사로 갔습니다. 구하 스님께 출가시키려 했던 것이었는데, 구하 스님은 더 크면 데려오라고 하셨습니다. 며칠 후 아버지는 다시 저를 부산 범어사 동산 스님에게 데리고 갔습니다. 동산 스님은 '왜 이제 왔느냐?'며 맞아 주셨어요. 동산 스님에게 '스님 제자가 되면 우리 엄마 만나게 해줄 수 있느냐?'고 물었더니 스님은 '그렇게 해주겠다'고 하셨어요. 그래서 범어사에서 행자 생활을 시작했습니다. 그런데 먼저 출가한 행자들이 밥도 못하고 불도 잘 못 지핀다고 구박을 엄청나게 했어요. 어린 마음에 그것을 못 견디고 6개월 만에 다시 집에 돌아와 버렸습니다. 아버지가 왜 왔느냐고 호통을 치셨어요."

스님은 곧바로 두 형이 있던 부산으로 갔다. 형들이 일하던 양복점에서 일도 하고 또 그 후에는 시계가게, 서점 등에서 일을 했다. 그러던 어느 날 형수님이 사주를 봐 왔다. 기술자나 스님이 될 사주라는 것이었다. 특히 스님이 되면 많은 제자들을 가르치며 살 거라고 했다 한다. 고민 끝에 아버지와 상의했고 결국 범어사에 다시 가서 정식 출가를 했다. 1945년의 일이다.

● **어려서 출가하셔서 행자 생활을 하는 것이 쉽지 않았을 것 같습니다.**

● "그렇게 열세 살에 출가를 해서 3년간 행자 생활을 했습니다.

처음에는 생활이 쉽지 않았습니다. 혼도 많이 났습니다. 그러나 이내 자리를 잡고 열심히 살았습니다. 매일같이 대중 예불이 시작되기 전에 법당에 가서 108배를 무난히 끝내면서 일 배, 일 배마다 어머니를 만나게 해달라고 기원하고 했습니다. 1948년에 사미계를 받고 나서 얼마 있다가 부산 기장 해불암에 가서 공부했습니다. 주로 농사짓고 채소 가꾸면서 틈틈이 정진했습니다. 나중에는 '요리사' 소리를 들을 정도로 공양주 소임을 잘 살았습니다. 밥을 지을 때는 첫째는 부처님께 공양을 올리는 것이고, 둘째는 대중들에게 공양을 올리는 것이고, 셋째는 나의 심신을 단련하는 것이라는 생각을 했어요. 그러니 밥도 잘 됐습니다. 그 후 범어사에서 비구계를 받고 본격적으로 참선과 경학을 공부하기 시작했습니다."

스님은 은사인 동산 스님에게 매일 『선요(禪要)』를 배워 가며 참선했다. 동안거에는 하루 12시간씩 정진하는 것도 빠뜨리지 않았다. 이때부터 스님은 새벽 예불, 도량 청소, 오전 정진, 사시 마지, 오후 정진, 저녁 예불, 저녁 정진, 취침의 순서로 어김없이 규칙적인 생활을 이어갔다.

● **스님 출가 당시 범어사는 어땠나요?**

● "70~80명의 스님이 함께 수행했습니다. 주식이 거의 보리밥이었고, 쌀밥은 구경하기도 힘들 정도로 어려웠습니다."

　　바로 놓인 그릇에 지혜의 달이 크게 비친다

범어사에서 동산 스님과 함께한 모습.
셋째 줄 오른쪽 끝이 고산 스님.

【 동산, 고봉, 석암 스님을 스승으로 모시다 】

● **은사이신 동산 스님은 어떤 분이셨나요?**

● "스님은 항상 모범적인 대중 생활을 하셨습니다. 도량석을 하기 전에 먼저 일어나서 모든 전각을 돌며 참배했고 마지막에 대웅전에 와 대중들과 새벽 예불을 같이 하셨습니다. 아침 공양을 하고는 제일 먼저 빗자루를 들고 마당을 청소했어요. 또 시간이 조금이라도 있으면 선방에 가서 정진하셨습니다. 일과를 꾸준히 하다 보니 누구든 스님의 모습을 보고 배우지 않을 수가 없었습니다. 저 역시 은사스님의 모습

을 많이 따라 하려 합니다."

그래서일까? 스님은 나이 일흔 이전에 방에 혼자 앉아 있지를 않았다고 한다. 선방에서 정진하고 텃밭에서 일하다 보면 방에 앉을 시간이 없었다는 말씀이다. 스님은 말씀을 이어 나갔다.

"동산 스님께서는 항상 제자들에게 '감인대(堪忍待, 견디고 참고 기다리라)'의 정신으로 살라고 당부를 하셨습니다. 아직도 저는 그 말씀을 가슴에 새기고 있습니다."

동산 스님은 공부에 대해서도 고산 스님에게 조언을 아끼지 않았다고 한다.

"화두를 타파하려면 화두를 들되 의심이 순일무잡(純一無雜)해서 사호(絲毫)만치도 다른 생각이 없이 앉아도 앉은 줄 모르고 서도 선 줄 모르고 추워도 추운 줄 모르고 더워도 더운 줄 모르고 배가 고파도 고픈 줄 모르고 한 생각이 만 년 가서 백척간두에서 한 걸음 내딛어야, 대마디 튀듯 크게 깨닫는 것이다." 동산 스님의 경책은 스님이 정진하는 데 든든한 밑거름이 되었다.

● **동산 스님은 한국불교 정화의 상징이셨습니다.**

● "동산 스님은 청담 스님과 함께 정화를 주도하셨습니다. 정화가 한창일 때 현재의 조계사를 지키기 위해 태고종과 신경전을 벌였습니다. 당시 동산 스님이 조계사에 계셨는데 태고종스님들이 스님 방에 불을 많이 지펴 장판이 탈 정도였습니다. 그런데 스님은 벽돌을 깔고 합판을 놓고 앉아 방에서 나오지 않고 계셨습니다. 그런 원력이 있었기에 오늘날 종단 정화가 이루어졌다고 할 수 있습니다."

● **고봉 스님도 지극히 모셨다고 알고 있습니다. 고봉 스님에게 전강(傳講)도 받으셨습니다.**

● "범어사에 있을 때 고봉 스님을 처음 뵈었습니다. 스님께 상을 차려 공양을 올렸는데 스님이 공양 차린 사람이 누구냐고 묻더군요. 제가 올렸다고 했더니 알겠다고 하셨어요. 그때부터 저를 잘 보셨나 봅니다. 하루는 고봉 스님이 스님의 맏상좌인 우룡 스님과 저를 불러 '둘은 경(經)을 보라'고 하셔서『능엄경』공부부터 시작했습니다. 그 뒤 합천 해인사, 김천 청암사, 부산 범어사, 울산 태화사 등에서 고봉 스님을 모시고 공부했습니다. 이렇게 15년을 공부하고 직지사에서 전강(傳講)을 받았습니다. 고산이라는 법호도 그때 고봉 스님께 받았습니다. 그때 이후 혜원이라는 법명보다는 고산이라는 법호를 쓰고 있는 것입니다."

고봉 스님은 선(禪)과 교(敎)에 두루 능했던 선지식이다. 당대의 대선사(大禪師)인 전강 스님과도 선문답(禪問答)을 자유롭게 주고받을 정도였다고 한다. 제자들을 가르칠 때도 막힘이 없었다고 고산 스님은 회고했다.

김천 청암사에서 고산 스님과 같이 정진했던 한 스님은 "고산 스님은 무엇을 하든 열심이었다. 절 살림, 공부, 농사, 공양주 소임 어느 것 하나 못하는 것이 없어서 대중들의 모범이 되게 생활을 했었다."라고 회고했다.

● **석암 스님으로부터는 전계(傳戒)를 받으셨습니다.**

● "1972년에 전계를 받았습니다. 10여 년간 석암 스님을 모시

고 전국에서 계를 설했습니다. 스님은 불교 의식에도 밝고 정진도 열심히 하셨습니다. 스님은 『범망경』을 매일 독송하셨고, 무엇이든지 열심히 하면 안 되는 것이 없다고 하셨습니다. 특히 탐진치 삼독심의 근본자리를 찾으면 그것이 바로 도라고 가르치셨습니다. 석암 스님은 청정한 율사이고 보살로 칭호를 받을 것이라고 봅니다. 스님은 중생을 이롭게 하는 것을 찾아다니면서 하셨습니다. 아주 인간적이고 사람을 끌어당기는 힘이 있었던 분입니다."

동산 스님과 고봉 스님, 석암 스님을 한꺼번에 스승으로 모신 것은 대단한 행운이 아닐 수 없다. 선(禪), 교(敎), 율(律) 각 분야에서 최고의 선지식이었기에 고산 스님은 더 열심히 공부할 수 있었다.

【 그릇을 바로 놓아야 물이 많이 담긴다 】

● **종단의 전계대화상으로서 후학들에게 계를 내려 주시는 막중한 소임을 맡고 계십니다. 수행자들에게 계는 어떤 의미가 있습니까?**

● "수행자가 계(戒)를 청정하게 하지 못하면 아무것도 이룰 수 없습니다. 집 지을 때 하는 기초공사가 수행자에게는 바로 계입니다. 또 옛 어른스님들은 그릇을 바로 놓아야 물이 많이 담긴다고 하셨습니다. 계가 수행의 바탕이라는 말씀이지요. 이와 함께 그릇 안에 담긴 물은 흔들리지도 않아야 합니다. 바로 놓인 그릇에서 지혜의 달이 크게 비칠 것입니다. 그래서 계정혜 삼학(三學)은 항상 같이 붙어 있는 것입니다."

전계대화상(傳戒大和尙)은 계를 전하는 종단 최고의 계사(戒師)로 계단(戒壇, 수계식을 위해 쌓은 단)의 설치와 운영, 수계식 등을 관장하며 원로회의의 추천을 받아 종정 스님이 위촉한다. 스님은 2008년 10월부터 조계종 전계대화상을 맡고 있다.

● **깨달음은 무엇입니까?**

● "세상 사람들은 꿈속에 살고 있습니다. 그렇지만 사람들은 그것을 모릅니다. 탐진치 속에 사는 것은 잠꼬대를 하는 것과 같습니다. 얼마나 한심하고 슬픈 일입니까? 꿈을 깨야 합니다. 꿈을 깨는 것이 부처님 가르침이고 깨달음입니다. 그리고 수행자가 해야 할 일 역시 중생들이 꿈에서 깨어나도록 하는 것입니다. 꿈에서 깨어날 때 지금 각자 서 있는 자리가 깨달음의 자리입니다. 우리 수행자들은 특히 자신의 깨달음과 함께 남을 위해 사는 삶이 필요하고 중요합니다."

● **어떤 화두로 공부를 하셨나요? 정진 중에 경계를 체험하셨다고 들었습니다.**

● "'이뭣고' 화두를 공부했습니다. 동산 스님께서 주신 것입니다. 자나 깨나 '이뭣고'를 늘었습니다. 그러던 중 김천 청암사에서 어느 날 경계가 느껴졌습니다. 눈을 감고 있는데, 모든 세상이 보였습니다. 이상하다고 느껴졌습니다. 절에 오고 있는 신도들도 보였습니다. 그래서 처음에는 고봉 스님과 경봉 스님에게 여쭈었더니 더 공부를 하라고 하셨습니다. 3개월 후에 다시 두 분께 말씀을 드리고 나서 인가를 받았습니다."

스님은 1966년 음력 4월 20일 새벽 예불이 끝나고 한 시간 동안 관음

정근을 하고 이산혜연 선사의 발원문을 읽은 다음 청암사 보광전 법당에서 참선에 들었다가 경계를 느꼈다. 그러나 이것은 진정한 깨달음이 아니었다. 스님이 설명한 대로 다시 정진을 시작했다.

그리고 3개월 후에 마침내 오도송을 읊었다.

'심행일장몽 식심즉시교 몽교일여중 심광조대천(心行一場夢 息心卽是覺 夢覺一如中 心光照大千). 마음작용은 한바탕 꿈이요, 한 마음 쉰 것이 곧 잠 깬 것이라. 꿈과 잠 깸이 한결같은 가운데 마음광명이 대천세계에 비추도다.' 앞서 말한 대로 스님은 꿈에서 깨어난 것이었다. 1966년 음력 7월 10일이었다. 스님은 자리를 털고 일어나 고봉 스님에게 게송을 말씀드리고 '이 우주에 오직 나 하나뿐'이라고 했다. 고봉 스님은 "이제 되었다."고 했다. 고산 스님은 경봉 스님에게도 갔다. 경봉 스님 역시 인가(印可)해 주었다.

그 후 스님은 1977년 하동 쌍계사에서 정진할 때도 '산하대지비로체 초목함영석가행 일월성숙제불안 쌍계유수고산심(山河大地毘盧體 草木含靈 釋迦行 日月星宿諸佛眼 雙磎流水杲山心)', 즉 '산하대지는 비로자나 부처님의 몸이요, 초목과 준동함영은 석가 부처님의 작용이로다. 일월성숙이 모든 부처님의 눈이요, 쌍계에 흐르는 물은 고산의 마음이로다'라는 게송을 읊기도 했다.

- **여러 선지식들과 함께 공부하셨는데, 기억에 남는 스님들이 많을 것 같습니다.**

- "같이 공부했던 도반이 30여 명 있었습니다. 그런데 지금은 거의 다 떠났습니다. 얼마 전에는 구수한 입담을 가진 도반인 대흥사 조실 천운 스님마저 떠났습니다. 이제는 우룡 스님과 보성 스님(조계총

림 송광사 방장) 등 몇 명 남지 않았습니다. 우룡 스님은 여러 해 동안 같이 공부했습니다. 서로 경책을 해주었고, 많은 도움을 받았습니다. 제가 어려울 때 항상 옆에서 저를 부축해 주고 위로해 준 사람이 바로 우룡 스님입니다. 너무 고마운 스님입니다. 보성 스님과도 해외 성지순례는 물론 국내 여러 사찰에서 함께 공부했습니다. 먼저 입적하신 분 중에는 해인사 일타 스님이 많이 기억에 남습니다. 일타 스님과는 여러 번 공부에 대해 밤새 토론하기도 했습니다. 모두들 제 공부에 도움을 준 소중한 인연들입니다."

스님은 특히 보성 스님과 함께 정진하며 부처님 광명을 통해 직접 계를 받는 서상수계(瑞祥受戒)를 하기도 했다. 고산 스님은 보성 스님과 같이 쌍계사 대웅전에서 7일 용맹기도를 시작한 후 5일째 되던 날인 1988년 음력 7월 21일 오후 3시에 삼존불(석가모니불, 문수보살, 미륵보살) 아래 금자(金字) 사구게가 허공에 나타나는 체험을 했다. 사구게는 '심직 명지계 심곡명훼범 직심근수행 이리구원성(心直名持戒 心曲名毁犯 直心勤修

⊙　1961년 우룡 스님과 함께 고봉 스님에게 전강을 받을 때의 모습.

行 二利俱圓成)'이었다. 즉 '마음이 곧으면 계를 가짐이요. 마음이 굽으면 계를 범함이라. 곧은 마음으로 부지런히 수행하면 자리와 이타를 원만히 이루리라'는 말이었다. 고산 스님은 그때 서상수계의 금강계단을 세우겠다는 원력을 세웠다고 한다.

【 행복의 세 가지 조건 — 감사하는 마음, 미소, 침묵 】

● **조계사와 은해사, 쌍계사 등 많은 사찰에서 주지 소임도 맡으셨습니다. 어떤 마음으로 소임을 수행해야 하나요?**

● "스님들이 소임을 맡은 것은 대중들이 믿고 맡긴 것입니다. 그렇기 때문에 공과 사가 분명해야 합니다. 예전에 총무원장을 하셨던 영암 큰스님은 개인 지갑과 업무용 지갑을 따로 두고 살았습니다. 공무로 출장을 다녀올 때면 반드시 남은 돈을 업무용 지갑에 다시 넣고 쓰실 정도로 철저하게 사셨습니다. 공금을 사사로이 쓸 수 없다는 것이었습니다. 요즘 공사 구분 못하는 사람들이 너무 많습니다. 이런 사람은 소임을 맡으면 안 됩니다. 항상 대중들을 생각하며 확실하게 소임을 살아야 불교가 흥할 수 있을 것입니다."

● **부천 석왕사 등을 창건하시고 또 쌍계사를 중창하셨습니다.**

● "제가 자주 읽는 책 중의 하나가 '이산혜연 선사의 발원문'입니다. 발원문 내용에는 곳곳에 법당을 짓고 정법을 펼쳐야 한다는 말씀이 있습니다. 발원문을 보며 저 또한 그렇게 살겠다는 다짐을 항상

했습니다. 많은 사람들이 저에게 절을 지어 부처님 법이 널리 퍼지게
해달라는 부탁을 해왔습니다. 그렇게 하면 좋겠지만, 절을 짓는 것 못
지않게 지키는 것도 중요하다 보니 부천 석왕사와 부산 혜원정사, 통
영 연화사 세 곳만을 만들었습니다.”

이에 앞서 스님은 1975년 쌍계사 주지를 맡아 30여 년에 걸쳐 절을 정
비했다. 천장이 내려 앉아 기왓장이 방바닥에서 뒹구는 건물이 부지기
수였고, 빈터만 남아 복원해야 할 건물들이 수두룩하던 쌍계사가 오늘
날 ‘차(茶)’와 ‘선(禪)’의 사찰로 거듭난 것도 고산 스님의 원력이 아니
었으면 불가능한 일이었다.

● **총무원장 소임도 보셨습니다. 어떠셨나요?**

● “애초에 총무원장을 하고 싶은 마음은 없었습니다. 대중들에
게 떠밀려 어쩔 수 없이 총무원에 들어가게 되었습니다. 1년여 짧은
시간이었지만 그래도 성과라 할 수 있는 것이 세 가지 정도 되는 것 같
습니다. 먼저 종교 평화를 이루기 위한 노력을 게을리 하지 않았습니
다. 당시 수많은 훼불 행위가 일어났습니다. 스님들과 불자들이 많이
격앙했습니다. 상황을 그대로 두면 어떤 불상사가 일어날지 모르겠다
는 생각이 들어 김수환 추기경과 정진석 당시 명동성당 대주교, 한기
총 김동환 목사를 만나 종교평화에 대해 많은 대화를 나누었습니다.
이와 함께 한국종교인평화회의(KCRP)도 만들어 종교간 화합을 도모했
습니다. 두 번째로는 당시 팽배하던 우주 종말론을 잠재웠습니다. 잘
아시듯이 2000년대에 가까워지면서 수많은 종말론이 퍼져 나갔습니
다. 부처님 법에 근거해 많은 언론 종사자들과 얘기를 나누며 종말론

총무원장 당시 정진석 추기경과 함께한 모습.

에 현혹되지 말라고 강조했습니다. 세 번째는 민족간, 종교간, 노사간, 부부간 시비가 끊이지 않는 것은 탐욕 때문이라며 '초발심으로 돌아가자'는 운동을 펼친 것입니다. 위 세 가지 일이 그나마 총무원장 재직 시 이뤄 놓은 일들이라고 생각합니다."

총무원장을 1년밖에 수행하지 못했지만, 스님은 종교화합 등을 위해 노력했다. 또 스님은 총무원장 선거 과정이 위법했다는 법원 판결이 나오자 곧바로 걸망을 메고 나와 종단 분란의 소지를 없앴다. 사사로운 것에 매여서는 결코 할 수 없는 일이다.

가슴에 새기고 있는 부처님 말씀이나 경전을 추천해 주신다면 어떤 것이 있을까요?

●　"『원각경』「보안장」과 『관세음보살 보문품』을 추천합니다. 『원각경』「보안장」은 중생들이 빨리 성불할 수 있는 방법에 관한 가르침이고, 『관세음보살 보문품』은 우리 사회 모든 사람들이 함께 행복할

수 있는 방법에 대해 정리한 것입니다. 시간이 된다면 틈틈이 공부해 보시길 권합니다.”

● **종단은 스님들의 사후 개인명의 재산을 종단에 귀속시킬 수 있도록 법과 제도를 마련했습니다. 어떻게 보십니까?**

● “부처님 제자라면 거액의 부동산이나 동산은 말할 것도 없고, 주장자 하나 염주 하나라도 승가에 회향해야 합니다. 머리 깎고 먹물옷 입으며 세속으로부터 초탈하기로 한 수행자라면 사리사욕을 취해서는 안 됩니다.

우리 스님들은 빈 몸으로 절에 들어와 부처님의 은혜로 살아 온 사람들입니다. 세속의 인연을 끊지 못하고 삼보정재를 속가에 내주는 건 말이 안 되는 일입니다. 살아서도 항상 청정해야 하는 스님들이 입적 이후의 일까지 걱정하며 재산에 집착한다면 곤란합니다.”

스님은 단호했다. 진작 시행됐어야 할 일이 이제라도 진행된다는 것에 스님은 적극 공감을 표시했다. 고산 스님은 지난 3월 원로의원 중 처음으로 입적 후 개인명의 재산을 종단에 출연한다는 내용의 유언장을 작성해 쌍계사 종무소에 접수하기도 했다.

● **불자와 국민들은 어떻게 해야 잘 살 수 있을까요?**

● “중생에게는 누구나 다섯 가지 욕심이 있습니다. 첫째는 재물에 대한 욕심이니 끝없이 많이 갖고자 함이요, 둘째는 색욕(色慾)이니 남녀가 서로 끝없이 사랑함이요, 셋째는 식욕(食慾)이니 좋고 맛있는 음식만 탐함이요, 넷째는 명예욕(名譽慾)이니 자기 이름을 천하에 드날

리고자 함이요, 다섯째는 수욕(睡慾)이니 편안하게 끝없이 잠자고자 하는 마음입니다. 이 다섯 가지 욕심 때문에 배우고 익히고 노력하고 고생하고, 싸우고 빼앗고 거짓말하고 도둑질하고 전쟁하고 죽이고 하는 것입니다. 이 다섯 가지 욕심만 없다면 모든 나쁜 일은 다 없어지고 고생이 되더라도 부지런히 배우고 노력한다면 다 행복하게 살고 반드시 성불할 수 있을 것입니다." 사람이 가질 수 있는 가장 근본적인 욕심에서 벗어날 때 좀 더 행복한 삶을 살 수 있다는 말씀이다. 스님은 말씀의 끈을 놓지 않았다.

"그리고 행복하게 사는 조건은 세 가지가 있습니다. 첫째는 감사하는 마음입니다. 부처님께서 나의 미몽을 깨우쳐 주시니 감사하고, 부모님이 나를 낳아 키워 주시니 감사하고, 나를 욕하는 사람이 있으면 입 아프게 꾸짖어 주시니 감사하고, 나를 때리는 사람이 있으면 손

아프게 나를 채찍질해 주시니 감사합니다. 이렇게 해서 일체만유에 감사하는 마음을 가지는 것입니다. 둘째는 미소를 짓는 것입니다. 아무리 고달프고 괴롭고 슬픈 일이 있더라도 항상 미소를 짓고 밝은 얼굴로 남을 대하고 '행주좌와 어묵동정(行住座臥 語默動靜)'에 웃는 얼굴로 모든 일을 해야 할 것입니다. 셋째는 침묵입니다. 들어도 못 들은 척, 보아도 못 본 척, 침묵하고 말을 조심해야 할 때가 있습니다. 이렇듯 행복하려면 감사의 마음과 미소, 침묵 이 세 가지를 꼭 지켜야 할 것입니다."

시종일관 꼿꼿한 모습으로 스님은 당신의 생각들을 풀어 놓았다. 막힘이나 걸림도 없었다. 말씀이 끝나고 스님은 다시 밀짚모자와 장갑을 찾았다. 방장실 앞 텃밭을 살피기 위해서였다. 문을 열고 나가기 전 스님은 글을 하나 보여주었다. '물위걸용지인 능위서타지인(勿爲乞容之人 能爲恕他之人)'이었다. '남에게 용서를 구걸하지 말고 남을 용서할 줄 아는 사람이 되라'는 뜻으로 고산 스님이 제자들에게 자주 당부하는 말씀이라고 했다. 스스로에게 엄격하고 당당하며 다른 사람에게는 자비를 베풀어야 한다고 스님은 다시 강조했다. 그리고는 문을 열고 고무신을 신었다. 이렇게 스님은 또 길을 나서고 있었다.

부처님처럼
행하면

그것이
바로

부처님

남양주 봉선사 회주

밀운 스님

밀
운
스
님

'조계종의 부목'을 자처할 만큼

많은 사판(事判) 소임을 보아 왔다.

서울 봉은사와 남양주 봉선사의 주지를 지내며

수많은 불사를 했고,

총무원의 재무부장·총무부장·부원장 등을 맡아

경찰 포교조직인 경승단을 창립하기도 했다.

전쟁 중 남쪽으로 내려와 인연이 돼

출가사문의 길에 들어섰고 운허 스님 문하로 건당했다.

해인사 선원에서 정진할 때는 성철 스님으로부터

'전무후무한 원주가 될 것'이라는 칭찬을 들을 정도로

살림을 잘 살았다고 한다.

현재 봉선사 회주로 대중들을 이끌고 있으며

피우정에서 주석하고 있다.

2010년 8월 25일 남양주 봉선사를 찾았다. '운악산 봉선사'라는 일주문의 한글 현판이 눈에 들어온다. 경내로 들어가자 수백 년 동안 봉선사를 지켜 온 느티나무도 일행을 맞아준다. 그리 크지 않은 사격(寺格)이지만 곳곳에 걸린 한글 현판들이 '봉선사'임을 확인케 해준다. 특히 대웅전(大雄殿)이라 쓰지 않고 '큰법당'이라고 걸려 있는 현판에서 다른 절들과는 다른 '어색함'과 우리글의 '친근함'이 함께 다가온다. 한문 중심의 경전을 한글로 번역하는 데 선구적 역할을 했던 운허 스님과 현 봉선사 조실 월운 스님의 향기가 경내에 가득하다.

발길을 피우정(避雨亭)으로 돌렸다. 조계종 원로회의 차석부의장이자 봉선사 회주(會主)인 밀운부림(密耘部林) 대종사를 만나기 위해서다. 큰법당 오른쪽 방적당 옆에 피우정이 있다. 마루와 방, 화장실이 좁게 붙어 있다. 어른스님이 쓰는 방이라고는 생각되지 않을 정도로 좁고 작다.

방으로 들어가니 십여 개가 넘는 각종 글씨들이 눈에 들어왔다. 그중 첫 번째 글씨가 인상적이다.

'부목사시 기피우정 불관풍뢰 개안수면(負木捨柴 寄避雨亭 不關風雷 開眼睡眠).' '부목이 땔나무를 버리고, 이 정자에서 비를 피하려네. 태풍과 뇌성벽력도 상관하지 않고, 눈을 뜨고 잠에 들리라.'

스님이 피우정에서 칩거를 시작할 때 지은 시라고 했다. 부목(浮穆)은 사찰에서 나무하는 일을 비롯한 온갖 허드렛일을 하는 사람을 가리킨다. 스님은 '종단의 부목'을 자처할 만큼 많은 일을 했다. 서울 봉은사와 봉선사의 주지를 지내는 동안 굵직굵직한 불사를 해냈다. 스님은 총무원의 재무부장·총무부장·부원장 등을 맡아 경찰 포교조직인 경승단을 창립하기도 했다. 그런 스님이 땔감을 버린 것이다. 밀운 스님의 사형 월운 스님이 1989년 밀운 스님이 종단 일을 그만두고 봉선사로 들어올 때 "잠깐 비나 피한다고 생각하고 지내라."며 직접 '피우정'이라 지어줬다고 한다. 여름을 보내고 가을을 맞이하는 비를 피하며 밀운 스님에게 인사를 올렸다.

　부처님처럼 행하면 그것이 바로 부처님

【 부처님이 시원찮다? 】

● 　　출가인연이 궁금합니다.

●　　"제 고향은 황해도 연백입니다. 해방 후 그어진 38선의 남쪽이었던 지역입니다. 38선 바로 옆에 있던 중학교에 다녔지요. 당시에는 38선 위아래를 사람들이 자유롭게 드나들면서 장터에서 북어 등 해산물과 고무신을 교환했습니다. 전쟁 1년여 전부터 남북은 작은 전투를 빈번하게 벌였습니다. 서로의 경찰서를 습격하고 불을 지르는 일이 자주 일어났습니다. 그러다 전쟁이 터졌습니다. 전쟁 직후 내려오려 했으나 여의치 않아 못 내려오고, 1·4후퇴 때 누님과 함께 남쪽으로 내려왔습니다." 할아버지와 부모님, 5형제가 함께 살고 있었지만 스님은 누님 1명만 모시고 전쟁을 피해 내려왔다.

"노량진에 외5촌 아저씨가 살고 있어 거기서 신세를 지며 있었습니다. 그러던 중 지금 국립묘지의 지장사(옛 이름은 화장사)에 자주 다녔습니다. 거기서 은사인 대오 스님을 만났고 많은 대화를 나눴습니다. 스님께서 간곡하게 권유해 출가하게 되었습니다."

스님은 황해도 연백의 집 근처 망해사를 어려서부터 드나들었다. 망해사 주지스님도 집에 자주 오셨다고 한다. 망해사 주지스님에게서 오랜 시간 동안 한문을 배우기도 했다. 신심이 깊었던 부모님은 망해사에 땅을 시주하기도 했다고 한다. 불교와의 인연은 자연스럽게 이어졌다. 스님은 "부모님은 주위 사람들에게 항상 베풀고자 했다. 부모님 덕으로 어렵지 않게 살았고 출가해서도 그동안 잘 살아 왔다."고 전했다.

● 출가 후 행자 생활은 어디서 하셨나요?

● "행자 생활은 영주 초암사에서 했습니다. 대오 스님이 주로 초암사에 계셨기 때문입니다. 그 시절이 많이 힘들 때인데, 나는 어렵지 않게 행자 생활을 했습니다. 은사스님은 제가 중도에 포기할까 걱정하셨는지 밥도 직접 해주시고 여러 가지를 챙겨 주셨습니다. 얼마간의 행자 생활 후 영주 비로사에서 무강 스님에게 계(戒)를 받았습니다." 스님은 1954년 출가해 같은 해 사미계를 받았다.

● 은사이신 대오 스님은 어떤 분이셨나요?

● "스님은 무척 검소했습니다. 입적하셨을 때 가위, 돋보기, 실타래, 손톱깎이가 전부였을 정도입니다. 또 스님은 평생 참선만 하셨습니다. 중국 사찰과도 인연이 있어 자주 다녀오시곤 했습니다. 스님은 관세음보살과 보현보살, 작은 종을 항상 모시고 다녔습니다. 중국 사찰에서 정진하실 때는 한국의 불자들이 버선을 보내 줘 버선이 필요한 중국 스님들에게 인기가 많았다고 합니다. 스님은 저에게도 참선수행할 것을 당부하시곤 했습니다."

출가 후 군대에 간 스님은 계를 지키기 위해 술과 담배를 철저하게 멀리했다고 한다. 또 군부대 인근에 있던 포천 동화사를 오가며 틈틈이 정진하며 지내기도 했다.

밀운 스님이 군대에 있을 때다. 은사인 대오 스님과 동암 스님은 제자가 잘 지내고 있는지 궁금해 면회를 왔다. 두 스님은 밀운 스님과 대화를 나누던 중 '부처님이 시원찮다'는 말을 했다. 밀운 스님은 "무슨 말씀인가?" 했다고 한다. 두 스님이 동화사에 모셔진 부처님을 보고 여

법(如法)하게 모셔지지 못한 걸 안타까워 한 얘기였다. 이 사정을 몰랐던 밀운 스님은 "부처님 중에 시원찮은 부처님이 있을까?"라는 의문을 계속 가지게 되었고, 결국 이 의문이 밀운 스님에게 화두가 되어 버렸다. 이 화두가 계속 밀운 스님을 따라 다녔다. 행주좌와 어묵동정(行住坐臥 語默動靜) 한결같았다. 그러던 중 스님에게 '불행불(佛行佛)'이라는 말이 스쳐 지나갔다. "부처님이 시원찮은 게 어디 있나? 부처님처럼 행하면 그것이 바로 부처님이지!"였다. 그래서 스님은 동암 스님에게 달려갔다. 자초지종을 말씀드리니 동암 스님은 크게 웃었다. 당신들의 뜻이 잘못 전달돼 밀운 스님에게 화두가 되었고, 그 화두 참구 끝에 '한 소식'을 해왔으니 대견하기만 했을 것이다. 밀운 스님은 "우주의 진리를 깨닫고 자비를 실천해야 부처"라며 "이때의 불행불과 후에 덧붙인 승행승 인행인(僧行僧 人行人)은 지금까지 지켜오고 있는 삶의 지표가 됐다."고 전했다. 즉 '부처님처럼 행하면 그것이 바로 부처님이고, 스님답게 행동하면 (그것이 바로) 스님이며, 사람답게 행동하면 (그것이 바로) 참사람'이라는 것이었다. 밀운 스님은 "부모가 죽은 자식 잊지 못하는 심정으로 공부해야 한 경계를 체험할 수 있을 것"이라며 후학들의 쉼 없는 정진을 당부했다.

【 저 목사는 예수밖에 모르지 않느냐 】

● **근현대 불교의 대강백 운허 스님을 법사로 건당(建幢)하셨습니다.**

● "군 제대 후 동화사를 봉선사에 등록하기 위해 봉선사를 찾았

습니다. 그때 처음 저의 사형인 월운 스님을 만났는데, 월운 스님이 저를 잘 보셨는지 자신의 스승인 운허 스님의 제자가 되라고 추천을 해 줬습니다. 그래도 저는 은사인 대오 스님께 상의를 해야 한다고 했지요. 얼마 후 운허 스님이 대오 스님의 동의를 받아 저를 제자로 받아 주셨습니다. 대오 스님과 운허 스님은 서로 가깝게 지내던 도반이었습니다. 그래서 저는 두 분의 스승을 모시게 되었습니다." 계를 준 은사가 아닌 다른 스님의 제자로 들어가 불법(佛法)을 잇는 것을 건당이라고 한다.

한글대장경의 시원(始原)을 연 운허(耘虛) 스님은 청년기에는 일제의 침략에 맞선 항일투사로, 스님으로서는 경전 번역가, 교육자로서는 후학 양성에 전념한 분이다. 오늘날의 봉선사를 만든 장본인이기도 하다. 평북 정주군 출생으로 어린 시절 고향에서 사서(四書)를 비롯한 한문 고전을 배우고, 1909년 10월부터 1911년 3월까지 평양 대성학교에서 2학년까지 수학했다. 1912년 1월 만주로 건너가 봉천에 있는 한인교포학교 동창학교 교원으로 재직했고, 이해 6월부터 배일단체인 대동청년단에 가입하여 배일정신을 고취하였다.

3·1운동 직후 4월부터 12월까지는 독립군정 기관지인 한족신보 사장에 취임하여 신문을 간행하고, 1920년 2월에는 독립운동기관인 광한단(光韓團)을 조직해서 활동했다. 그 뒤 국내단체와의 연계를 위해 비밀리에 잠입했다가 일본 경찰의 눈을 피해 강원도 봉일사(鳳逸寺)로 은신했다. 1921년 5월 경송 스님을 은사로 금강산 유점사에서 출가했으며, 6월부터 12월까지 유점사에서 불교 초등과를 이수하고 서기를 맡아보았다.

1926년 서울 개운사에서 청담 스님과 함께 전국불교학인대회를 개최하여 학인연맹을 조직하였고, 1929년 다시 만주로 건너가 봉천 보성학교의 교장으로 취임하였다. 1930년 조선혁명당에 가입하여 독립운동을 전개했고, 1936년 남양주 봉선사에 홍법강원(弘法講院)을 설립하여 후진 양성에 노력했다.

운허 스님을 말할 때 빼놓을 수 없는 것이 춘원 이광수와의 인연이다. 운허 스님과 춘원은 6촌간으로 어린 시절 같이 공부하면서 자랐다. 이광수가 친일 변절자의 오명과 아들의 죽음 등으로 괴로워할 때 『법화경』을 소개해 불교의 세계로 인도했으며, 감명을 받은 춘원이 '법화행자'의 길을 걷도록 조력해 주었다.

경전 번역을 평생의 원력으로 삼고 1964년 동국역경원을 설립하여 초대원장이 되었다. 동국역경원은 법정 스님과 무비 스님 등이 거쳐 간 역경(譯經)의 산실이다. 1961년 국내 최초로 불교사전을 편찬했고, 1978년 동국대에서 명예박사학위를 받았다. 1980년 11월 18일 봉선사에서 세수 89세, 법랍 59세로 입적에 들었다.

● **운허 스님과의 일화도 많은 것 같습니다.**

● "운허 스님은 참선도 좋고 주력도 좋으니 부지런히 공부하라고 하셨습니다. 이와 함께 매일 108참회를 하라고 하셨어요. 그때부터 저는 지금까지 하루도 빠지지 않고 매일 아침 108배를 합니다.

운허 스님은 남의 허물을 보지 않는 분으로 유명했습니다. 경(經)을 번역하면서도 다른 사람이 오역한 것들은 그대로 두고 따로 당신 의견을 적었습니다. 다른 사람의 뜻을 존중한다는 의미에서 그랬습니다.

운허 스님이 봉은사 주지로 계실 때 하루는 독일인 목사가 방문한 적이 있습니다. 운허 스님의 명성을 듣고 찾아온 것입니다. 그 목사가 운허 스님에게 '예수님을 믿으세요'라고 말했습니다. 그런데 운허 스님이 웃으며 '그러겠습니다'라고 대답을 했습니다. 저는 의아해서 '스님, 왜 그렇게 말씀하셨습니까?'라고 따졌습니다. 운허 스님은 '저 목사는 예수밖에 모르지 않느냐? 당신 생각을 알겠다는 뜻으로 얘기했다'고 했습니다. 저는 뒤늦게 운허 스님의 뜻을 알게 되었습니다."

운허 스님은 월운 스님 못지않게 밀운 스님도 아꼈다. 밀운(密耘)이라는 법호도 운허 스님이 내려준 것이다. 남모르는[密] 수행 정진[耘]을 칭찬했던 운허 스님의 뜻이 담겨 있었다. 스님의 원래 법명은 부림(部林)이었다.

● **영암 스님과 함께 봉은사를 중창하며 정진하셨지요?**

● "운허 스님에 이어 봉은사 주지 후임으로 영암(暎岩) 스님이 오셨습니다. 영암 스님은 근현대 최고의 사판승이라 불릴 정도로 행정에 밝으신 분이었습니다. 스님은 또 부처님 법에 어긋나는 일은 절대 하지 않았습니다. 영암 스님을 도와 총무 소임을 보면서 봉은사가 잃어버렸던 땅을 되찾아 현재의 봉은사를 만드는 데 일조를 한 것이 저에게는 큰 영광이었습니다."

영암 스님은 봉은사 주지 시절 밀운 스님이 불가능해 보였던 옛 봉은사 터 2만여 평을 되찾는 것을 보고 "허공에 논을 칠 사람"이라고 말하곤 했다.

'적자 사찰을 흑자로 돌리는 것이 주특기였다'고 회자될 정도로 영암 스님은 탁월한 능력을 발휘했다고 전해진다. 그래서 조계종의 원로 중진 스님 대부분이 영암 스님을 '최고의 사판승'이라고 꼽는 데 주저하지 않는다.

【 남의 화두는 소용이 없다 】

● **깨달음은 무엇입니까?**

● "마음이 편안해지는 것입니다. 어떤 망념이나 삿된 생각이 들어올 수 없는 그런 마음입니다. 이 마음을 얻기 위해 우리는 정진하는 것입니다."

스님은 깨달음에 대한 말씀을 이어가다 『열반경』의 한 구절을 꺼냈다. 대중들에게 "반드시 전해 달라."며 말이다.

"『열반경』을 보면 '제행무상 시생멸법 생멸멸이 적멸위락(諸行無常 是生滅法 生滅滅已 寂滅爲樂)'이라는 말씀이 있습니다. '항상하는 것은 없다. 생하면 반드시 멸하는 법. 생하고 멸함이 끊어진 뒤에야 적멸의 즐거움을 안다'라고 말하는데 이것은 문제가 많은 해석입니다. 항상하는 것이 없다고 했는데 어떻게 해서 '생하고 멸함이 끊어진 뒤'가 있을 수 있습니까? 그래서 나는 이(已)는 마침이 아닌 기(己)로, 樂은 '락'이 아니라 '악'이라고 읽습니다. 이 '악'은 자성 가운데의 핵을 말합니다. 즉 적멸 가운데서 만법을 일으킬 수 있는 힘을 뜻하는 것입니다. 그렇게 하면 생하고 멸할 것도 없으니 단멸(斷滅)이 없다는 뜻이 되고, 적멸 가운데서도 한 생각 일으킬 수 있는 힘이 있다는 뜻이니 '락'보다 '악'으로 번역돼야 한다는 것이 내 생각입니다."

스님이 이렇게 생각하게 된 것은 1985년 성수 스님, 고산 스님, 원담 스님, 정무 스님 등과 함께 스리랑카 불치탑 순례를 갔을 때라고 한다. 당시 스님은 여느 때와 마찬가지로 스리랑카에서도 108배를 했다. 스님은 "새벽 108배를 마치자 불현듯 무원근(無遠近)이 떠올라 환희심이 일어났는데 나중에 원담 스님에게 게송을 보여드리고 '락'이 아니라 '악'으로 읽어야 한다는 뜻의 내용을 말씀 드렸더니 '언제 그렇게 공부했느냐'는 말씀을 하셨다."고 한다. 스님은 그때 시를 지어 수덕사 만공 스님 기일 때 제문으로 올렸다. '허공진뢰 우주생기 일월괴멸 시무원근(虛空震雷 宇宙生起 日月壞滅 是無遠近).' 즉 '만공 스님이 한 생각 일으키니 우주가 생겨나고 또 한 생각 일으키니 일월이 무너졌다. (그러니) 자성은 나고 죽음이 없다'는 뜻이다.

스님의 가르침은 신도들에게도 이어진다. "여수 향일암에 갔을 때입니다. 파도가 치는 것을 본 신도들이 파도가 치는데 고깃배들이 왜 육지로 돌아오지 않느냐고 말하자 향일암 주지스님께서 파도가 저 정도 쳐야만 고기가 잘 잡힌다고 말했습니다. 그 말을 들은 신도들은 '죄를 많이 짓는군'이라며 안타까워했습니다. 이 말을 듣고 내가 신도들에게 다음과 같은 시로 법문을 했습니다. '용왕채약 산신조어 아비극락 실상무상(龍王採藥 山神釣魚 阿鼻極樂 實相無相).' '용왕이 산에서 약초를 캐고, 산신이 바다에서 고기를 낚는다. 극락과 지옥이 둘이 아니요, 실상에는 상이 없다'는 뜻입니다. 고기 낚는 것은 죄가 되고 약초 캐는 것은 죄가 되지 않느냐고 물었는데, 곧 분별심을 버리라는 말입니다."

● **어떤 화두로 공부를 하셨나요?**

● "화두는 무자(無字), '이뭣고', 만법귀일 일귀하처(萬法歸一 一歸
何處) 등 여러 가지를 공부했습니다. 화두를 해보니 오매일여(寤寐一如)
에 들어야 본인의 생각이 나온다는 것을 이해할 수 있게 됐습니다. 화
두를 하더라도 '자기 화두'를 해야 합니다. 남의 화두를 붙들고 있어
봤자 소용이 없습니다."

그러면서 스님은 하나의 게송을 읊었다. '무량공안 불조망어 중생망
상 불조본성(無量公案 佛祖妄語 衆生妄想 佛祖本性).' 즉 '무량공안은 부처와
조사의 뜻이 다른 데 있어 모두 거짓말이요, 망상을 일으키는 그놈이
바로 부처와 조사의 본성'이라는 말이다. 스님은 "부처님이 영축산에
서 연꽃을 들어 보인 그 모습에 속아서는 안 되고, 가섭 존자가 그 꽃
을 보고 웃었는데 그 웃음에 속아서도 안 됩니다. 부처님이 왜 연꽃을
들었는지를 알아야 하고, 가섭 존자가 왜 웃었는지를 알아야 한다."고
덧붙였다.

【 산과 같고 물과 같은 마음이 바로 자비 】

● **불국사, 해인사, 통도사, 수덕사, 봉선사 선원에서 정진하셨다고 들었습니다.
많은 수행 일화가 있을 것 같습니다.**

● "해인사 선방에서 살 때가 기억에 많이 남습니다. 성철 스님
을 모시고 살았는데, 당시 대중들이 선원의 원주(院主)를 기피했습니
다. 빠듯한 살림살이를 책임져야 하기 때문에 서로 맡지 않으려 했습

니다. 그런데 저는 원주를 자처했습니다. 소임을 살아 보니 살림이 부족한 게 아니었습니다. 적자를 흑자로 돌려놨더니 성철 스님이 '밀운 스님은 해인사 선원의 전무후무한 원주가 될 것'이라며 칭찬을 해줬습니다. 그래서 저는 더 열심히 소임을 보며 정진했던 기억이 있습니다. 허허."

● **기억에 남는 스님들이 많을 것 같습니다.**

● "현재 영축총림 통도사 방장 원명 스님은 예전부터 대중을 잘 모시기로 소문난 스님입니다. 원명 스님과 함께 살았던 스님들 중 스님을 욕하는 사람을 보지 못했습니다. 저 역시 마찬가지 생각입니다. 원명 스님은 정말로 대중들을 잘 살폈습니다. 덕숭총림 수덕사 방장을 지낸 원담 스님은 저의 공부를 점검해 준 고마운 스님입니다."

⊙　1971년 동안거 결제 기념으로 해인사에서. 동그라미 표시가 밀운 스님.

● 봉선사는 우리 불교의 교종본찰이라고 합니다. 봉선사의 가풍이 궁금합니다.

● "조선시대에는 봉선사에 '교학 시험'을 관장하던 승과(僧科)가 있었고, 봉은사에 '선학 시험'을 관장하던 승과가 있었습니다. 근대에 들어서면서부터는 월초 스님, 운허 스님, 월운 스님으로 이어지는 강맥(講脈)에서 알 수 있듯이 한국불교의 명실상부한 교종본찰(教宗本刹) 가풍을 잇고 있습니다. 월운 스님께서는 여든이 넘는 연세지만 아직도 학인들을 직접 가르치고 계십니다. 앞으로도 봉선사의 가풍이 이어질 것으로 기대합니다."

교종본찰 봉선사의 실질적인 중창주인 월초 스님은 서울에서 태어나 열다섯 살 때 경기도 양주의 봉인사 부도암에서 환진 스님에게 출가했다. 1892년 남한총섭(南漢總攝)이 되고, 이듬해에는 북한총섭이 되어 전국 승군을 총괄하였다. 1894년 갑오경장 때 승군제도가 폐지되었으니 스님이 사실상 마지막 총섭이 되는 셈이다.

스님은 한국불교의 발전을 이루기 위해서는 무엇보다 근대적 교육이 필요함을 절감하고 1905년 원흥사 자리에 동국대학교의 전신이 되는 명진학교를 설립했다. 1906년에는 봉선사의 교종판사가 된 후 줄곧 봉선사에 머물며 1926년까지 꾸준히 가람을 중수하고 제자 양성에 힘을 기울였다. 스님은 근대 한국불교의 선각자였고, 당대 제일의 강백(講伯)으로서, 운허 스님 등 많은 제자를 길러냈다.

월운 스님과 밀운 스님은 지금도 시간이 날 때마다 함께 경내를 포행한다. 두 어른스님은 월운 스님의 주석처인 다경실에서 함께 차를 마시며 사중의 살림들을 상의해 처리한다고 한다.

● **우리 사회의 갈등이 심해지면서 부처님의 '자비정신'을 얘기하는 사람이 많습니다.**

● "불자들은 너 나 할 것 없이 부처님 말씀대로만 살면 됩니다. 생사 없는 도리를 전하러 세상에 오신 분이 바로 석가모니 부처님입니다. 불자들은 자비를 몸소 실천할 때 도리를 다하는 것입니다."

스님은 자비에 대해 더 설명하기 위해 옷장 문에 붙어 있는 글을 가리켰다. '산포금수족 수마해어군(山抱禽獸族 水摩魚蟹羣)'이다. 산은 모든 짐승을 가족으로 안고, 물은 모든 물고기와 어패류를 어루만져 준다는 말이다. "산은 짐승이든 나무든 말없이 모두 품어 줍니다. 물은 드러내지 않고 물속에 사는 모든 것을 포용합니다. 산과 같고 물과 같은 마음이 바로 자비인 것입니다. 물론 개인적으로는 싫어하는 사람도 있을 수 있고 의견이 다른 집단과 마주할 때도 있을 것입니다. 그럴 때 산과 물의 정신을 생각하며 한 발짝 물러서는 마음을 낸다면 우리 사회는 보다 화합하고 소통할 수 있을 것입니다."

스님이 결혼식 주례를 하면 꼭 들려주는 말이 있다. '화소군봉 봉락화향 화봉상조 종고불변(花召群蜂 蜂樂花香 花蜂相助 終古不變)'이다. '꽃은 벌떼를 불러 모으고, 벌은 꽃향기를 좋아하니, 꽃과 벌은 서로 돕기에, 이 세상 끝날 때까지 서로 나빠질 일이 없다'는 말이다. 즉 부부는 꽃과 벌처럼 살아야 한다는 말씀이다. 스님은 "부처의 마음을 일으키는 놈이나 중생의 망상을 일으키는 바로 그놈은 똑같이 나 자신"이라며 "진흙의 더러움에 물들지 않고 청정한 꽃을 피우는 연꽃

처럼 스스로 생각을 돌이켜 심성을 정화하며 살아야 한다."고 강조
했다.

인터뷰를 마치고 피우정을 나오니 어느새 비가 그쳤다. 비를 피한
곳, 피우정. 중생의 마음도 비를 피해 잠깐 쉬었다. 부처의 마음이 된
것은 아니지만, 중생의 마음에서 벗어날 수 있는 방법을 찾은 시간이
었다.

말과
글 밖의

도리를

알아야
합니다

함양 황대선원 조실

성수 스님

성수 스님

현역 최고령 조계종 원로의원이다.

원효 대사와 같은 도인이 되기 위해 출가한 스님은

젊은 시절부터 '구법'에 대한 의지가 남달랐다.

출가 초기 효봉, 동산, 청담, 구산, 성철 스님 등과의

법거량을 피하지 않았다.

젊은 시절의 수행담을 아는 사람들은

성수 스님을 '겁 없는 새끼 사자'라고 불렀다고 한다.

봉암사 결사에도 참여했으며 이후

많은 선원을 건립해 출재가자들이

공부에 전념할 수 있도록 하고 있다.

조계사 주지를 하면서는 당시 서울시장을

조계사 신도회장으로 임명하기도 했다.

현재 함양 황대선원에서 주석하고 있다.

2010년 9월 11일 활산성수(活山性壽) 대종사를 친견하기 위해 함양 황대선원을 찾았다. 덕유산 자락에 우뚝 솟은 황석산 아래 자리 잡은 황대선원은 '절'이라기보다 '수행공동체'의 느낌이었다. 법당과 선방, 요사채 등이 옹기종기 모여 앉아 '일가'를 이룬 듯하다. 여기서 성수 스님은 재가자들을 지도하며 함께 생활하고 있다. 찾아오는 스님들에게도 언제나 문은 열려 있다.

성수 스님은 해방 전 출가해 1967년 7월에 조계사 주지, 1968년 5월 범어사 주지, 1972년 9월 해인사 주지를 역임했고, 1973년에는 서울 세곡동에 법수선원을 열었다. 그리고 1974년 7월 이후 회암사 주지, 고운사 주지, 마곡사 주지, 표충사 주지를 역임하였으며, 1978년 10월에 일본에서 열린 세계불교지도자대회에 한국 대표로 참석했다. 1981년 1월에 18대 조계종 총무원장을 지냈다. 2004년 5월 해인사에서 대종사 법계를 수지했고, 2005년 11월 조계종 전계대화상을 역임했다. 한눈에 봐도 수십 년간 다양한 소임을 수행했다는 것을 알 수 있다. 그러나 이런 '사판' 경력보다 더 눈길을 끄는 것은 스님의 치열한 구도행이다. 아직도 불교계에서는 '전설'처럼 전해 오는 것들이다. 그래서 곧바로 여쭈었다.

【 스승을 잡아먹겠다는 용기로 보낸 시절 】

● **출가인연이 궁금합니다.**

●   "어려서 별명이 '햇노인'이었습니다. 어렸을 때부터 어른들만 가까이 하고 또래 아이들과 놀지 않아서 사람들이 붙여 준 별명입니다. 어른들에게 자연스럽게 원효 스님 얘기를 많이 들었습니다. 그래서 나중에 어른이 되면 원효 대사와 같은 도인이 되겠다고 생각했습니다."

스님은 자라면서 도인을 만나기 위해 몇 차례 가출을 시도하기도 했다. 그러나 식구들이 말리는 바람에 번번이 실패하고 말았다. 열아홉 살 때 아버지가 돌아가시자 집을 나오기로 결심했다. 그런데 맏형의 반대가 심했다. "아버지가 살아 계실 때 출가하지 않고 돌아가신 후 나가면 내가 이 동네에서 눈 뜨고 다닐 수 없으니 날 죽이고 가라."며 맏형은 말렸다. 어린 성수 스님이 뜻을 굽히지 않자 맏형은 "각서를 써서 동네 어른들에게 도장을 받아오라."고 했다. 맏형 때문에 출가하는 것이 아니라는 내용의 것이었다. 결국 동네에 계시는 13명의 어른들에게 일일이 설명을 하고 도장을 받은 후 집을 나왔다.

집을 나온 후 1년여를 떠돌았지만 도사를 만날 수 없었다. 그러던 중 길을 가던 스님에게 "도사가 어디 있느냐?"고 물었는데, 범어사에 가면 만날 수 있다는 답을 얻었다. 그래서 스님은 그길로 범어사로 달려갔다. 범어사에 도착하자마자 "여기서 제일 큰중 나오라."고 소리쳤다. 깜짝 놀란 스님들이 몰려나와 끌어내려 했지만 스님은 계속해서 "큰중 나오라."고 떠들었다.

잠시 후 '큰중'이 나와 "총각, 큰중은 왜 찾는가?"라고 물었다. 스님은 말했다. "원효 대사 같은 도사를 만나려고 전국을 다녔는데, 도사는 없고 절에는 놀고먹는 중들뿐입니다. 국민들이 절에 와서 같이 놀고먹으니 이 나라가 어떻게 되겠습니까?" 이 말을 들은 '큰중'은 아무 말도 없이 한참을 서 있었다. 이 '큰중'은 바로 동산 스님이었다. 스님은 범접할 수 없는 동산 스님의 기세에 더 대응을 못하고 물러났다.

범어사에서 한바탕 소란을 일으킨 성수 스님은 도사 찾기를 포기하고 산에 들어갈 생각으로 스님들한테 "근처에 제일 큰 산이 어디냐?"고 물었다. 스님들은 양산의 천성산을 추천했다. 그길로 천성산으로 향한 스님은 내원사를 찾아갔다. 내원사 스님들에게 천성산에서 제일 높은 암자가 어디 있느냐고 물으니 조계암에 가보라고 해 또 걸음을 돌렸다. 성수 스님은 조계암에서 은사인 성암 스님을 만났다.

● 은사이신 성암 스님은 어떤 분이셨나요?

● "성암 스님은 열한 살에 사서삼경을 떼고 한학에도 능통하였던 분입니다. 당시 남방 제일 선원이 있던 내원사 주지를 맡을 정도로 살림 능력도 있었습니다. 내원사 주지를 맡았을 때 논 170마지기를 농사지어 대중들을 먹여 살렸습니다. 해방 전에는 두 달 반 동안 일보일배로 만주까지 가서 수월 스님을 찾아뵙고 공부를 배웠다고 합니다. 수월 스님에게 가르침을 받은 후 남방으로 내려와 경허 스님의 둘째 상좌인 혜월 스님에게서 공부의 깊이를 더하기도 했습니다. 현대 한국 불교에서 큰 업적을 남겼던 일타 스님과 일각 스님 등도 성암 스님에게서 글을 배웠습니다. 나중에 예순이 넘어 입적하셨는데, 당신이 갈 것을 예감하고 사흘 동안 공양을 물린 채 좌선을 하다가 곁에서 함께

정진하던 저의 손을 잡고 열반에 드셨습니다."

"처음 1년 동안은 은사스님이 그냥 저를 지켜보셨습니다. 저는 그때 다른 것은 입에 대지 않고 여름엔 채식만 하고 겨울에는 풀잎 가루를 물에 타먹으며 나무를 해다 불을 때면서 지냈습니다. 그러던 어느 날 은사스님이 저를 불렀습니다. 스님은 저에게 공부를 하라고 말씀하셨습니다. 공부 생각이 없었지만 은사스님께서 말씀하시는 것이어서 하겠다고 대답했습니다. 스님은 바로 『초심(初心)』을 가지고 와서 보라고 하셨어요. 한나절 만에 다 외웠더니 『발심(發心)』도 보라고 하셨습니다. 발심도 한나절 만에 다 봤습니다. 나중에는 『자경문(自警文)』까지 3일 만에 다 봤습니다. 스님은 나중에 『초발심자경문』을 10만 독 하라고 하셨습니다. 일념으로 해 49일 만에 10만 독을 해서 외워버렸습니다. 그리고 성암 스님을 은사로 정식 출가했습니다. 1944년 3월 15일이었습니다."

출가 직후 성수 스님은 은사스님을 따라 태백산 갈래사(지금의 정암사) 적멸보궁을 찾아 한 철을 났다. 은사스님이 먼저 내려가고 수행을 계속하던 중 산을 찾아온 사람들이 해방됐다는 얘기를 해줘 산을 내려와 다시 내원사로 갔다. 잠시 내원사에 머물던 스님은 은사스님의 추천으로 해인사로 향했다.

"해인사에 갔더니 구산 스님과 청담 스님이 공양주를 하라고 권했습니다. 내가 말을 안 듣자 조실인 효봉 스님에게 불려갔습니다. 효봉 스님이 하심(下心)하는 마음으로 공양주를 하라고 하시더군요."

성수 스님은 "큰스님, 상심(上心)이 무엇인지도 모르는데 하심(下心)하라고 하면 그것이 되겠습니까?"라고 따졌다. 효봉 스님이 다시 말했다. "너는 그럼 무엇 하러 왔나?" "도를 배우러 왔습니다." 성수 스님은 지지 않고 대꾸했다.

이에 효봉 스님이 "무자(無字)가 도이니 7일 내에 해결하라."고 했다. 성수 스님은 14일의 기간을 달라고 했다. 효봉 스님이 "무자를 14일 내로 해결하지 못하면 내 주장자에 맞아 죽어도 아무 말 못 한다는 서약서에 도장을 찍어라." 하여 성수 스님은 서약서에 지장을 찍었다. 성수 스님은 해인사 퇴설당에서 정진하다 6일 만에 우연히 머리와 몸에서 서늘한 향기가 돌더니 몸과 마음이 마치 비온 뒤 갠 날씨와 같은 체험을 했다.

그길로 효봉 스님에게 달려갔다. 그러나 효봉 스님은 도가 아니라고 했다. 그러자 성수 스님은 "내가 가져온 것이 도가 아니면 효봉의 도를 내놓아라!" 하고 효봉 스님의 멱살을 잡았다. 그러자 효봉 스님은 "내놓고 있는데 네가 보지 못한다."고 했다. 이에 성수 스님은 "천하의 만물은 무비선(無非禪)이요, 세상만사는 무비도(無非道)다."라고 읊었다. 스님의 오도송이다. 그러자 효봉 스님은 껄껄 웃었다. 그 뒤로도 성수 스님은 큰스님들 방을 수시로 찾아가 애를 먹였다고 한다. 성수 스님은 구도자의 본분이 묻고 배우는 데 있다는 것을 이 일화를 통해 알리고 싶었다고 강조했다.

성수 스님은 "공부하는 수좌는 서른 전에 공부 되게 해가면서 그리 까

불어야지, 나이 들면 그리도 못한다고 했다. 나는 강원 문턱에도 안 가고 설쳐 대다가 3년 뒤 해인사에서 계를 받고 결코 평범하지 않은 행자 시절을 마감했다. 스승을 잡아먹겠다는 용기로 팽배했던 시절이 었다. 이러한 구도 과정을 겪고 난 이후에 나는 비로소 효봉 스님의 한없는 은혜를 헤아리고 몸 둘 바를 몰라 했다. 고집스럽기만 했던 나의 구도 자세는 막을 내리고 만사에 감사하는 마음을 갖게 됐다.”고 회고했다.

【 화두는 주고받을 수 있는 것이 아니다 】

● **봉암사 결사에 동참하셨습니다. 어떻게 참가하셨습니까?**

● "해인사에 있다가 봉암사에서 성철 스님, 청담 스님 등이 결사를 한다는 얘기를 들었습니다. 그래서 봉암사까지 걸어서 갔습니다. 스님들이 공부에만 진력하기로 했다기에 기대가 컸습니다. 봉암사에 가니 열일곱 명의 스님이 있었습니다. 좌장 역할을 성철 스님이 했는데, 하루는 스님이 『능엄주』를 외우자고 했습니다. '참선하러 왔는데 이것을 해야 하나?' 하는 생각이 들었지만 어른스님들이 시켜서 했습니다. 그때 성철 스님이 3일 만에 외우고 보문 스님은 5일, 내가 7일 만에 다 외웠습니다. 『능엄주』가 끝나니 자운 스님의 제안으로 『범망경』을 외웠습니다. 성철 스님이 5일, 보문 스님이 7일, 내가 10일 만에 또 다 외웠습니다. 공부를 잘하니 자운 스님이 나를 눈여겨보셨는지 하루는 나를 데려가 막국수 일곱 그릇을 사줬습니다. 그러고는 나한테

     말과 글 밖의 도리를 알아야 합니다

율사(律師)를 해보라고 해요. 저는 할 수 없다고 했습니다. 그래도 자운 스님께서 권하셔서 저의 뜻을 밝히고 그길로 봉암사에서 나와 버렸습니다. 참선 공부를 하려던 나였기에 율을 공부하라는 것에 동의할 수 없어 떠나온 것입니다."

성수 스님은 봉암사에서 약 3개월 동안 공부했다고 한다.

'봉암사 결사'는 현대 한국불교의 출발이 된 '역사적 사건'이었다. 성철, 자운, 우봉, 보문 스님 등 네 명의 스님이 1947년 가을에 시작한 이후 결사 정신에 공감한 전국의 납자들이 줄줄이 그 뒤를 따라 입산했다. 성수 스님을 비롯해 청담 스님, 향곡 스님, 혜암 스님, 월산 스님, 법전 스님, 지관 스님 등 기라성 같은 스님들이 결사에 참여했다.

일제를 거치며 만신창이가 돼버린 한국불교를 바로잡기 위해 결사를 단행한 것이었다. 당시 스님들은 '공주규약(共住規約)'을 만들어 생활의 지표로 삼았다. 네 명의 종정과 일곱 명의 총무원장을 배출한 것에서도 알 수 있듯이 봉암사 결사는 현대 조계종의 출발을 알리는 것이었다.

● **깨달음은 무엇입니까?**

●   "회초리 세 개를 가져와서 1,000대를 맞으면 얘기해 주겠습니다. 방귀를 뀌어도 마음에서 마음으로 전해지면 그것이 바로 깨달음의 경지입니다. 그런 마음과 자세를 가진 납자들이 오면 춤을 추겠습니다. 깨달음 자리에 가기 위해서는 먼저 아상(我相), 인상(人相), 중생상(衆生相), 수자상(壽者相)을 없애야 합니다. '내가 없다'는 것에서 정진해야 깨달음에 이를 수 있을 것입니다."

"선(禪)은 누가 일러줄 수 없는 자오자득(自悟自得)의 길입니다. 싯다르타 태자는 화두를 탄 일이 없습니다. 싯다르타 태자가 새벽 별을 보고 대각을 이루었는데, 싯다르타가 새벽 별에게 화두 달라고 마음 낸 일도 없고, 새벽 별도 화두를 준 일이 없습니다.

화두는 주고받을 수 있는 것이 아닙니다. 옛날 지엄 선사가 화두를 하나 받기 위해 벽송 선사에게 10년을 매달렸습니다. 그런데 그렇게 공을 들여도 화두를 일러주지 않자 하도 억울하고 원통해서 우레 같은 항의를 하며 울고 돌아서 내려가는데, 벽송 선사가 '지엄아, 지엄아!' 하고 부른 데서 깨달았습니다. 스스로 깨달은 것이지 화두로 깨달은 게 아닙니다. 지엄 선사가 간절한 마음을 내도록 해준 벽송 선사가 진정한 선지식입니다."

⊙　禪은 스스로 깨닫는 것이다. 붓글씨를 쓰고 있는 성수 스님.

스님은 "화두를 받으러 오는 대중은 많지만, 견성하는 사람은 드물다. 그런 사람이 있으면 내 목을 베어가도 좋다."고 했다. 도(道)가 무엇인지 알고 닦아야지 그렇지 않으면 수십 년을 공부해도 모른다는 것이다. 스님은 또 "깨달음을 얻지 못하고도 도인 행세하는 사람들이 많다."며 "남의 다리 긁는 일은 그만해야 한다."고 일갈했다.

스님은 "교리나 화두라고 하는 것은 달을 가리키는 손가락에 불과하다. 죽고 사는 근본문제, 그 생사의 도리 자체가 화두이고, '나는 어디서 와서 어디로 가는가?'라는 근본 의심을 가지고 있어야 한다."고 덧붙였다.

● **기억에 남는 스님들이 많을 것 같습니다.**

● "봉암사 결사가 시작되기 전이었습니다. 성철 스님이 봉암사에 있다는 말을 듣고 찾아갔습니다. 성철 스님은 무턱대고 열심히 닦으라고 했습니다. '일념(一念)하라'고만 해요. 그래서 스님 멱살을 잡고 '일념이 무엇인지 가르쳐 주고 닦으라고 해라'고 대들었습니다. 그랬더니 성철 스님이 '억!' 하고 소리를 질렀습니다. 당시 봉암사에 한 열흘 정도 있다가 다시 해인사로 갔습니다. 그 후 성철 스님은 봉암사 결사에서도 만나고 해인사 선원에서도 만나고 그랬습니다.

설봉 스님도 기억에 많이 남습니다. 어느 날 부산 금수사에 들렀더니 한 노승이 빨간 가사를 입고 법문을 설하고 있었습니다. 그 스님에게 '지금 하신 법문이 당신 거요, 남의 거요?'라고 물었습니다. '내 것도 무진장인데, 남의 재산 탐하겠소?'라고 해요. 그래서 다시 '누더기 속의 옥동자로구나'라고 했더니 스님이 '요즘 선방에는 밥값 하는 중이 있구려'라며 웃었습니다. 그 노승이 바로 설봉 스님입니다. 설봉 스님은 내가 참석한 법회에서는 2시간 이상 열변을 토했지만, 내가 없으면 딱 10분만 하고 자리에서 내려왔습니다.

또 기억에 남는 분이 현칙 스님입니다. 일제시대에 신학교 교장을 하다가 오대산에 찾아가 한암 스님에게 넘벼들었넌 분입니다. 그런데 스님은 한암 스님을 깨부수기는커녕 감화가 되어 버렸습니다. 그래서 출가를 했습니다. 내원사에서 현칙 스님을 만났는데, 그때 철이 좀 든 것 같습니다. 허허. 현칙 스님에게 겸손함과 마음 씀씀이에 대해 많이 배웠습니다.

그리고 봉암사 결사 때 입승을 했던 보문 스님이 많이 생각납니다. 보문 스님은 13세에 한암 스님을 찾아가 도를 물었을 정도로 타고난 천재였습니다. 법당에서 법문을 한 적도 있다고 하는데, 온 동네 사람들이 와서 들었다는 애기도 들었습니다. 13세부터 '나무아미타불' 염불만 10년을 했다는데, 염불을 참 잘했습니다."

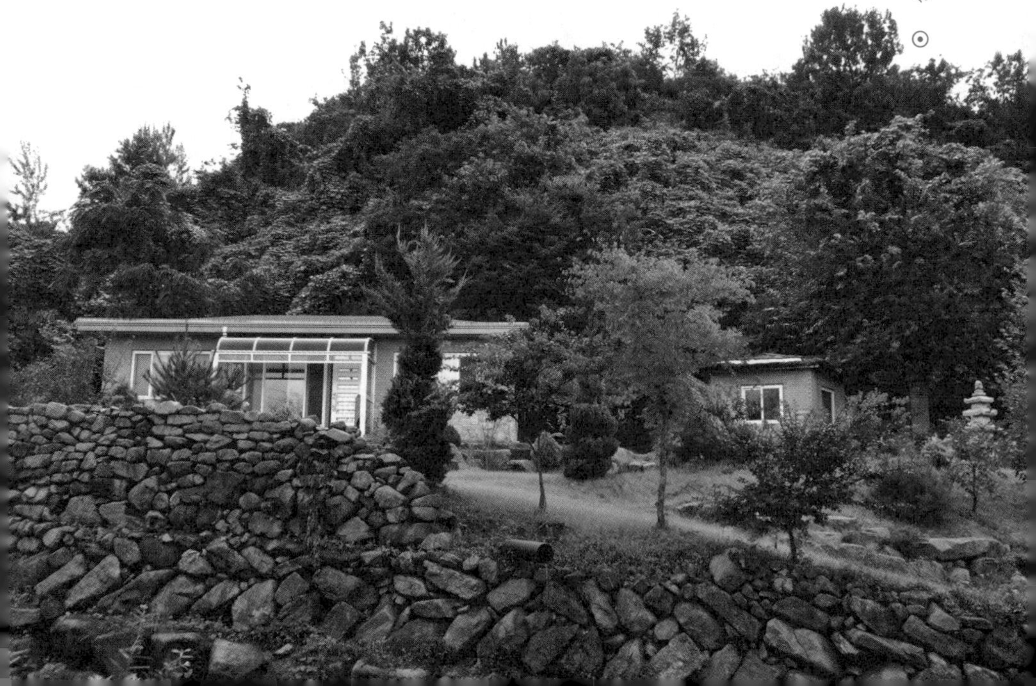

⊙ 성수 수님이 주석하고 있는 황대선원.

【 공부는 체험이다 】

● **법수선원, 해동선원, 황대선원을 세우셨습니다. 많은 도량을 세운 이유가 있을 것 같습니다.**

● "'한 곳에 너무 오래 머무르면 안 된다', '묵은 땅에서는 새 사람이 나지 않는다'는 생각을 항상 하고 있습니다. 그래서 1973년 서울에 법수선원을, 1994년에 황대선원을, 2002년 산청에 해동선원을 열었습니다. 이렇게 선원을 세우는 것은 경봉 스님과의 인연 때문입니다. 40여 년 전이었습니다. 통도사 극락암 경봉 스님이 '명인도사가 쉽지 않고 흔치도 않은데 자네가 금년 내로 50년 지도한 결과를 내보이라' 하면서 등을 세 번 두드려 주셨습니다. 그래서 평생 동안 명안종사를 배출하는 선원을 만들자는 생각을 하고 불사를 해온 것입니다." 세 곳의 절 모두 그리 크지는 않지만 하루도 빠지지 않고 참선하는 재가자들로 항상 붐빈다.

● **1967년 조계사 주지를 하면서 당시 김현옥 서울시장을 조계사 신도회장으로 임명한 일화가 전해지고 있습니다.**

● "조계사 주지를 맡고 나서 김현옥 시장을 찾아가 '경상도 무지랭이 일 좀 해봅시다'라며 회장을 권했습니다. 김 시장은 '서울시장이 신도회장을 해야 하는 이유가 있습니까?'라고 되물었어요. 내가 '당신이 신도회장을 해야 서울시 내 구청장을 부회장으로 앉힐 수 있지 않겠습니까?'라고 했더니 '그 말이 맞다'며 회장을 수락했습니다. 그해 부처님오신날에 3만 개의 빵을 구해 서울시 내 111개 양로원에

1만 개를 나눠 줬고, 1만 개는 조계사를 찾는 불자와 국민들에게, 나머지 1만 개는 서울역에서 나눠 주기도 했습니다."

● **제자들에게 강조하는 생활 원칙이 있다고 들었습니다.**

● "깨어 있는 동안에는 절대 눕지 말 것, 많이 먹지 말 것, 새벽 예불에 반드시 참여할 것, 휴지 한 장도 아낄 것, 잡기에 손대지 말 것을 강조합니다."

서울 법수선원 주지 영주 스님은 "은사스님은 출재가를 막론하고 법 거량을 받아주며, 경책하고 탁마하는 법문을 많이 내리신다."며 "실천에서 우러나온 말씀이 많기 때문에 후학들이 정진하는 데 큰 도움이 되고, 예전이나 현재나 변함이 없으시다."고 전했다. 영주 스님은 또 "은사스님은 지금도 매일 새벽 2시 30분에 일어나 밤 9시에 주무실 때까지 허투로 시간을 낭비한 적이 결코 없다."며 성수 스님의 철저한 일상생활을 전했다.

● **공부의 비결이 있을까요?**

● "우리가 사람의 몸 한 번 받는 것이 사천(四天) 위에서 바늘을 떨어뜨려서 사바세계의 겨자씨에 꽂히게 하는 것보다 더 어렵다고 하는데, 이렇게 어렵게 사람의 몸을 받았으니 우리는 모두 사람이 해야 할 일을 해야 합니다. 늙은이는 늙었다는 생각을 하지 말고, 젊은이는 젊었다는 생각을 하지 말아야 합니다. 그 무엇인가를 해야 한다는 정신이 중요합니다. 이 귀중한 몸을 아무렇게나 내던지지 말고 정신을 바짝 차려서 소중한 보물을 찾아야 합니다. 이 보물은 바로 우리 모두

가 가져야 할 참된 정신입니다."

성수 스님은 그러면서 "혜가 스님이 달마 스님에게 법을 구하던 그런 자세가 요즘 스님과 불자들에게 필요하다."고 당부했다. 법을 위해 모든 것을 던지는 위법망구(爲法忘軀)의 정신이 부족하다는 것이다.

혜가 스님은 선종의 2조로서, 초조인 달마 대사에게 법을 구하기 위해 자신의 팔을 잘라 구법(求法)의 의지를 보였던 스님이다.

내용은 이렇다. 혜가는 소림사에 와서 매일 법을 물었으나 달마 대사는 전혀 입을 열지 않았다. 그래서 혜가는 달마 대사의 방문 앞에서 밤새 눈을 맞으며 꼼짝도 않고 날을 새웠다. 동이 튼 후, 꼼짝도 않고 있는 혜가의 모습을 발견한 달마 대사가 물었다. "너는 눈 속에 서서 무엇을 구하려 하느냐?" 혜가는 꼿꼿이 선 채 눈물을 흘리며 말했다. "바라옵건대 감로의 문을 활짝 열어 뭇 중생을 널리 제도해 주소서."

◉　　범어사 주지 시절 강원 졸업식 모습. 맨 앞 줄 왼쪽에서 세 번째가 성수 스님.

이에 달마 대사가 말했다. "부처님들의 위없는 지혜는 여러 겁을 수행해야만 얻어지는 것이다. 너의 작은 뜻으로는 큰 법을 얻으려 해도 얻을 수 없다." 이 말을 듣고 혜가는 즉시 날카로운 칼을 뽑아 자신의 왼팔을 잘라 달마 대사 앞에 놓았다. 그때서야 달마 대사는 입을 열었다. "여러 부처님들과 보살들이 법을 구할 때 육신을 육신으로 보지 않았고 목숨을 목숨으로 보지 않았다. 네가 이제 팔을 끊었으니 법을 구할 만하다." 이렇게 해서 혜가는 달마 대사의 제자가 됐다. 혜가는 달마 대사에게 여쭈었다. "저의 마음이 불안하니 부디 제 마음을 편케 해주십시오." 달마 대사가 말했다. "그 불안한 마음을 가져오너라. 내 마땅히 편케 해주리라." "아무리 찾아도 마음을 찾을 수가 없습니다." "그렇지, 찾아지면 그것이 어찌 너의 마음이겠느냐. 나는 벌써 너의 마음을 편케 해주었느니라." 달마와 혜가의 안심법문(安心法問)이다. 이렇게 두 선지식에서 시작된 선종의 법맥(法脈)은 현재까지 이르고 있다.

● **공부를 하면 무엇이 좋습니까?**

● "공부를 하면 견성(見性)할 수 있습니다. 견성을 하면 정신을 잃지 않게 됩니다. 몸과 정신이 맑아지니, 견성한 사람과 그렇지 않은 사람은 천지 차이입니다. 견성하면 부처가 되는 것이 아니라, 단지 '길을 찾는 것'입니다. 견성한 뒤에는 정진을 해야 하고, 그러면 힘이 생깁니다. 공부는 말만 앞세워서는 안 됩니다. 실제로 체험해야 합니다."

"부처님 법을 그대로 실천 수행하면 현재 이대로가 극락세계가 되고, 부처님 배 속에 들어가도 마음이 어지럽고 흐트러지면 곧 지옥입니다. 그래서 부처님이 한마디로 일체유심조(一切唯心造)라고 했습니다. 마음의 문을 열고 무릎을 치면 산과 들이 모두 내 것처럼 반갑습니다. 부처님은 49년을 설하고 '설한 바가 없다'고 했습니다. 진리와 도는 말로 할 수 있는 것이 아닙니다. 말과 글 밖의 도리를 알아야 할 것입니다."

불법(佛法)의 도리를 제대로 알 때 마음도 열린다는 성수 스님의 말씀은 끝없이 이어졌다. 장시간의 말씀에도 흐트러짐 없는 스님의 모습이 놀라울 뿐이다. 덕유산 줄기처럼 굽이굽이 이어지는 감로수(甘露水) 법문에 환희심이 절로 난다. 산이 높을수록 계곡은 깊고 그 안에서 뛰노는 생명들이 많다는 것을 성수 스님을 뵈면서 다시 확인한다.

좋은
인연

만드는
것도

수행

경주 기림사 서장암

동춘 스님

동
춘
스
님

경주 기림사 서장암에서 홀로 지내며 정진하고 있다.

서장암에 찻잔 하나 없을 정도로 검소하게 생활하고 있다.

지금까지 85만 권 이상의 책을 보시할 정도로

나눔을 널리 실천하고 있다.

스님은 "신도들의 보시를 신도들에게 돌려주는

심부름만 할 뿐"이라고 보시에 대한 생각을 밝히기도 했다.

스님은 특히 조계종립 특별선원인 봉암사를

오늘날의 도량으로 만드는 데 큰 역할을 했다.

1980년대 초반 정부가 봉암사가 있는

희양산 일대를 국립공원으로 지정하려 했지만

동춘 스님을 비롯한 대중들이 모두 나서

수행도량으로 지켜냈다.

2010년 10월 29일, 경주역에 내려 경주시 안내 지도를 살펴봤다. 눈에 들어오는 대부분의 관광지가 불교와 관련되지 않은 것이 없다. 불국사, 석굴암, 분황사, 골굴사, 남산 칠불암 마애불, 황룡사지 등등. '불교성지'라는 수식어가 전혀 어색하지 않을 정도다.

택시를 타고 기림사로 향했다. 산과 호수를 지나 30여 분을 달리니 어느새 함월산 자락이다. 화려하지는 않지만 울긋불긋 물든 단풍들이 소박하게 사람들을 맞이한다. 부처님이 생전에 제자들과 함께 수행하며 『금강경』을 설했던 기원정사의 숲[祇林]과 같다는 뜻으로 붙여진 이름이어서인지 키 큰 나무들이 많고 숲이 울창하면서도 단정하다.

기림사 종무소에 들러 송암동춘(松菴東椿) 대종사가 머무는 암자를 물으니 절 뒤편 너머로 좀 더 걸어 올라가면 나오는 토굴이 스님의 주석처란다. 가을걷이를 끝내고 휴식에 들어간 논과 밭을 지나 5분여를 걷자 조그만 황토집이 눈에 들어온다. 바로 동춘 스님의 토굴 서장암이다. 대종사가 머무는 곳이라고는 믿기 어려울 정도로 조촐하다.

스님은 마침 점심 공양 후 포행을 하고 토굴로 돌아오던 길이었다. 팔순의 나이지만 가벼운 걸음걸이가 활기차다.

스님이 토굴 안으로 일행을 안내해 발걸음을 옮겼다. 문 너머에는 작은 주방과 방 두 개, 화장실이 오밀조밀 붙어 있다. 작은 방에는 각

종 책이 쌓여 있고, 큰 방은 숙소 겸 정진장이다. 큰 방 벽에 있는 『반야심경』이 인상적이다. 스님은 1970년대 선암사 주지 시절 신도들에게 선물로 주기 위해 '잠깐' 붓글씨를 썼다고 한다. 간결한 글씨가 오랫동안 쓴 사람들의 것과 비교해도 전혀 어색하지 않다.

절을 올리니 스님은 다정한 미소로 "매사에 좋은 인연 만들어 가세요!"라고 덕담을 해주신다. 갑작스럽게 법을 청하러 온 객을 부끄럽게 하는 따뜻한 말씀이다.

스님의 방에는 다른 스님들의 방에서 흔히 볼 수 있는 찻상 하나도 없다. 스님은 "대접할 차도 없다."며 "냉수 한잔 떠 드릴까?"라며 웃는다. 평소에도 스님은 목이 마르면 냉수 한 잔 들이킬 뿐이다. 짠 음식을 먹지 않으니 물을 마실 일도 많지 않다. 공양도 물론 직접 해 먹는다. 기림사까지 멀지 않지만 절에 폐를 끼치는 것 같아 모든 것을 스님이 직접 해결하고 있다. 동춘 스님을 잘 아는 한 스님은 "스님의 생활 자체가 후학들에게 큰 가르침을 준다."고 전했다.

【 장소를 따지기보다는 인연을 따라 수행하라 】

● **스님의 출가인연이 궁금합니다.**

● "내가 처음부터 출가를 생각했던 것은 아닙니다. 사찰을 좋아 하다 보니 출가 전부터 사찰에서 공부하고 싶다는 생각을 많이 하고 있었습니다. 그래서 절에 찾아갔습니다. 며칠 머물다 스님 되는 것이 좋겠다는 생각을 하게 됐습니다. 출가 직전에는 스님 되는 것이 좋을 지 아니면 사회에서 나름대로 열심히 살면서 남을 위해 사는 것이 좋 을지에 대해서도 갈등을 많이 했지요. 그래도 전생에 인연이 있었는지 스님이 되었습니다. 1955년 석암 스님을 은사로 출가해 처음에는 부 산 마하사에서 생활하다 1956년 선암사에서 계를 받았습니다."
출가하기 전 공주 마곡사, 대전 신광사 등을 다니기도 했던 스님은 본 격적인 출가 생활을 선암사에서 시작했다. 선암사는 경허 스님의 제자 인 혜월 스님이 선 채로 열반에 든 곳이다. 혜월 스님은 이곳에서 수많 은 수행 일화를 남기기도 했다.

● **행자 시절 공부 일화가 많을 것 같습니다.**

● "출가하면서부터 선방에 가고 싶은 생각이 컸습니다. 그러나 원칙적으로 행자는 선방 출입이 불가능합니다. 절집 허드렛일은 다 행자 몫입니다. 그래서 처음에는 '관세음보살님'만 생각하면서 지냈습니다. 그러던 중 인연이 있었는지 나중에 선배스님들이 선방에 들어가는 것을 허락해 줘서 공양주 소임도 보면서 틈틈이 정진했습니다. 그렇게 행자 시절을 보냈습니다."

행자 시절부터 선방을 드나들어서인지 스님은 아직도 불교 의식들을 잘 모른다고 했다. 따로 배우지도 않았다고 한다. 그래도 주지를 볼 때도 그렇고 의식을 집전할 일이 있으면 꼭 도와주는 사람이 있었다고 한다. 스님은 수행만 열심히 하면 모든 문제는 저절로 해결된다고 했다. "정진만 잘하면 됐지 무슨 염불이냐?"는 것이다.

● **행자 이후 공부 과정은 어떠셨나요?**

● "계를 받고 나니 은사이신 석암 스님께서 선암사 불사(佛事) 관리를 하라고 하셨습니다. 그래서 업무를 보면서 시간이 되면 정진을 하곤 했습니다. 불사가 마무리될 때쯤부터는 곧장 토굴과 선방을 오가며 본격적인 정진을 시작했습니다."

● **은사 석암 스님은 어떤 분이셨나요?**

● "은사스님에 대해 제가 얘기하는 것은 옳지 못합니다. 은사스님은 스님 나름대로 열심히 정진하셨습니다. 저는 그런 은사스님을 스승으로서 존경할 뿐입니다."

⊙ 부산 선암사에서 은사인 석암 스님
(앞줄 왼쪽에서 두 번째) 등과 함께.

은사스님을 한껏 추켜세우는 다른 스님들과 달리 스님은 석암 스님에 대한 말을 극도로 아꼈다. 평소 다른 사람에 대한 평을 잘 하지 않기로 유명한 스님의 모습 그대로였다. 석암 스님은 앞서 말한 혜월 스님의 법맥을 이었다. 혜월 스님이 경허 스님의 법을 이었으니 경허−혜월−석호−석암 스님으로 이어진 법맥을 동춘 스님이 잇고 있다. 동춘 스님의 사형, 사제들로는 지리산 서암정사 원응 스님과 부산 내원정사 정련 스님 등이 있다.

● **스님께서는 토굴 생활을 하고 계십니다. 특별한 이유가 있나요?**

● “나는 선방보다 토굴에서 오래 생활했습니다. 아마 대한민국 좋은 땅이라고 하는 곳에는 다 가서 움막을 짓고 살았을 것입니

다. 내가 사는 방식이 선방보다는 토굴에 더 잘 맞는 것 같습니다. 그래서 토굴에 더 많이 있었던 것 같습니다." 단순히 선방보다 토굴을 더 좋아해서만은 아니었다. 스님은 말을 이었다. "이유를 좀 더 애기하자면 조금이라도 검소하게 지냄으로써 다음 생에는 좀 더 나은 인연으로, 좀 더 나은 수행을 할 수 있지 않을까 하는 것에서 그렇게 생활을 하고 있습니다. 나이 들어 이렇게라도 사는 것은 더 없는 복이지요."

● **승가에서는 토굴 생활보다 '대중 생활'을 중요시합니다.**

● "후학들에게는 토굴에 가라는 애기를 하고 싶지 않습니다. 초심자는 절에서 규칙적인 생활을 하는 것이 더 필요합니다. 토굴에서 지내는 것이 결코 좋은 일은 아닙니다. 도움이 될 수도 있지만 손해 볼 일이 더 많을 것입니다." 예전부터 어른스님들은 대중 생활을 강조해 왔다. 성철 스님은 "대중 생활 잘하는 중이 최고"라고 말할 정도였다. 그래서 토굴 생활을 말하는 동춘 스님의 표정은 조심스러웠다. "장소가 결코 중요한 것은 아니기 때문에 인연 따라 정진하면 됩니다. 중요한 것은 정진하는 마음입니다. 이것만 명심하면 됩니다."

동춘 스님이 서장암에 온 것은 5년여 전이다. 직전에 있던 토굴이 산 중턱에 있어 아무런 교통수단이 없는 스님이 출입하기에 다소 불편했다. 그래서 불국사 주지스님과 기림사 주지스님에게 부탁해 서장암에 들어왔다고 한다.

【 공부에는 진심과 정성이 필요하다 】

● **깨달음은 무엇입니까?**

● "우주의 진리를 아는 것입니다. 자기 자신을 바로 보는 것입니다. 자신을 모르니 사람들이 어리석게 사는 것입니다. 불교는 자신을 알아가는 자각(自覺)의 종교입니다. 어떤 대상을 경배하고 의지하는 것이 아닙니다. 자신을 위해 수행하는 것이 바로 불교의 수행이고 깨달음입니다. 자기를 바로 알 때 진리는 드러나게 돼 있습니다. 자신을 알면 미래도 알 수 있습니다."

● **어떤 화두로 공부를 하셨나요?**

● "선암사에 있을 때 설봉 스님이 같이 계셨습니다. 수행을 열심히 한 설봉 스님에게 처음 화두를 받으러 갔더니 안 주셨어요. 그래서 삼성각에 가서 혼자 정진했습니다. 어느 날 설봉 스님이 저를 칠성각으로 부르셔서는 화두를 주셨습니다. 화두를 제대로 들어야 공부가 됩니다. 오래 앉아 있다고 해서 공부가 되는 것은 아닙니다. 발심(發心)이 되었을 때의 그 마음으로 한다면 공부는 쉽게 될 것입니다."

동춘 스님은 '초발심시변정각(初發心時便正覺)'의 정신이 중요하다고 했다. 어떤 화두를 받았는지에 대해서는 '물음표'일 뿐이라며 끝내 알려주지 않았다.

● **수행은 왜 해야 합니까?**

● "병원에 입원한 사람들은 의사를 믿고 치료를 받습니다. 환자

가 의사를 믿고 따르면 병은 고쳐집니다. 수행도 마찬가지입니다. 굳건한 믿음, 즉 신심(信心)이 있어야 합니다. 수행은 자기를 위해서 합니다. 앞서 얘기한 바와 같이 자신을 알고 진리를 체득하기 위해 수행을 합니다. 그리고 수행 끝에 깨닫게 되면 여러 사람들에게 또 베풀 수 있습니다. 그래서 지금과 같이 복잡하고 어지러운 시대에는 더 수행이 필요한지도 모릅니다."

● **스님께서는 경계를 체험하셨습니까?**

● "경계에 대해 얘기할 수는 없습니다. 대오(大悟)를 해야 말할 수 있습니다. 지견(智見)이 열렸다고 해서 생사(生死)까지 해결할 수는 없습니다. 지견만 열렸음에도 깨달았다고 떠드는 사람들은 나중에 눈 감을 때 고생합니다. 자신의 거짓을 후회하게 되는 것입니다. 대오할 때까지는 묵묵히 수행해야 합니다. 경계를 모르는 사람들이 이상한 소리를 하고 다닙니다. 참으로 도를 이룬 사람들은 떠들고 다니지 않습니다. 초야에 묻혀 살 뿐입니다. 대중을 속이는 일은 하지 말아야 합니다."

● **수행할 때의 장애는 어떻게 극복해야 합니까?**

● "화두를 제대로 들지 않으니 문제가 생깁니다. 오래 앉아 있다고 해도 졸면 소용없습니다. 제대로 공부하면 수마가 오지 않습니다. 열심히 정진하면 수마는 저절로 달아납니다. 자나 깨나 공부만 할 수 있는 수준이 되어야 합니다. 그렇지 못한 것은 정성이 부족해서 그런 것입니다. 서산 스님께서는 대근기의 사람들은 3일 만에 깨우친다

고 했습니다. 중근기의 보통 사람도 7일이면 충분하다고 했습니다. 진심으로 하면 다 됩니다. 죽을 각오로 하면 안 될 것이 없습니다."

'진심'과 '정성'을 계속 강조한 스님은 "찰나에 한 생각 돌이키는 것이 중요하다."고 여러 차례 강조했다.

● **현대인들은 사소한 일로 화를 많이 냅니다. 많은 사고의 원인이 바로 '화'에서 기인하기도 합니다. 어떻게 이 문제를 풀어야 할까요?**

● "요즘 사람들은 사소한 문제로 싸웁니다. 자기만 옳다고 주장하며 싸웁니다. 남은 옳지 않다고 생각하니 더 싸우게 됩니다. 이것은 다 어리석은 짓입니다. 사람마다 자신을 모르니 자기 생각만 옳다고 생각하게 되고 그래서 시비가 끊이지 않는 것입니다. 나보다는 남의 입장에서 자신을 살펴보는 마음이 많이 필요합니다."

스님은 어리석음에서 벗어나야 화를 멀리하게 된다고 했다. 그러면서 스님은 "나의 허물을 먼저 생각해야 합니다. 내가 무엇을 잘못했는가? 저 사람이 잘못한 것은 나에게 책임이 없는가? 이런 것을 먼저 봐야 합니다. 그리고 늘 좋은 생각을 하도록 해야 합니다. 그러면 마음이 차분해질 것"이라고 강조했다.

● **수행에 있어 선지식이 중요하다고 합니다.**

● "선지식은 인연이 없으면 못 만납니다. 또 옆에 두고도 모를 수 있습니다. 선지식을 만나기 위해서는 인연을 지어야 합니다. 부처님을 생각하며 수행하다 보면 선지식은 자연스럽게 만날 수 있습니다. 치열하게 정진한 후 선지식을 찾아가면 됩니다. 그리고 공부를 점검받

고, 부족하면 다시 공부하면 됩니다. 선지식은 다른 사람이 아닙니다. 자기 수행에 도움이 되는 사람이 바로 선지식입니다. 수행하는 과정에서 올바른 길을 제시해 줄 수 있는 선지식을 꼭 찾길 바랍니다."

● **기억에 남는 스님들이 많을 것 같습니다.**

● "남에 대해서 얘기하는 것은 결코 바람직하지 못합니다. 사실 별로 얘기하고 싶지 않습니다. 원로의원 중에 굳이 꼽으라고 한다면 송광사 법흥 스님과는 젊은 시절 부산 선암사에서 함께 공부한 적이 있습니다. 고우 스님은 참 양심적인 사람입니다."

괜한 질문이었다. 스님의 성품을 알고도 저지른 실수였다. 그래도 스님은 평소 가깝게 지내는 두 스님에 대해 짧고 간결하게 설명했다.

【 85만 부의 책을 나눠 주다 】

● **스님께서는 법보시를 많이 해오셨습니다.**

● "나는 일본에서 태어나서 해방 후 한국에 왔습니다. 한국전쟁이 터지면서 군에 입대했고 군에서 4년 8개월을 근무하고 제대했습니다. 그 후 출가했습니다. 일본에는 아버지와 누님이 계셨고 한국에는 어머니와 동생들이 있었습니다. 출가 후 누님이 보낸 사람이 저를 찾아왔습니다. 아버지가 저를 보고 싶어 하신다고 말입니다. 고민이 많았습니다. 일본에 가면 어머니와 동생들이 걱정되고 한국에 있으면 아버지와 누님이 그리워서 말입니다. 그렇게 고민하던 시기에 저의 사

형인 호진 스님이 『부모은중경』이라는 책을 저에게 줬습니다. 저는 그 책을 보면서 눈물이 나 다 읽지 못했습니다. 『부모은중경』에는 공부를 열심히 해 부모님을 제도하는 것이 큰 효라고 나와 있습니다. 이 구절을 보고 저는 한국에 있든 일본에 있든 열심히 공부하는 것이 저의 의무라고 생각하고 정진에 더 힘을 많이 쏟았습니다. 한참 뒤 선암사 주지를 맡고 있을 때 일본에 있던 누님이 찾아왔습니다. 그 후 몇 차례 더 다녀갔습니다. 후에 누님은 돌아가시면서 제 앞으로 1억2천만 원을 유산으로 남겼습니다. 저는 그때 처음으로 『부모은중경』을 20만 부 구입해 전국의 사찰과 도서관에 보냈습니다. 효가 중요하다고 생각했기 때문에 이 책을 보냈던 것입니다. 그 후 돈이 모일 때마다 책을 사서 전국에 보내고 있습니다.”

이렇게 시작된 스님의 법보시는 계속 이어졌다. 2003년에는 『밤톨이와 얼짱이의 효도 뚝딱』 20만 부를, 2004년에는 『엄마 아빠 고마워요』 15만 부를 발간해 무료 배포했다. 그리고 2009년에는 『관세음보살 이야기』 30만 부를 나눠 줬다. 지금까지 85만 부의 책을 어린이와 청소년, 불자들에게 보시한 것이다.

『관세음보살 이야기』는 중국 건륭판 『향산보권』을 편역한 책으로 스님은 책머리에 “평생 동안 소납에게 감동을 준 세 권의 책 중 하나”라고 밝혔다. “그 세 권을 보고 소납은 눈물을 흘렸다.”고 말한 스님은 “한 권은 갓 출가해서 『부모은중경』을 읽다가 부모에게 불효했다는 생각에 울었고, 또 한 권은 소납의 어린 시절을 떠올리게 한 『우동 한 그릇』”이라며 “특히 『관세음보살 이야기』는 온갖 고난을 참고 극복하는 인욕바라밀 부분이 특히 감동적이었고, 이 정도 인욕바라밀을 해야만 참다운 불제자가 될 것이라고 생각했다."고 말했다. 스님은 "『관세음보살 이야기』를 많은 사람들이 읽고 만 명 중에 단 한 명이라도 인욕바라밀을 본받아 실천한다면 소납의 법보시는 가치 있는 일"이라고 했다.

이렇듯 동춘 스님은 법보시에 언제나 열성적이다. 그러나 워낙 자신의 행(行)이 알려지는 것을 원하지 않아 이러한 보시를 아는 사람은 많지 않다. 스님의 성격을 알 수 있는 일화 하나. 스님은 2008년 미얀마에 큰 홍수가 왔을 때 당시 총무원장인 지관 스님을 찾아 봉투를 하나 전달했다. 봉투에는 '미얀마 재난 구호성금'이라고 적혀 있었고 500만 원이 담겨 있었다. 동춘 스님이 수개월 동안 모아둔 돈을 선뜻 건넨 것이다. 동춘 스님의 이날 방문은 예고도 없이 이뤄졌다. 평소 지관 스님과 친분이 있어 편하게 만나 '갑작스럽게' 건넨

⊙   봉암사 태고선원 앞에서 서암 스님 및 신도들과 함께.

것이다. 동춘 스님은 "태풍으로 인해 고통 받는 이들에게 사용해 달라."며 "액수가 크지 않아 미안하다."고 말했다. 동춘 스님은 당신의 성금 전달을 절대 알리지 말라고 부탁했으나 지관 스님은 "그래도 기록은 남겨야 한다."고 설득해 겨우 성금 전달 장면을 사진 찍을 수 있었다고 한다.

● **보시를 계속하시는 이유가 있을 것 같습니다.**

● "정진을 하다 보면 돈이 가끔 들어옵니다. 신도들이 약값 하라고 주기도 하고 생활하는 데 보태 쓰라고 놓고 가기도 합니다. 그러나 이렇게 들어오는 돈은 내 것이 아닙니다. 신도들의 정성입니다. 그래서 다시 신도들에게 돌려주는 것입니다. 심부름꾼 역할만 하는 것입니다."

겸연쩍어하는 스님의 모습은 겸손 그 자체였다.

【 수행을 하면 다 해결된다 】

● **봉암사를 지금의 수행 도량으로 만드는 데 스님께서 큰 역할을 하셨다고 들었습니다. 당시 상황이 궁금합니다.**

● "80년대 초반 봉암사에 갔습니다. 그런데 당시 주지스님이 국립공원 문제가 불거지면서 잠적해 버렸습니다. 대중들의 구심이 사라져 버린 것입니다. 지금 해인사 원로로 계시는 도견 스님이 봉암사에 같이 있었는데 선암사 주지를 했던 저에게 계속 주지를 맡아 달라

고 부탁을 했습니다. 저는 거절했습니다. 공부하러 와서 다시 주지를 맡는 것을 원하지 않았습니다. 그런데도 대중들은 계속 주지를 맡아 달라고 했습니다.

주지는 인품과 말재주, 지식 등 세 가지가 있어야 합니다. 저는 어느 것 하나 제대로 갖춘 것이 없었습니다. 진퇴양난에 빠졌습니다. 주지를 맡기도, 그냥 떠나기도 어려운 상황이 된 것입니다.

그럼에도 대중들이 계속 주지를 맡아 달라고 해 저는 임시 주지를 맡겠다고 했습니다. 공식 주지가 올 때까지만 맡겠다고 한 것이지요. 그렇게 말하고는 선방에 잠시 있었습니다. 그런데 희양산을 국립공원에 편입시킨다는 얘기가 계속 들려왔습니다. 그래서 선방에서 나와 본격적으로 반대운동을 시작했습니다. 희양산이 국립공원으로 지정되면 나뿐만 아니라 다른 대중들도 공부를 할 수 없기 때문입니다. 나는 먼저 당시 총무원장이던 석주 스님을 모시고 건설부장관을 만났습니다. 처음 정부는 봉암사 인근 500미터만 공원에서 빼주겠다고 했습니다. 말도 안 되는 얘기입니다. 그래서 저는 단식을 시작했습니다. 단식 9일째에 채문식 국회의장 비서를 만나니 봉암사 인근 2킬로미터까지는 빼주겠다고 했습니다. 안 된다고 했습니다. 국립공원으로 지정되면 우리들의 수행터를 빼앗기게 될 것이 빤했기 때문에 저는 국립공원 지정을 완전히 철회해야 한다고 주장하면서 단식을 계속했습니다. 당시 언론에 나는 '한국불교를 위해 순교하겠다'고 말하며 뜻을 굽히지 않았습니다. 그때 다행인지 언론들이 기사를 잘 써주고 도와주면서 정부가 결국에는 국립공원 지정을 철회했습니다. 그 이후 봉암사 토지 문제가 생겨서 할 수 없이 정식으로 주지 임명장을 받아 4년간 주지를 했고 그 이후에도 몇 개월 더 소임을 봐 한 5년 정도 봉암사 주지를 맡아 보았습니다."

동춘 스님을 비롯한 대중들은 정말 '죽기 살기로' 싸워서 봉암사를 지켜냈다.

당시 봉암사에서 스님은 도견 스님을 비롯해 종정을 지낸 서암 스님, 원로의원 고우 스님, 불교환경연대 대표를 지냈던 수경 스님 등과 함께 정진했다고 한다. 국립공원 지정을 막아낸 스님은 주지를 지내며 봉암사 선원과 요사채 불사를 원만하게 마무리하는 등 오늘날 조계종립 특별선원 봉암사를 만드는 데 큰 몫을 해냈다. 스님은 봉암사 주지를 1984년부터 1989년까지 맡았다. 이후 1994년부터 1년여 간 봉암사 주지를 한 차례 더 역임했다.

지금도 조계종과 정부가 국립공원 문제를 해결하기 위해 머리를 맞대고 있는 것을 생각하면 결코 동춘 스님과 봉암사 대중들의 수행 환경 보전 의지를 가볍게 볼 것이 아니다.

1984년 당시 6대 종정이던 성철 스님도 정부의 공원 정책을 질책할 정도였다. 성철 스님은 조선일보와의 대담을 통해 "사찰은 수도장입니다. 도를 닦고 교화하는 곳이지 관광하고 유람하는 유흥장이 아닙니다."라며 사찰의 공원구역 편입은 잘못된 것임을 지적했다.

성철 스님은 "사찰을 공원으로 만드는 것은 사찰을 완전히 파괴하는 행위입니다. 사찰이 수도원의 기능을 하지 못하고 유흥장으로 변모된다면 거기에 와서 노는 국민의 정신마저 결국 황폐해지고 말 것"이라고 경고했다.

동춘 스님은 봉암사 주지를 지낸 후 봉화 각화사로 옮겨 4년여 간 주

⊙ 동춘 스님은 한국불교의 작은 거인이다.

지를 맡았다. 동춘 스님이 주지로 있던 당시 각화사는 사격을 일신해 1년 내내 정진이 계속되는 도량으로 거듭나기도 했다.

종단의 어른으로서 종도들에게 당부하고 싶은 말씀이 있을 것 같습니다.

"수행해 보면 불교가 좋다는 생각을 할 것입니다. 수행하면 모든 문제가 다 해결됩니다. 그리고 하나 더 말씀드리고 싶은 것은 욕심을 부리지 말라는 것입니다. 욕심 부리면 결국 자신만 손해를 보게 됩니다. 욕심이 없으면 화도, 어리석음도 생기지 않습니다. 모든 것은 인연 따라 이루어지는 것입니다. 부처님 법을 믿고 의지하며 공부 열심히 하시기 바랍니다."

작은 토굴에서 만난 동춘 스님은 부처님 가르침의 큰 뜻을 망설임 없이 설명해 나갔다. 말씀 중에 보이는 겸손함과 자비로움은 듣는 이로 하여금 무언가 모를 경외감을 느끼게 한다. 함월산 골짜기에서 묻혀 지내고 있지만 대중들의 등불이 되는 동춘 스님과 같은 '작은 거인'들이 있기에 한국불교는 여전히 희망적이다.

깨닫기 전까지

해제

있을 수 없어

전 법주사 회주

혜정 스님

혜
정
스
님

금오 스님 상좌로 법주사 주지와
조계종 총무원장 등을 역임했다.
스님은 특히 1970년에 법주사 강원교육에
영어는 물론 심리학과 논리학 등을 도입해
큰 반향을 일으키기도 했다.
스님은 "불교같이 이념적·사상적으로 뛰어나고
'인간'을 강조하는 종교는 없다.
세상 어느 종교를 보더라도 이렇게 뛰어난 종교는
불교뿐"이라고 강조하기도 했다.
지난 2월 22일 열반에 들었다.

혜정 스님은 이 인터뷰를 마지막으로 열반에 드셨습니다.
인터뷰 게재를 허락해 주신 혜정 스님 문도회에 감사드립니다.

속세를 떠나(俗離) 법이 머무르는(法住) 속리산 법주사. 신라 진흥왕 때인 553년 의신 스님이 창건했고 776년 진표 율사가 중창한 '호서 제일 가람'이다. 법주(法住)는 불법을 구하기 위해 인도에 유학했던 창건주 의신 스님이 흰 노새에 경전들을 싣고 와서 후학을 양성할 절터를 찾기 위해 머물렀다는 설화를 바탕으로 붙여진 이름이다.

사찰 초입의 정2품 소나무부터 절 안의 마애여래의상과 사천왕상, 석련지, 대웅보전, 금동미륵대불 등 수많은 성보문화재와 명물로 한때 매년 250만 명이 넘는 관광객들이 찾는 관광명소였지만, 이제는 부처님의 법(法)과 자비(慈悲)를 널리 펴기 위해 동분서주하는 곳이 바로 법주사다.

동안거(冬安居)를 하루 앞둔 2010년 11월 19일 법주사를 찾았다. 가을과 겨울 사이에 선 속리산도 넓은 품을 벌려 다시 찾아오는 선객(禪客)들을 맞고 있다.

절 경내를 통과해 대웅전 뒤편으로 가니 총지선원(總持禪院)이 자리하고 있다. 총지(總持)는 '법을 마음에 기억해 잊지 않는다'는 뜻이다. 총지선원은 금오 선사가 만든 법주사의 또 다른 상징이기도 하다. 총지선원과 산내 암자인 복천암·수정암·탈골암 선원 등 법주사 선원 4곳에서는 이번 동안거에 모두 70명의 수좌들이 방부를 들였다. 여느

총림(叢林) 못지않은 규모와 열기다.

선원을 둘러보고 사리각(舍利閣)으로 발걸음을 돌렸다. 법주사 회주로 후학들의 든든한 버팀목이 되고 있는 원파혜정(圓坡慧淨) 대종사를 만나기 위해서다.

사리각은 부처님 진신사리탑을 보호하기 위해 세워진 전각으로 금오 스님이 이곳에서 주석하다 열반했으며, 금오 스님 이후에는 혜정 스님이 자리를 지키고 있다. 진신사리탑은 1362년(공민왕 11)에 공민왕이 홍건적을 물리치고 복주(福州, 지금의 안동)에서 개경으로 환도하던 중 양산 통도사에 봉안되어 있던 부처님 진신사리 3개 중 1개를 법주사에 옮겨와 세운 것이라고 한다.

혜정 스님이 주석하고 있는 방에 들어가니 온기가 느껴진다. 팔순을 앞두고 있어서인지 건강이 그리 좋아 보이지는 않았지만 인자한 미소로 일행을 맞는다. 삼배를 올리고 법을 청했다.

【 금오 스님과의 인연 】

● **스님의 출가인연이 궁금합니다.**

● "60여 년이 지난 지금 출가인연을 얘기하는 것이 새삼스럽습니다. 집안이 대대로 유교 집안이어서 불교 공부를 따로 하지는 않았지만, 인연이 있었는지 어릴 때부터 불교와 친근했던 것 같습니다. 우연히 보게 된 잡지 「불교」를 통해 불교에 대해 이론적으로 알 수 있었습니다. 특히 옛 선사들의 일화를 보면서 불교에 대한 더 많은 의문점과 함께 막연한 기대 같은 것이 생긴 것 같습니다. 기회를 엿보다 친구와 함께 마곡사로 갔습니다. 마곡사는 김구 선생이 잠시 출가했던 곳이어서 전부터 꼭 가보고 싶었던 곳입니다. 당시 마곡사에는 대처승들이 살고 있었기 때문에 비구승들이 정진하던 대원암으로 올라갔습니다. 부처님 법대로 보자면 대처가 맞지 않았기 때문입니다. 그런데 마곡사 대처승들이 비구승들에게 절을 비우라고 계속 요구하는 바람에 할 수 없이 대원암 스님들과 함께 수덕사로 갔습니다. 대원암에서 한 1년 정도 살았습니다."

정화의 주역인 금오 스님을 만나기 전부터 혜정 스님은 '정화'의 필요성을 절감했던 듯하다. 비록 출가 전이었지만 구도의 길에 나서는 순간부터 이 문제는 혜정 스님에게 화두가 되었다.

마곡사는 김구 선생이 명성황후 시해에 대한 분노로 황해도 안악에서 일본군 장교를 살해한 후 은거 입산수도 했던 곳이다. 해방 후 김구 선생은 다시 마곡사를 찾아 대광보전 주련의 '각래관세간 유여몽중사(却來觀世間 猶如夢中事, 돌아와 세상을 보니 흡사 꿈속의 일 같구나)'를 보고 더욱 감개

무량하여 그때를 회상하며 향나무를 한 그루 심기도 했다.

● **그럼 수덕사에서의 생활은 어떠셨나요?**

● “다행히 수덕사 스님들과 대원암 스님들의 왕래가 빈번해 많은 스님들과 구면인 상황이었습니다. 그래서 심적으로 좀 여유롭게 수덕사에서 살았습니다. 수덕사는 경허-만공 스님의 법맥을 잇고 있는 곳입니다. 당시에는 벽초 큰스님이 수덕사에 계셨습니다. 한번은 벽초 스님께 인사드리려고 한 농부에게 스님의 주석처를 물었는데, 농사꾼 같이 허름하게 생긴 그 분이 바로 벽초 스님이었습니다. 큰 무례를 저질렀지요. 벽초 스님은 평생 농사일을 하며 선농일치(禪農一致)를 실천하신 분이었습니다. 손에서 낫이나 삽자루가 떠나질 않았을 정도였습니다.”

● **은사이신 금오 스님을 수덕사에서 만나신 것이지요?**

● “네. 그렇게 인연이 되어 수덕사에서 머리를 깎고 행자가 되었습니다. 정식으로 출가한 것이지요. 처음부터 금오 스님을 보려고 수덕사에 간 것은 아니었는데, 하루는 금오 스님의 상좌인 월남 스님이 제게 와서 금오 스님을 은사로 모시는 것이 어떻겠느냐는 제안을 해왔습니다. 금오 스님에 대해서 자세히 알지는 못했지만, 가깝게 지내던 스님이 추천을 해줘 한번 뵙겠다고 얘기하고 금오 스님께 인사를 드렸습니다. 처음 뵌 순간 ‘이분이야말로 나를 이끌어 주실 수 있는 분’이라는 생각이 스쳤고 자연스럽게 인연이 맺어졌습니다. 그렇게 정식으로 금오 스님을 은사로 모시고 수덕사에서 1년 정도 생활을 했습

니다."

내쫓기듯 떠밀려 온 수덕사에서 혜정 스님은 평생 가르침을 받을 은사를 뜻하지 않게 만났다. 당시는 사찰 사정들이 모두 좋지 않았기 때문에 은사스님에게 가르침을 받기보다 매일 논과 밭에 나가 일을 하는 시간이 더 많았다. 특히나 농사를 많이 짓는 수덕사에서의 생활은 그리 녹록치 않았다.

● **금오 스님은 어떤 분이셨나요?**

● "금오 스님은 참선(參禪)을 하신 분입니다. 또 지계(持戒)에도 철저하셨습니다. 스님은 흡사 달마 스님의 인상으로 위엄이 있고 눈이 부리부리했습니다. 무사(武士) 기질도 강했습니다. 제자들이 잘못된 길에 빠지기라도 하면 불호령이 떨어졌습니다. 스님은 첫째도 선(禪), 둘째도 선(禪), 셋째도 선(禪)만 강조하신 분입니다. 나머지 다른 것은 절대 인정하지 않았습니다. 금오 스님은 항상 '참선을 해야 중이고 깨달아야 도인'이라는 말씀을 하셨습니다."

● **금오 스님과의 일화도 많을 것 같습니다.**

● "스님께서는 철저하게 정진을 강조하셨고 또 직접 실천하신 분이기 때문에 참선 외에 다른 것에 대해서는 매우 부정적이셨습니다. 제자들이 사찰 주지를 맡는 것도 좋아하지 않으셨습니다. 대신 참선하는 스님들에게는 최고의 대우를 해주었습니다. 사중 울력이 있어도 참선하고 있는 스님들은 부르지 않을 정도였습니다. 스님은 또 대중들을 항상 위했습니다. 가령 빨래를 널어놓았는데 비라도 내리면 다른 스님

들의 옷을 먼저 걷고 당신 것은 맨 나중에 가져왔습니다."

혜정 스님의 사제이자 법주사 복천암 선원장인 월성 스님은 금오 스님에 대해 "뺨도 많이 맞았지만 도무지 금오 스님 밑에서는 망상을 피울 짬이 없었다."며 "여름이면 채마밭을 갈고 겨울이면 산에 가서 나무를 했는데 스님이 직접 따라다니며 지시해서, 절에 사람이 10명이면 지게도 10개였다."고 회고했다.

● **금오 스님은 정화 불사의 주역이셨습니다.**

● "금오 스님은 효봉 스님, 청담 스님 등과 함께 정화 불사를 이 끌었습니다. 대처승들도 함부로 대하지 못할 정도로 흐트러짐 없이 금오 스님은 그렇게 잘 사셨습니다. 그렇기 때문에 정화에 나서면서도 당당한 모습을 잃지 않으셨던 것 같습니다. 저 역시 이런 모습 때문에 은사스님을 존경하며 모셨던 것 같습니다."

금오 스님은 '투출시방계 무무무역무 개개지차이 먹본역무무(透出十方界 無無無亦無 個個只此爾 覓本亦無無, 시방세계 투철하고 나니 없고 없는 게 없는 것 또한 없구나. 낱낱이 모두 그러하기에 아무리 뿌리를 찾아봐도 없고 없을 뿐이네)'라는 오도송을 읊고 만공 스님의 수제자인 보월 스님에게 인가를 받았다. 1968년 10월 입적을 앞두고 금오 스님은 "나는 무(無)를 종(宗)으로 삼고 기타 일은 너에게 부탁하노라."며 만상좌 월산 스님에게 모든 것을 맡기고 열반에 들었다.

【 계행이 바로 수행이다 】

● **어떤 화두로 공부를 하셨나요?**

● "은사스님이 준 마삼근(麻三斤)을 화두로 공부했습니다. 그런데 제가 출가한 직후가 한창 정화할 때라 그렇게 공부를 열심히 하지는 못했습니다. 길거리에서 대처승들을 만나면 그 자리에서 언쟁할 정도였으니까요. 그것이 좀 아쉽기는 합니다만, 그래도 최선을 다하려고 했습니다."

마삼근 화두는 중국 동산 선사가 부처가 무엇이냐는 물음을 받고, "내 삼베옷 무게가 세 근"이라고 답한 데서 유래한 화두다. '마삼근'은 '구자무불성(狗子無佛性)', '뜰 앞의 잣나무〔庭前栢樹子〕', '만법귀일 일귀하처(萬法歸一 一歸何處)', '이뭣고' 등과 함께 스님들이 많이 참구하는 화두다.

● **경계를 체험하셨다고 들었습니다.**

● "참선은 발심 초기에 마음이 순수할 때 잘 됩니다. 그래서 초심이 중요합니다. 참선하다 어느 날 우연히 경계가 나타났습니다. 화두를 들면 마음이 안온해지고 내 앞의 모든 것이 하얗고 환하게 보였습니다. 또 몸이 공중에 뜨는 느낌을 받기도 했습니다. 그때는 뭔지 몰랐지만 그런 것들이 경계가 아니었나 싶습니다. 참선을 열심히 해보면 알 것입니다. 순간순간 화두일념이 되어야 합니다. 그런 경험들을 하면서 참선 공부를 계속하게 되었습니다."

● **깨달음은 무엇입니까?**

● "본래 사람은 깨달아 있는 존재입니다. 그런데 다이아몬드가 진흙 속에 묻혀 그 빛을 볼 수 없듯 중생들은 그렇게 자기의 불성(佛性)을 보지 못하고 있을 뿐입니다. 깨달음은 그 본성(本性), 불성(佛性)을 되찾는 것입니다. 쉽게 볼 수도, 보일 수도 없는 것이기 때문에 스승의 지도를 받아 공부하면서 그 불성을 찾아야 합니다. 자칫 잘못하면 엉뚱한 길에 들어서기 때문에 제대로 된 공부를 해 깨달음에 이를 수 있도록 해야 합니다."

● **법주사 율주(律主) 소임도 맡고 계십니다. 계(戒)는 불자들에게 무엇입니까?**

● "계(戒)는 윤리·도덕 차원을 넘어서 생사해탈의 기본이 되는 것입니다. 계행(戒行)이 이뤄져야 성불할 수 있는 길이 열립니다. 또 계행이 바탕이 돼야 정과 혜로 나아갈 수 있습니다. 계행이 바로 수행입니다."

⊙ 법주사 보살계 수계산림에서 법문하는 혜정 스님.

혜정 스님은 법주사 율주는 물론 조계종의 계를 관장하는 전계대화상을 역임하기도 했다. 지금도 계단위원으로 각종 수계산림에 직접 나서고 있다.

 기억에 남는 스님들이 많을 것 같습니다.

●　　　"여러 선방에 다니다 보니 금오 스님과 성철 스님, 월산 스님, 혜암 스님, 법전 스님 등 많은 근현대 선지식들과 함께 정진했습니다. 젊었을 때는 이 스님들에 대해 잘 몰랐지만, 지금 생각해 보면 좋은 인연이 돼 같이 공부한 것은 너무나 큰 행운이었습니다. 해인사 선방에서 성철 스님과 같이 있었는데, 스님은 안일하게 공부하는 모습을 못 봤습니다. 조금이라도 한눈을 팔면 사정없이 죽비로 내리쳤습니다. 저의 만사형인 월산 스님은 인물도 좋고 마음도 넓은 그런 스님이었습니다."

스님은 불국사, 해인사, 봉암사, 수덕사 선원 등에서 정진했다. 또 월출산 도갑사의 폐사지인 상견성암 자리에 방 한 칸, 부엌 한 칸의 토굴을 짓고 혼자서 3년간 용맹정진했다. 다 쓰러져가던 충남 부여 금지암에서는 1년 동안 홀로 지내기도 했다.

스님은 해인사 선원에서 정진할 때를 회고하며 수행의 중요성을 다시 한 번 강조했다.

"해인사 선원에서 철야 정진할 때는 잠을 자지 않기 때문에 많은 일들이 벌어집니다. 장군죽비를 치는 입승스님에게 졸지도 않았는데 때리느냐며 대드는 사람도 있고, 화장실에 가서 졸고 있는 스님도 있습니다. 용맹정진을 할 때는 수마(睡魔)가 큰 장애가 됩니다. 그렇게 정진을

하고도 다른 일을 할 수 있는 것이 바로 수행의 힘입니다. 많은 선지식
들도 처절한 고행을 통해 육신을 조복(調伏)받고 큰 깨달음에 이르렀을
것입니다."

【 교육의 대대적 혁신과 개선이 필요하다 】

● **법주사 주지를 하셨습니다. 당시 강원 교육을 획기적으로 개선하셨다고 하던
데요.**

● "1970년대 제가 팔자에 없는 법주사 주지를 했습니다. 강원
교육은 훈고학적이고 한문으로 되어 있다 보니 낙후될 수밖에 없습니
다. 노력에 비해 성과를 거두기도 쉽지 않습니다. 그래서 주지 소임을
맡게 된 이상 강원 교육이라도 혁신하자는 다짐을 했습니다. 동국대에
서 강사들을 초빙해 특강도 여러 차례 하고 다른 본사 소속 학인스님
들도 법주사 강원에 올 수 있도록 정원을 개방했습니다. 또 교과 과정
도 개편했습니다. 불교 교리는 물론 불교사, 산스크리트어, 팔리어, 영
어, 심리학, 논리학, 비교종교학 등의 과정을 개설했습니다. 이와 함께
율반, 포교반, 외국어반, 편집반, 염불반, 미화반 등 6개 자율반을 편
성해서 지원했습니다. 또 과감하게 시험제도도 도입했습니다. 그런데
학인들이 시험제도 도입에 저항하기도 했습니다. 당시 강원 교육에 대
한 투자를 더 해 교육 개혁을 성공시켰어야 했는데 그러지 못해 아쉽
습니다."
지금 생각해도 '혁명' 수준의 개편이다. 아직도 승가대학 교육은 고

려시대 불교, 조선시대 불교에서 벗어나지 못하고 있다는 비판을 들을 정도다. 이렇다보니 혜정 스님이 당시 시도한 교육 개혁은 미완의 혁명이었지만 오늘날 교육 개혁의 시초가 될 수 있는 소중한 역사였다.

● **그렇다면 현재 종단이 진행하고 있는 승가 교육은 어떻게 보고 계십니까?**

● "교육만이 불교 중흥의 첩경이고 교육 없는 종교는 미래가 없다는 생각을 확고하게 가져야 합니다. 지금까지의 강원 교육은 상식적으로 보아도 뭔가 부족합니다. 세계 불교계에도 내놓을 수 있는 우수한 인재를 만드는 교육이 되어야 합니다. 부처님의 가르침은 최고의 교리입니다. 그런데 우리는 이 최고의 교리를 제대로 대중들에게 전달하지 못하고 있습니다. 암기식, 서당식 교육은 더 이상 안 됩니다. 이웃종교의 교육을 뛰어넘는 그런 시스템을 만들어야 합니다. 가톨릭과 개신교 등의 이웃종교는 이미 수십 년 전부터 현대적이면서도 미래지향적인 교육제도를 갖추었습니다. 혁신을 거듭해서 현대적인 교육을 만들어 가길 기대합니다."

조계종은 현재 승가교육진흥위원회를 구성해 각종 교육제도 개선을 진행하고 있다. 지난 10개월여 간 승가대학의 교과 과정 개편, 각종 전문 승가대학원 개설, 연수교육 프로그램 개선, 교육 전문가 양성 등 교육제도 개선 방안을 마련해 왔다.

내년 3월경에는 국제불교학교를 개설해 운영할 예정이다. 국제불교학교는 불교 전법과 포교에 필요한 영어를 전문으로 교육하는 기관으로, 비구니스님들은 도량에서 영어로 생활하면서 외국 출신 조계종 비구

◉   조계종 7대 중앙종회 개원 기념사진. 앞줄 왼쪽에서 세 번째가 혜정 스님.

니스님과 원어민 교사들의 영어 지도를 받은 후 국제포교를 담당하게 된다. 이와 함께 2011년에는 한 달에 한 번씩 12회에 걸쳐 '한국불교 중흥을 위한 대토론회'를 개최해 시대에 맞는 불교 교리와 사상, 교육 방법 등에 대한 의견을 모을 계획이다.

● **총무원장 소임도 보셨습니다.**

● "종단이 어려울 때 소임을 맡았습니다. 당시 종정이던 서옹 스님과 사형인 월산 스님, 이후락 신도회장 등이 권유해 총무원장을 하게 되었습니다. 처음에는 못한다고 했지만 어른들의 말씀을 거역할 수 없어서 총무원장을 했습니다. 종단을 제대로 바로잡고 승가 교육을 고쳐 보자고 생각했는데, 당시 총무원장은 많은 일을 하기 어려운 자리여서 힘들었습니다. 교육 개혁을 하지 못한 것이 많은 아쉬움으로 남아 있습니다."

● **한국불교의 도약을 위해서는 무엇이 필요할까요?**

● "방금 말씀드린 바와 같이 교육의 대대적 혁신과 개선이 필요합니다. 이것을 명심해야 합니다. 또한 교육을 바탕으로 한 포교에도 적극 나서야 합니다. 그런 점에서 교육과 포교를 통한 불교 중흥을 위해 노력하고 있는 종단 집행부가 앞으로 적지 않은 성과를 낼 것으로 기대하고 있습니다."

【 불교의 여러 수행법을 체계화해야 한다 】

● **스님께서 생각하고 계시는 좌우명이 있다고 들었습니다.**

● "좌우명이라고 할 것까지는 없지만 그래도 '하심(下心)'이 중
요하다고 봅니다. 발아래를 비춰 자신의 자리를 잘 살피라는 뜻의 '조
고각하(照顧脚下)'도 하심과 일맥상통합니다. 자기 마음을 낮출수록 깨
달음에 이를 수 있는 길이 보일 것입니다. 자만심은 상대를 아래로 보
게 하고 그로 인해 결국 자신의 진정한 가치를 모르게 합니다. 항상 자
신을 낮추고 또 자기를 비우는 마음을 갖길 바랍니다."

혜정 스님은 항상 대중들과 함께 공양을 하고 예불도 같이 한다. 생활
속에서 대중과 더불어 살며 실천으로서 후학들에게 가르침을 전하고
있다.

● **불자들이 볼 만한 경전을 추천해 주신다면 어떤 것이 있을까요?**

● "우리 조계종의 소의경전은 『금강경』입니다. 『금강경』을 공
부하는 것은 자기가 본래 갖고 있는 다이아몬드를 찾아내는 일입니
다. 우리들이 본래 지니고 있는 지혜를 깨달아 그 능력을 한껏 펼치
며 살아갈 때 성공적인 삶, 행복한 삶을 누릴 수 있습니다. 급변하는
세상사에 휘둘려 짐짓 위축되고 두려워하며 사는 사람들에게 새로
운 희망을 주는 『금강경』은 진정한 의미의 자기 계발서라 할 수 있습
니다."

조계종 교육원장을 지낸 무비 스님도 "정신을 못 차릴 정도로 빠르게
변화하는 세상에서 혼란스러워하는 사람들의 고통을 치유해 줄 단 한

권의 책, 인류가 교과서로 선택해야 할 경전이 바로 금강경이다. 이한 권의 가르침이면 세상이 아무리 변하고 그 변화에 따른 고통과 문제들이 많다 하더라도 마치 벼락이 치듯이 단박에 모든 고통과 문제들을 말끔히 씻어 버리고 안락하고 편안한 해탈감과 인생으로 태어난 보람을 한껏 누리게 한다.”고 강조하기도 했다. 혜정 스님 역시 불자들은 물론 일반 국민들도 함께 볼 책으로 『금강경』을 주저 없이 추천했다.

● **불자들은 어떻게 하면 공부를 잘할 수 있을까요?**

● “한국불교는 선(禪)을 근본으로 하고 있습니다. 그렇지만 일반 재가신도들이 화두를 들고 참선하는 것이 쉽지는 않습니다. 우리 불교에는 참선 외에도 간경(看經), 염불(念佛), 절 등 많은 수행법이 있습니다. 각자 자신에게 맞는 방편을 써서 공부하면 됩니다. 수행의 목적이 ‘성불’이기 때문에 끈기와 인내심을 가지고 정진하면 됩니다. 대신 여러 수행법을 체계화하여 불자들이 쉽게 접근할 수 있도록 종단이 좀 더 노력해야 합니다.”

● **11월 20일부터는 전국 선원에서 2,000명이 넘는 스님들이 동안거(冬安居)에 들어갑니다.**

● “여름과 겨울에 진행하는 안거(安居)는 한국에 남아 있는 유일한 전통 수행 제도입니다. 부처님의 혜명(慧命)을 잇기 위해 꼭 필요한 것이라고 봅니다. 그렇지만 스님들은 안거 자체에 매몰되면 안 됩니다. 안거는 365일 하는 것입니다. 깨닫기 전에는 결코 해제(解制)가 있

을 수 없습니다. 일생을 걸고 공부해야 합니다. 목숨 걸고 깨칠 때까지 하는 것이 결제(結制)이고 해제(解制)입니다."

● **마지막으로 한 말씀 부탁드립니다.**

● "불교같이 이념적·사상적으로 뛰어나고 '인간'을 강소하는 종교는 없습니다. 세상 어느 종교를 보더라도 이렇게 뛰어난 종교가 없어요. 자기 자신이 부처가 될 수 있다는 것이 불교의 가르침입니다. 우리 불자들은 본래면목(本來面目)을 찾기 위해 바르게 수행하고 부처님 가르침을 배울 수 있는 길을 찾아야 합니다. 불자로서의 자신감과 자긍심을 가슴에 새기고 묵묵히 정진하길 바랍니다."

⊙ 현조 스님과 대화하는 혜정 스님.

혜정 스님은 "불자들에게는 부처도 죽이고 조사도 죽일 수 있는 기백이 필요하다."고 덧붙였다.

인터뷰가 끝날 때쯤 혜정 스님의 제자인 조계종 국제선센터 주지 현조 스님이 사리각에 왔다. 국제선센터는 최근 조계종이 간화선의 세계화를 위해 서울 신정동에 문을 연 참선체험 도량이다. 혜정 스님은 바쁜 시간을 쪼개 내려온 제자가 고마우면서도 걱정이 되는지 "선센터 운영은 잘 되고 있느냐?", "개원식은 잘 했느냐?" 등을 계속 물어본다. 현조 스님은 "은사스님께서는 출가자는 무엇을 하든 최고의 깨달음을 얻는 것이 중요하다고 말씀하신다."고 전했다. 또 "주지 소임을 보면서 신도들의 시주를 헛되이 쓰면 안 된다고 신신당부하셨다."고 한다.

그러고 보니 혜정 스님은 100여 명의 제자를 두었다. 법주사 전체 대중이 600여 명 조금 더 되는 것을 생각하면 꽤 많은 숫자다. 현조 스님은 "큰스님들 중에 가장 많은 제자를 두신 것으로 알고 있다."고 전한다.

제자를 많이 두었다는 것은 그만큼 혜정 스님의 품이 넓다는 것을 의미할 것이다. 법주사를 상징하는 금동미륵대불만큼이나 웅대한 혜정 스님의 뜻이 속리산을 넘어 불자들에게 전해지기를 기대한다.

깨달아

중생을
제도하는
것이

우리의
일

조계총림 송광사 동당

법흥 스님

법
흥
스
님

조계종 초대 종정을 지낸 효봉 스님의
유일한 생존 제자이자 법정 스님의 사제다.
부모님 때부터 불교와의 인연이 깊었고
고려대 국문과를 졸업한 뒤 자연스럽게 출가했다.
스님은 '한국의 아난'이라고 불릴 정도로
탁월한 기억력을 가지고 있다.
어떤 질문에도 날짜와 시간은 물론
당시 상황까지 자세하게 설명해 준다.
법정 스님이 송광사 불일암으로 내려올 당시
송광사 주지로 법정 스님의 불사를 돕기도 했다.
스님은 『선의 세계』를 발간해 3만 명이 넘는
사람들에게 보시했다.
선(禪)에 대해 많은 사람들이 더 알고
직접 공부하도록 하기 위해서였다.

조계총림 송광사 동당(東堂) 도연법흥(度然法興) 대종사. 조계종 통합종단 초대 종정을 지낸 효봉 스님의 유일한 생존 제자다. 1931년생이니 올해로 세수 81세지만 어느 누구보다 열정적이고 활기차다. 방장 보성 대종사, 서당(西堂) 원명 대종사와 함께 수십 년간 조계총림의 목우가풍(牧牛家風)을 이끌고 있다.

2011년 1월 22일 법흥 스님이 서울 길상사를 찾았다. 길상사 주지 덕현 스님이 일요법회 법문을 청해 만사를 제쳐놓고 달려왔다.

스님은 평소와 같이 시자스님도 없이 주석처인 순천 송광사를 출발해 늦은 밤 길상사에 도착했다. 조카 상좌들에게 줄 빵을 10개나 사 들고 와 덕현 스님에게 "고생이 많지? 소임 스님들과 나눠 먹으라."며 건넸다.

생전 법정 스님이 길상사를 찾을 때면 머물던 행지실(行持室)에서 스님을 만났다.

본격적인 인터뷰에 앞서 평소 궁금했던 질문을 불쑥 꺼냈다. 스님의 기억력이 그렇게 비상한 이유가 도대체 무엇인지 여쭈지 않을 수 없었다. 스님은 멋쩍은 듯 얘기했다.

"어려서부터 머리 좋다는 말을 많이 듣긴 했습니다. 나의 맏사형인 구산 스님은 1930년 입적한 송광사의 대강사 금명 스님의 후신이라고까지 했지요. 내가 이듬해에 태어났으니 그렇게 말씀하신 것입니다. 그런데 사실 저는 머리가 나쁩니다. 특히 수학을 못했습니다. 학교 다니면서 다른 공부는 그럭저럭 했는데 수학이 어려웠습니다. 수학 문제를 풀다 너무 잘 안 돼 나중에는 문제를 통째로 외워 시험을 보기까지 했습니다. 수학을 못해서인지 젊어서 공부할 때 유식불교 같은 분야는 거의 이해를 못했습니다. 지금도 어렵습니다. 사람들이 저를 '컴퓨터'니 '녹음기'니 하는 것은 다만 제가 다른 사람보다 기억력이 조금 낫기 때문일 것입니다."

법흥 스님은 당신이 살아온 이력 자체를 다 외우고 있다. 일시, 장소는 물론 책이나 신문의 주요 문장까지 다 외우고 있다. 엄청난 기억력임이 틀림없다. 그래서 사람들은 스님의 기억력에 항상 놀라움을 감추지 못한다.

길상사에 왔으니 먼저 법정 스님에 대한 얘기를 청했다. 얼마 후면 법정 스님의 1주기이기도 하다. 스님은 작년 법정 스님 입적 후 열린 초재에서 한 추모사를 그대로 다시 들려줬다.

"법정 사형님, 서울삼성병원에 입원해 있다는 소식을 듣고 생전에 찾아뵈려 했으나 생전에는 못 뵙고 추모사를 하게 돼 송구스럽습니다. 1960년 팔공산 동화사에서 은사이신 효봉 스님이 '법정, 법홍 들어와라' 하시며 '화두를 어떻게 드느냐?'고 했을 때 몸 둘 바를 모르고 떨었던 때가 기억납니다. 1975년 정부기관에서 사형님의 전화를 도청하고 편지를 뜯어 봐 사형님은 봉은사에서 송광사로 내려오셨습니다. 원고료 몇 푼으로 불일암 중창불사를 하던 사형을 도우며 가까이 모셨던 것이 생생합니다. 사형님이 산문집 『버리고 떠나기』를 통해 송광사 행

사에는 일체 참여하지 않겠다고 말하고 강원도 산골로 떠난 후로는 만날 수 없었습니다. 법정 사형님은 불의에 굴복하지 않았으며 교육포교의 대전략가이자 자타가 공인하는 수필가입니다. 세상은 제행무상(諸行無常), 생자필멸(生者必滅), 회자정리(會者定離)하는 것이지만, 존안을 뵐 길이 없는 이 중생의 슬픔을 누가 알겠습니까?"

사형을 평소에 자주 찾지 못한 미안함과 생사의 문턱 너머에서 부르는 애절한 마음이 느껴진다. 법흥 스님은 법정 스님과의 첫 만남을 생생히 기억하고 있었다.

"법정 스님이 1932년생이어서 나보다 속가 나이는 한 살 어렸지만 5년 먼저 출가했습니다. 1959년에 동화사에서 출가해 절에 있었는데·해인사에서 글을 쓰던 법정 스님이 1960년 정월 보름에 내가 있던 동화사 금당에 와서 처음 만났습니다."

법홍 스님은 법정 스님에 대해 "이기적이고 독선적이었다. 주지는 물론이고 3직(총무·교무·재무)을 한 번도 한 적 없고 자기 하고 싶은 공부만 했다. 1980년 신군부가 10·27 법난을 일으킨 이후 사태를 수습하기 위해 꾸려진 비상중앙총회에 나와 함께 들어갔던 적이 있지만 그것도 두세 달 하고 그만뒀다."고 전했다.

법정 스님을 회고한 뒤 스님은 본격적으로 당신의 공부 보따리를 풀어 놓았다.

【 자유자재한 소가 되고 싶다 】　　　房山牛放

● **스님께서 주석하고 계시는 곳이 송광사 화엄전 방우산방(放牛山房)입니다. 방우산방이라고 이름을 지은 이유가 있을 것 같습니다.**

● "대학 때 은사인 조지훈 선생이 중앙불교전문학교를 졸업하고 월정사 강원에서 잠깐 외전(外典) 강사를 한 적이 있습니다. 그때 이후 선생이 월정사를 찾을 때면 지내던 처소 이름이 방우산장(放牛山莊)이었습니다. 거기서 영감을 얻어 저는 '방우산방'이라고 했습니다. 산장은 여관 같은 느낌을 줘서 산방이라고 한 것이지요. 여기서 '방우'라는 말을 잘 봐야 합니다. 방우는 '풀어놓은 소', 즉 '자유자재한 소'라는 뜻입니다. 제가 아직 해탈 자재한 경지에는 이르지 못했지만 저의 처소 이름은 그런 뜻으로 지었습니다."

방우산방에서 스님은 후학들과 신도들을 제접하고 있다. 모든 일과를 방우산방에서 시작해 마무리한다.

● **스님의 출가인연이 궁금합니다. 출가 이전부터 불교와 인연이 깊었다고 들었습니다.**

● "나는 충북 괴산에서 태어났습니다. 아버지는 문경 김용사와 대승사에서 오랫동안 지내실 정도로 불교와 인연이 있었습니다. 아버지의 어릴 적 친한 친구였던 스님이 김용사에서 강사 생활을 하기도 했습니다. 어머님은 저를 가진 후 하루도 빠짐없이 기도를 하셨습니다. 집이 괴산이긴 했지만 초등학교 때 소풍을 봉암사로 자주 갔습니다. 절에만 가면 부처님에게 절을 하고 싶었고, 스님을 보면 그렇게 반가웠습니다. 내 속명이 윤주흥(尹柱興)입니다. 마을 어른들과 친구들이 나를 '중아, 중아'라고 부르며 놀렸는데 나는 그것이 전혀 싫지 않았습니다. 중학교에 가서는 청주 용화사에 다니기도 했습니다."

어쩌면 스님은 불교와의 인연으로 금생(今生)을 시작했다고 해도 과언이 아니다. 인연은 계속 이어졌다.

"제가 고등학교를 마치기도 전에 한국전쟁이 일어났습니다. 전쟁 발발 후 얼마 지나지 않아 마을에 인민군이 들이닥쳤습니다. 그런데 당시 부유했던 우리 집이 '인민의 피를 빨아 먹는 부잣집'으로 지목돼 인민군들이 우리 식구들을 잡으러 다녔습니다. 그때 저는 계속 '관세음보살'을 불렀습니다. 인민군과 마주치기도 했으나 다행히 관세음보살님 덕분에 목숨을 건졌습니다."

1954년 고려대 국문과에 입학한 스님은 학교 근처의 개운사와 청룡사를 다니며 기도를 이어 나갔다. 그리고 학교를 졸업한 뒤, 운명처럼 출가사문의 길에 들어섰다. 스님은 어렸을 때부터 인연이 있던 문경 김용사를 거쳐 대승사로 갔다. 당시 대승사 주지는 형편이 어려워 행자를 받을 수가 없다고 했다. 다만 묘적암에 일타 스님이 계시니 그리 가보라고 했다. 그래서 스님은 묘적암으로 올라갔다.

● **일타 스님과의 생활은 어떠셨나요?**

● "일타 스님은 온 가족이 출가한 집안 출신이었습니다. 현대한국불교의 율(律)을 정립하신 분이기도 합니다. 묘적암에 갔더니 스님이 혼자 정진하고 계셨습니다. 일타 스님은 저에게 공양주를 하면서 기도하라고 했습니다. 스님은 산신각에서 하루 3,500배씩 1만 배를 먼저 하라고 했습니다. 열심히 절을 했습니다. 그리고 나서 일타 스님에게 『초발심자경문』을 배웠습니다. 한 철을 살고 나니 스님이 동화사에 효봉 스님과 인곡 스님이 있으니 그리 가서 정식으로 출가를 하라고 했습니다. 일타 스님은 편지로 저를 추천하는 소개장을 먼저 보내고 똑같은 내용을 써서 저에게 주면서 그것을 들고 가라고 했습니다. 종정을 하셨던 혜암 스님이 당시 동화사 원주를 하고 있었는데 혜암 스님을 먼저 만나보라고 하셨습니다."

스님은 일타 스님의 소개장을 들고 동화사로 향했다. 정식 출가를 한 것이 아니었기 때문에 양복에 셔츠를 입고 갔다. 동화사에 도착할 때쯤 한 스님을 만났다. 그 스님은 마침 시장에 장을 보러 나와 있었다. 장을 보던 스님이 "어디에 가느냐? 왜 출가하려 하느냐?"며 꼬치꼬치 물었다. 언짢았지만 스님은 "동화사 원주 혜암 스님을 만나러 가는 길"이라고 퉁명스럽게 답했다. 그 스님은 미소를 지으며 "내가 혜암이다. 내가 타고 온 차는 짐이 많으니 막차를 타고 동화사로 올라오라."며 자리를 떴다. 그렇게 스님은 우여곡절 끝에 동화사에 이르렀다.

● **은사인 효봉 스님을 드디어 만나신 것이네요?**

●   "일타 스님이 소개장을 잘 써 주셔서 혜암 스님은 저를 환대해 줬습니다. 조실인 효봉 스님에게 인사를 드리러 갔더니 '얼굴이 중상인데, 왜 이제 왔느냐?'고 반가워해 주셨습니다. 저는 그때 머리를 깎고 정식 행자가 되었습니다. 효봉 스님에 대한 소문을 듣고 동화사에 왔기 때문에 효봉 스님을 은사로 하고 싶었는데 동화사에서는 별말을 해주지 않았습니다. 그런데 효봉 스님을 모시고 있던 일각 스님과 원명 스님이 효봉 스님에게 가서 은사로 모시고 싶다는 뜻을 밝히라고 했습니다. 그래서 효봉 스님께 허락을 받고 스승으로 모시게 되었습니다."

⊙ 젊은 시절의 법흥 스님.

어려서부터 절에 다녔고 기본적인 불교 공부가 되어 있었던 스님은 행자 생활을 시작하자마자 동화사 서기를 맡았다. 당시 주지이던 응연 스님은 똑똑했던 법흥 스님에게 사중의 일을 기록하게 했다. 얼마 후 일타 스님도 동화사로 왔다. 여기서 법흥 스님은 일타 스님에게 다시 『치문』과 『서장』 등을 배웠다. 1961년도에 비구계를 받은 스님은 직지사 강원에 가서 관응 스님으로부터 『사집』을 배우기도 했다. 그리고 다시 동화사로 가서 주지인 구산 스님을 모시고 교무를 맡았다. 구산 스님은 효봉 스님의 맏상좌이고 법흥 스님의 사형이다.

이후에도 효봉 스님을 더 모셨습니다. 어떠셨습니까?

"동화사에서 소임을 보다 효봉 스님이 통영 미래사로 가신다고 해서 따라갔습니다. 저는 미래사에서 원주 소임을 봤습니다. 효봉 스님을 모시면서 참 대단한 면모를 많이 봤습니다. 효봉 스님은 잘 알려져 있듯이 '보살 중의 보살'이었습니다. 한번은 땅 문제로 마을사람들과 시비가 붙어 재판 직전까지 갔었는데 효봉 스님이 '속인과 시비를 논하는 것은 중이 아니다'고 해 마을사람들에게 많은 양보를 하고 마무리 지었던 일도 있었습니다."

효봉 스님은 평소 제자들에게 "중이 됐으면 참선밖에 없다. 강사가 죽을 때 후회하며 죽는다. 팔만대장경을 거꾸로 외운다 해서 생사를 해탈하느냐? 그렇지 않다. 기도와 주력은 제 욕심 때문에 한다."며 참선을 당부하기도 했다. 스님은 효봉 스님을 회상하며 "그런 성인이 없었다."고 여러 차례 강조했다.

● **사형이신 구산 스님과도 오랫동안 같이 정진하셨지요?**

● "구산 스님 역시 대단한 선지식입니다. 조계총림을 세웠고 또 어렵게 공부해 깨달음을 얻은 분입니다. 은사인 효봉 스님도 극진히 모셨던 기억이 납니다. 구산 스님은 명절 때나 중요한 일이 있을 때면 효봉 스님에게 항상 인사를 드렸습니다. 올 때마다 홍시와 밤을 정성스럽게 싸 왔습니다. 항상 효봉 스님 마음을 살폈습니다. 당신 상좌인 보성 스님과 원명 스님에게도 효봉 스님을 극진히 모시라고 신신당부하기도 했습니다.

구산 스님이 1965년에 동화사 주지를 하실 때였습니다. 속가 형님이 나를 보러 찾아왔습니다. 구산 스님을 만나고 나온 형님은 '야물기가 대추나무 같은 분'이라고 했습니다. 그만큼 정진을 열심히 했던 분이 바로 구산 스님입니다."

【 나는 깨닫지 못했습니다 】

● **어떤 화두로 공부를 하셨나요?**

● "출가 직후 효봉 스님이 무자(無字) 화두를 주셨습니다. 그것을 들고 열심히 정진했습니다. 그런데 솔직히 화두 공부가 잘 되지 않았습니다. 그래서 효봉 스님에게 얘기했더니 '구산이는 대근기라 참선 잘하는데, 법흥이는 중근기밖에 안 되는 것 같다'고 말씀하셔서 조금 멋쩍기도 했습니다."

법흥 스님은 그 후 수많은 선원에서 공부를 했지만 화두 공부가 잘 안

됐다. 그래서 구산 스님에게 고민을 얘기하니 '옴마니반메훔' 진언을 해보라고 했다. 또 향곡 스님은 '신묘장구대다라니'를, 월산 스님은 '아미타불' 염송을 권하기도 했다고 한다.

"학문의 왕인 철학은 개념을 논리에 의하여 구성한 세계입니다. 반면 선(禪)은 논리와 적(敵)입니다. 논리는 분석이요, 선은 공안에 대한 의심입니다. 문자를 빌리지 않고 자기 성품을 보아 부처를 이루기 때문에 언전(言詮)이 미치지 못합니다. 실천생활 곧 수행을 통하여 도달할 수 있는 독자적 경지가 바로 선입니다. 요즘엔 가톨릭 신부나 수녀들도 절에 와서 참선을 배우려고 합니다. 서양의 물질문명에서 한계를 느끼고 동양의 정신문명으로 눈을 돌리게 된 것입니다. 앞으로 인류를 구원하려면 동양의 정신문명, 그중에서도 불교에 의존하지 않으면 안 된다는 자각이 서서히 일고 있습니다.

아놀드 토인비 박사는 30여 년 전 일본 교토에서 열린 한 강연에서 '물질의 힘과 정신적인 도덕의 부조화가 현재를 위기와 공포로 몰아넣고 있다'면서 '이것을 해결하려면 고차원적인 종교의 힘이 아니면 될 수가 없다'고 했습니다. 스스로 잃어버린 나를 찾고 나에게로 다시 돌아가려는 것 곧 자기 환귀(還歸)의 자각과 노력, 이것이 실존주의의 정신이요, 태도입니다."

"나는 깨닫지 못했습니다. 공부가 쉽지 않았습니다."

법흥 스님은 스스로 "깨닫지 못한 중"이라고 밝혔다. 그래도 부처님 공부를 평생 해왔다. 그래서 다시 여쭈었다. 부처님 법을 왜 믿고 공부해야 하는지에 대해서 말이다.

"우리가 불교를 믿는 목적은 인간고(人間苦)를 해탈하고 피안(彼岸)인 극락에 가는 데 있습니다. 생멸의 세계에서 해탈의 세계로 들어가는 종교가 불교요, 사람 사람마다 부처님과 똑같은 능력이 있음을 알고 자력으로 피안에 가는 종교가 불교입니다. 예수님은 '나는 길이요 나는 빛이니 나를 믿고 나를 따르라'고 하셨지만 부처님은 결코 그렇게 말씀하신 적이 없습니다. 자기 자신을 등불로 삼고 일체법을 등불로 삼을지언정(自燈明 法燈明) 남에게 의지하지 말라고 말씀하셨습니다. 나 자신이 무엇인지 한번 생각해 보세요. 우리는 무엇 때문에 살고 있는가? 왜 이 세상에 태어났다가 죽어야 하는가? 나는 왜 존재하며 인생을 어떻게 살아야 하는가? 불교의 가르침은 여기서 비롯됐습니다. 불교의 사상은 불이(不二)와 해탈, 중도입니다. 그렇기 때문에 공부해야 하는 것입니다."

● **기억에 남는 스님들도 많을 것 같습니다.**

● "나의 스승인 효봉 스님과 만사형인 구산 스님은 정말로 나무랄 데가 없는 구도자였습니다. 그리고 몇 분을 더 소개하자면 가장 기억에 남는 분은 성철 스님입니다. 스님은 정말 천재였습니다. 영어, 일어, 팔리어 등의 경전을 모두 원문으로 봤습니다. 한문 팔만대장경도 다 본 것으로 알고 있습니다. 스님은 어떤 수좌가 찾아와 시비를 걸어도(法擧揚) 다 받아주었습니다. 이것이 정말 대단한 것입니다. 스스로

공부가 되어 있지 않으면 불가능한 것입니다. 1967년 동안거 즈음 성철 스님이 해인사에서 백일법문을 설할 때 나 역시 그 자리에서 열심히 들었습니다. 지금도 방우산방에는 당시 기록했던 노트들이 있습니다. 형형한 눈빛과 우렁찬 법문은 아직도 기억에 생생합니다. 해인사에서 장경각 부전 소임을 볼 때 매일 500배를 했는데 성철 스님이 3,000배씩 하라고 해 340일 동안 17만 배를 하기도 했습니다.

진제 스님에게 법을 주었던 향곡 스님과는 묘관음사에서 5년간 같이 있었습니다. 묘관음사 선방에서 제가 입승(立僧) 소임을 보았습니다. 향곡 스님은 어려서 출가해 글에 능하지는 않았지만 참선을 열심히 해서 견성한 도인입니다. 1964년 동안거에는 망월사 선원에서 춘성 스님을 모시고 살았는데, 그 스님은 집착을 초월한 분이었습니다. 어려

⊙ 1975년 송광사 금강계단에서 비구계 수계 기념사진의 모습. 두 번째 줄 오른쪽 끝이 법흥 스님.

 깨달아 중생을 제도하는 것이 우리의 일

운 사람들이 찾아와 뭐가 필요하다고 하면 다 내주었습니다. 법상에 올라 법문을 하면 반 이상이 '욕'이었지만 걸림 없고 자유자재한 기운을 느낄 수 있었습니다. 종정을 지냈던 서암 스님과도 문경 김용사 금선대에서 1967년 하안거를 같이 보냈습니다. 스님은 탁발도 많이 했고 고행도 서슴지 않았습니다. 부산 영도다리 밑에 사는 거지들 밥도 같이 먹을 정도로 하심(下心)하며 살았습니다. 나에게는 또 다른 스승들입니다."

법홍 스님은 이외에도 많은 스님들과의 수행담을 전해 주었다. 근현대의 선지식들과 함께 정진했던 얘기는 저 멀리 '전설'이 아니라 눈앞에서 지금 존재하고 있는 것이었다.

법홍 스님은 이렇듯 선지식들을 모시며 혹독한 수행을 마다하지 않았다. 스님은 그렇게 공부한 내용들을 정리할 겸 1991년 『선의 세계』라는 책을 내놓았다.

【 소의 순함과 과묵함으로 】

● **『선의 세계』를 발간하신 이유가 있을 것 같습니다.**

● "얼마 전까지만 해도 일본에 자주 드나들었습니다. 일본에 다니면서 부러웠던 것은 선(禪)을 설명하는 책이 참 많다는 점이었습니다. 그런데 우리나라에는 전통 선을 설명하는 책이 없었습니다. 유일하게 간화선 전통이 살아 있는 곳이 한국인데도 말입니다. 그래서 고심 끝에 책을 하나 만들기로 했는데, 그 결과물이 바로 『선의 세계』입

니다. 이 책에는 송광사의 수행 가풍과 연혁, 성보 등과 함께 '선의 현대생활', '선가의 생활', '현대인과 선' 등에 대한 내용을 담았습니다. 1991년도에 첫 판을 낸 이후 지금까지 3만 권을 찍었습니다. 필요하다고 하는 사람들한테는 무조건 나눠 주었습니다. 각자 공부하는 데 조금이라도 도움이 되면 좋겠습니다."

법흥 스님은 평생 보람으로 『선의 세계』 발간과 『금강경』 열 폭 병풍을 130개 써서 나눠 준 것이라고 했다. 생각하기는 쉽지만 막상 실천하는 것이 쉽지 않은 작업이기 때문에 스님 스스로도 대견한 일로 생각하고 있었다. 스님은 『선의 세계』 내용 중에서 '선종십우도(禪宗十牛圖)'를 설명해 주었다. 공부의 단계를 자세히 알아야 정진하기 쉽다며 말이다.

"과거 선승들은 소의 순함과 과묵한 특성에서 순일한 심법(心法)을 닦아 가는 자신들의 본분을 발견했습니다. 부처님도 불도의 깊은 의미를 자주 소에 비유해 설했습니다. 소와 목동을 소재로 수행 과정을 형상화한 열 장의 그림을 보면 불교에 대한 발심이 절로 생길 것입니다."

법흥 스님은 "수행자의 최종 목표는 득도에서 한걸음 더 나아가 자신이 깨달은 바를 중생에게 열심히 전해야 하는 것"이라며 정진과 전법의 중요성을 거듭 강조했다.

● **그럼 기도는 어떻게 해야 합니까?**

● "기도를 할 때는 조건이 있습니다. 신심(信心)과 원력(願力), 인내(忍耐)가 바로 그것입니다. 『화엄경』에 '신위도원공덕모(信爲道元功德母)'라는 구절이 있습니다. '신심은 도의 근원이며 공덕의 모체'라는 뜻입니다. 어떤 기도를 하건 신심이 가장 중요합니다. 그 다음이 원력입

니다. 의지가 있어야 한다는 것입니다. 무엇을 할 때 원력이 없으면 아무것도 이룰 수 없습니다. 그리고 인내가 있어야 합니다. 기도는 짧게 끝날 수도 있지만 많은 세월 동안 해야 할 경우도 있습니다. 그래서 이 세 가지가 반드시 중요합니다."

인터뷰를 마치고 자리를 일어나려 하는데 스님이 잠깐 앉아 보라며 게송을 읊어준다.

'해저니우함월주 암전석호포아면 철사찬입금강안 곤륜기상로사견(海底泥牛唧月走 巖前石虎抱兒眠 鐵蛇鑽入金剛眼 崑崙騎象鷺鷥牽).' '바다 밑 진흙소는 달을 물고 달려가고 바위 앞에 돌 호랑이는 아이를 안고 잠을 자도다! 쇠 뱀은 금강의 눈을 뚫고 들어가고 곤륜산이 코끼리를 타니 백로가 끌고 가도다!'라는 뜻이다.

『선요』에서 고봉 원묘 선사가 대중들에게 던진 화두였다. 스님도 필자에게 던졌다. 고봉 선사는 "이 네 구절 안에 능히 죽이고 능히 살리는 한 구절이 있다. 능히 죽이고 능히 살리며, 능히 놓아주고 능히 빼앗으니, 만약 이것을 점검해 낼 수만 있다면 한평생 수행한 일을 마쳤다고 허락하겠다."고 했다.

법흥 스님은 "고봉 스님의 제자들이 그러했듯 이 화두를 한번 참구해 보라."고 한다. 만만치 않은 숙제다. 행지실 문을 열고 나오니 바람이 차갑게 불어온다. 그리고 행지실을 감싸고 있는 나무들도 내 마음처럼 바람에 흔들리고 있었다.

인과를
아는 것이

바로

불교

서울 도선사 조실

혜정 스님

혜
정
스
님

봉암사 인근에 살았던 스님은 형과 함께 간 봉암사에서
청담 스님과 성철 스님을 만나 출가했다.
현대 한국불교의 출발을 알린 봉암사 결사에 참가해
역사적 현장을 지켰던 것이다.
청담 스님을 모시고 많은 소임을 맡았으며,
특히 청담 스님의 권유로 독학으로
영어와 일본어를 공부하기도 했다.
대구 동화사 주지를 마치고
북한산 문수사에서 포교를 하고 있다.
등산객들을 위해 매주 일요일 무료 점심 공양을 보시하며
문수사가 서울 시민의 정신적·육체적 쉼터가 되기를
희망하고 있다.

2011년 3월 1일. 꽃샘추위를 부르는 비가 보슬보슬 내리더니 이내 눈으로 바뀌었다. 오래전 청한 인터뷰를 더 이상 미룰 수 없어 집을 나섰다. 북한산 문수사로 오르는 길, 해가 잠시 모습을 드러냈으나 산으로 들어오니 눈 세상이다.

1시간여 숨을 헉헉거리며 올랐다. 산 정상 주변에는 이미 안개가 자리를 잡고 있다. 불과 몇 미터 앞도 잘 보이지 않는다. 겨우내 꼼짝 안 했던 몸에서 지난 몇 개월간 묵혀 두었던 땀이 흘러내린다. 잠시 후 사시 예불을 올리는 스님의 예불 소리가 들려온다. 절에 가까이 왔다는 안도의 한숨을 내쉬고 눈길을 헤쳐 문수사에 도착했다.

문수사에는 보광혜정(寶光慧淨) 대종사가 주석하고 있다. 다 스러져 가던 절에 대웅전과 응진전, 삼성각, 요사채, 공양간은 물론 수천 년 전부터 있었던 동굴 법당을 중창한 사람이 바로 혜정 스님이다. 또한 서울 도선사 조실로서 조계종 종정을 역임한 청담 스님의 문도들을 이끌고 있기도 하다.

점심시간이 다 돼 도착한 객(客)이 안쓰러웠던지 스님은 종무소 직원에게 공양을 준비해 달라고 말씀하신다. 스님은 "일단 공양부터 하고 천천히 얘기하자."며 숨 돌릴 틈을 주었다.

이내 공양주 보살님이 큰 쟁반에 밥과 국, 배추김치, 깍두기, 호박

무침, 고사리 나물, 팥죽을 담아 왔다. 평소 스님이 즐기는 메뉴란다. 친견하기 어려웠던 스님과 상을 마주한다는 것이 어색했지만 함께 공양을 시작했다.

스님은 "많이 먹으면 졸리기만 하고 몸이 불편하다."며 팥죽 반 그릇을 비웠다. 배고팠던 객은 팥죽에 밥과 국까지 다 먹었다. 스님은 흐뭇한 '할아버지 미소'를 지으며 객의 공양을 넉넉히 보아 준다.

밥을 먹고 스님의 방을 다시 한 번 살펴봤다. 은사인 청담 스님의 진영 사진과 서옹 스님이 보광(寶光)이라는 법호를 주며 함께 써 주었다는 무애(無碍) 글씨, 그리고 책 몇 권이 전부다. 서옹 스님은 혜정 스님에게 "걸림 없이 살라."며 서울 상도동 백운암에서 글씨를 써 주었다고 한다. 세상과 스님을 연결하는 텔레비전도 한 대 있다.

⊙ 눈 내린 문수사 전경.

【 성철 스님과 함께한 봉암사 결사 】

● **문수사에 올라오는 것이 쉽지는 않습니다. 시내를 다녀오실 때 힘들지는 않으신가요?**

● "내가 문수사에 처음 온 것이 1983년입니다. 대구 동화사 주지 소임을 마치고 수행에 더 진력하기 위해 문수사를 찾아 왔습니다. 그 이후 매주 두세 차례 문수사를 오르내립니다. 나이가 여든이 넘었지만 1시간이면 충분합니다. 30여 년 가까이 오르내리다 보니 이제는 편안하게 다닙니다."

스님은 인터뷰 다음날 또 법문을 하기 위해 서울 시내에 내려가는 일정이 있었다. 절 주변에 녹지 않은 눈들이 아직도 많이 있었지만 스님은 큰 문제가 아니라고 잘라 말했다.

● **매주 일요일마다 등산객들에게 무료로 점심 공양을 제공하는 특별한 이유가 있나요?**

● "처음 문수사에 왔을 때 가장 큰 고민이 바로 포교였습니다. 산을 찾는 사람들에게 어떻게 부처님 법을 전해야 할지에 대해 생각하다가 점심 공양을 보시하기로 했습니다. 힘들게 산에 올라온 사람들이 밥을 먹고 잠시 쉬면서 참배할 수 있게 하자는 취지였지요. 처음에는 사람들이 그냥 지나쳐 갔지만 점차 알려지면서 일요일이면 300명이 넘는 사람들이 와서 밥을 먹고 갑니다."

스님은 절을 찾는 사람들에게 밥과 함께 법을 나누는 일〔法施〕도 게을리 하지 않았다. 그리 넓지 않지만 대웅전에서 '맞춤형 법문'을 하며 등산객들과 눈을 맞춰 나갔다.

혜정 스님이 문수사를 서울 시민의 사찰로 만들었지만 그동안 우여곡절도 많았다. "어느 날은 개신교 광신도들이 시너 통을 들고 찾아와 불상에 불을 지르겠다고 윽박지르지 않나, 산 위에서 돌을 굴리지 않나, 별의별 일을 다 겪었습니다." 하루는 누군가 산에서 굴린 돌이 응진전 기둥을 산산조각 내기도 했다.

● **스님의 출가인연이 궁금합니다.**

● "제가 고등학교 2학년 때인 1946년 우연히 봉암사에 놀러가게 되었습니다. 제 형님이 일본에 가서 공부를 하고 와서는 문경의 은성광업소에서 자재과장을 하고 있던 때입니다. 어느 날 형님이 절에 한번 가자고 해서 갔는데, 그 절이 바로 봉암사였습니다. 봉암사에 가 보니 스님들이 장삼(長衫)을 입고 염불인지 독경인지를 하고 있었습니다. 저는 그 당시에는 불교를 전혀 몰랐습니다. 그래서 호기심이 나서 스님들에게 질문을 하였습니다. 절에 있는 사람들은 누구이며 왜 이런 이상한 옷을 입고 무엇을 하고 있는 것이며, 여기서 사는 목적이 무엇인지 등에 대해 여쭈어 보았습니다.

그때 저에게 설명을 해준 스님이 바로 성철 스님인데, 스님은 저에게 절을 본 감상을 말해 보라고 하셨어요. 저는 신선 공부하는 것 같다고 말씀드렸습니다. 성철 스님은 저에게 불교와 인생에 대해 여러 가지 좋은 말씀을 해주셨습니다. 인생무상(人生無常)과 북망산가(北邙山家)를 소재로 인간이 백 년도 못 살면서 천 년 살 것 같은 생각을 하며 산다고 했습니다. 생사 문제가 인간에게는 제일 중요한 것인데, 가장 급한 문제를 해결하지 않고 있다고 했습니다. 성철 스님은 '여기 있는 스님들은 바로 이 문제를 해결하기 위해 절에서 수행한다'고 하였습니다."

어린 고등학생의 눈에 성철 스님은 인상이 신비스럽고 범인(凡人)은 아닌 것 같이 보였다고 한다. 말씀도 잘해서 그런 생각을 했다는 것이다. 성철 스님은 어린 혜정 스님에게 가족 현황을 물어보며 은근히 '출가하라'는 말을 했다.

"성철 스님은 이어 저에게 『대보누각다라니』를 외워 보라고 하시면서 당신은 밖에 나갔다 10여 분 있다가 들어오셨습니다. 제가 그것을 다 외웠더니 머리는 괜찮다고 하시면서 저에게 관심을 많이 표했습니다. 그리고 부처님은 성불을 하셔서 중생구제(衆生救濟)를 하는 위대한 분이라는 점도 일러 주셨습니다. 그러나 저는 우선 집으로 가서 학교를 다니면서 생각해 보겠다고 하였습니다. 성철 스님은 다시 절로 꼭 오라 하셨습니다." 혜정 스님은 고등학교를 마친 뒤 출가할 결심을 했다. 그러나 처음 출가한다고 부모님에게 말씀을 드렸을 때는 반대에 부딪혔다고 한다. 1948년 출가를 위해 봉암사에 다시 왔을 때 부모님이 찾아왔다.

"부모님은 절에 오셔서 청담 스님과 성철 스님을 만났습니다. 두 스님은 달변(達辯)으로 부모님을 설득하셨습니다. 부모님도 두 스님을 보고 안심이 되었던지 제가 출가하는 것을 허락하셨습니다."

혜정 스님은 청담 스님을 은사로 출가했다. 당시 성철 스님이 상좌를 받지 않은 것도 청담 스님을 은사로 모신 이유 중 하나다. 혜정(慧淨)이라는 법명은 성철 스님이 준 것이라고 한다.

● **직접 참여한 봉암사 결사는 어떠했나요?**

● "봉암사에 갔을 때는 이미 결사가 진행 중이었습니다. 산신각, 칠성각, 신중단 등의 탱화는 다 끄집어내서 이미 없어진 뒤였습니다. 부처님 법을 배우고 실천하며 부처님이 되려는 사람들인데 부처님 이외의 것이 무슨 필요가 있느냐면서 그리한 것이었습니다. 그리고 목발우 대신 철발우를 썼습니다. 목발우는 대처승 발우이고 부처님 법에는 목발우가 없다면서 철발우를 쓰고 있었습니다. 예불 때에는 108배 참회를 했습니다. 그리고 능엄주를 전부 외워야 했습니다. 저는 그것을 10일 만에 다 외웠습니다. 가사장삼도 새롭게 해서 입었습니다. 이렇게 결사에서는 수행생활 전반에 일대 혁신을 하였습니다.

또한 그 절에 있는 모든 대중은 의무적으로 하루에 나무 한 짐을 해야 했습니다. 비슷한 시기에 먼저 봉암사로 입산한 저의 사형 혜명 스님이 나무하는 것을 총괄하였는데, 저는 집에 있을 때 지게질을 해보지 않아서 엄청 고생을 하였습니다. 그래서 혜명 스님이 저를 많이 도와주었습니다. 대신 저는 글씨를 잘 쓴다고 해서 종수 스님이 사무를 보라고 해 서기도 좀 보았습니다. 물론 공양주(供養主)며 채공(菜供) 같은 일도 다 했습니다. 울력을 할 때에는 모든 스님이 다 동참했습니다. 포살도 보름마다 했습니다. 포살을 할 때에는 1,000배씩 절을 했습니다. 포살 때 계(戒)는 주로 자운 스님이 설(說)했습니다."

일제를 거치면서 왜곡되었던 사찰 생활의 모든 것이 바뀐 것이다. 결사에 참여한 스님들은 한 명의 예외도 없이 탁발도 나갔다고 한다. 혜정 스님은 "탁발을 나가면 보시가 많이 들어와 예천 포교당에서 쌀을 주고 3분의 2는 돈으로 받아 온 일도 있었다."고 회고했다. 스님은 또

"문경 지역에는 감이 많아서, 가을에는 곶감을 창고에 가득 해놓기도
했지만 1949년 겨울에 무장공비들이 쳐들어와 그것을 다 가져간 일도
있었다."고 전했다.

혜정 스님은 "한국불교의 선사상이 정립되고 공주규약(共住規約)이 수
좌들의 수행 기준으로 계승되었다는 점에 봉암사 결사의 의의가 있
다."고 강조했다.

【 스님, 인과를 믿으십시오 】

● **성철 스님이 혹독하게 대중들을 이끌었다고 하던데요.**

● "그렇습니다. 공양주를 하던 혜조라는 행자가 하루는 밥이 많
이 타 그것을 그냥 시궁창에 버린 일이 있었습니다. 그런데 그것을 성
철 스님이 보시고는 그 밥을 다시 다 주워서, 물에 불리고 삶아서 전
대중이 먹은 일도 있었습니다.

원주를 보던 서응산 스님은 이북에서 오신 분입니다. 이 스님은 성철
스님보다 다섯 살이 더 많았지만 정진을 잘 못한다고 성철 스님에게
많이 맞기도 했습니다. 대중들이 조금만 나태해질 것 같으면 성철 스
님은 정말 사정없이 경책했습니다."

● **청담 스님은 어떤 스승이셨나요?**

● "봉암사에서 저는 대중스님들과 함께 매일 새벽에 일어나서
예불을 올리고 울력을 하고 참선을 했습니다. 이런 일과 속에서도 청

담 스님은 저에게 마음자리를 찾으라는 말씀을 해주곤 하셨습니다. 아직도 저는 그 마음자리를 완전히 찾지는 못하였지만 청담 스님의 엄격하면서도 자비스러운 모습을 잊지 못합니다.

청담 스님은 한국 현대불교계의 큰스님이면서, 조계종단을 다시 부흥하게 만들었던 정화운동을 최일선에서 이끈 분이기도 합니다.

청담 스님이 저에게 일러준 말씀을 생각하면 스님의 정화사상(淨化思想), 인욕사상(忍辱思想)의 위대함이 새삼 가슴에 다가옵니다. 스님은 저에게 '내가 너희하고 같이 갈 때에 혹시 누가 와서 나를 두들겨 패더라도 너희는 절대 그 사람을 때리지 말고 오히려 나에게 '스님, 인과를 믿으십시오'라고 말을 해야 한다'고 말씀하셨습니다. 처음 그 말씀을 들을 때에는 그 말의 참뜻을 전혀 알지 못하였으나, 저도 청담 스님이 사셨던 세월을 넘어가는 나이가 되어 보니 그 참뜻, 인과를 알고 믿는 것이 바로 불교라는 지고지상의 진리임을 알게 되었습니다."

청담 스님은 경남 고성 옥천사에서 출가해 박한영 스님으로부터 경·율·론 삼장을 배웠고 수덕사 만공 스님과 정진하기도 했다. 성철 스님과 함께 봉암사 결사를 주도해 교단 정화와 조계종 성립을 이끈 이후 1966년 조계종 통합종단의 2대 종정을 지냈고, 1970년 조계종 총무원장을 역임했다.

● **은사스님을 모시면서 기억에 남는 일화가 많을 것 같습니다.**

● "청담 스님이 한번은 제 장삼을 깨끗하게 다려 주셨습니다. 제가 어쩔 줄을 몰라, 스님에게 '제가 상좌이기 때문에 다려 주시는

　인과를 아는 것이 바로 불교

것입니까?'라고 여쭈었습니다. 그랬더니 청담 스님은 '그게 아니다. 너뿐만 아니라 다른 사람 것도 다려 준다'라고 말씀하셨습니다. 제 은 사라서가 아니라, 이 시대에 청담 스님과 같은 위대한 대종사를 만나 고 은사로 모신 그 인연이 얼마나 소중한지 모릅니다. 저는 인욕(忍辱) 이란 자기를 잊었을 때, 자기를 버렸을 때에 비로소 성립된다고 봅니 다. 즉 인욕은 성불할 때에 성취되는 것이 아닌가 합니다. 이런 측면에 서 청담 스님은 완전히 인욕을 성취하신 분이라고 봅니다. 인욕을 통 해 진리를 깨달으신 청담 스님이 봉암사 결사와 불교정화운동을 전개 한 것은 어쩌면 너무도 당연한 것입니다.

봉암사에 있을 때의 일인데, 무장공비들이 밤중에 쳐들어와 원주를 보 던 보경 스님을 데리고 가서 총살하려는 것을 청담 스님이 막아서서 그 공비들 10여 명을 일일이 설득하고 부드럽게 말씀하셔서 보경 스 님을 살려내기도 했습니다."

청담 스님은 법당에 단 한 사람의 불자가 앉아 있어도 법문을 했다고 한다. 하루는 앉아서 졸고 있는 사람에게도 법문을 계속하자, 혜정 스 님이 "스님도 피곤하실 텐데, 꼭 그렇게 해야 합니까?"라고 물었다. 그 러자 청담 스님은 "이놈아! 그래도 죽은 사람을 놓고 하는 법문보다는 낫지 않느냐."고 나무랐다.

청담 스님을 오랫동안 모셨던 도선사 주지 혜자 스님도 "청담 스님은 이론보다 실천을 몸소 보여 주셨다."며 "행자 시절에는 빗자루로 청소 하는 법부터 걸레질하는 것까지 직접 보여 주시며 가르치셨다."고 말 했다.

정화를 진행하던 당시 청담 스님의 존재감이 대단했지요?

"봉암사 결사는 1950년 3월 공식적으로 문을 닫았습니다. 청담 스님은 이후 대중을 이끌고 고성 문수암으로 가서 후일을 대비하였습니다. 그러다가 정화가 시작되면서 대총섭, 총책임자로서 정화 불사를 이끌었습니다. 청담 스님이 정화를 진행하면서 식민지 불교의 잔재를 청산하고 지금의 한국불교를 반석에 올려놓은 것은 감히 누구도 쉽게 해낼 수 없는 일이라고 할 수 있습니다."

봉암사 결사가 끝나고 어디에서 정진하셨나요?

"봉암사 결사가 끝나고 나는 경(經)을 보고 싶어서 오대산 상원사로 갔습니다. 누구에게 물어보니 탄허 스님이 경을 잘 가르친다고 해서 그리로 간 것입니다. 상원사에서 탄허 스님의 은사인 한암 스님

 인과를 아는 것이 바로 불교

회상에 있었지만 전쟁이 터져 오랜 시간 같이 있을 수 없었습니다. 전쟁이 일어나자 저는 오대산 서대로 가서 기도를 했습니다. 그 이후에는 성주사로 가서 성철 스님 회상에서 경전과 어록을 밤새 봤습니다. 화두를 붙잡고 매달려 봤지만 한계에 부딪혀 많은 고민을 하기도 했습니다. 운허 스님과 관응 스님 등을 찾아다니며 경전의 전 과정을 이수하였습니다. 그러다가 종단 정화 불사에 동참했습니다."

● **은사스님의 뜻으로 외국어 공부를 따로 하셨다면서요?**

● "청담 스님이 총무원장을 하실 때, 저는 해인사에서 재무 소임을 봤습니다. 어느 날 태국에서 열린 세계불교대회에 다녀온 청담 스님이 '앞으로 서구 사람들과 교류하려면 젊은 스님들은 영어를 배워야 한다'는 말씀을 저에게 하시는 겁니다. 그래서 영어 공부를 시작했습니다. 물론 그 전부터 영어 공부를 해보려던 참에 은사스님이 말씀하셔서 즐거운 마음으로 시작했습니다."

혜정 스님은 예일대 출신의 감리교 여성 선교사 르티 스튜어드가 해인사를 방문했을 때 교류를 텄다. 혜정 스님이 영어 불전 『선(禪)』을 선물하자, 르티는 다 읽은 뒤 심오하다는 화답도 보내고 서울의 태화기독교회관으로 초청도 했다. 스님은 도반 서너 명과 영어회화를 배우며 『뉴스위크』 강독반까지 다닐 정도로 열심히 했다. 그러던 어느 날 '수행자는 도를 깨치는 일이 본분'이라는 생각으로 영어 공부를 접었다. 그렇지만 지금도 영어책을 볼 정도의 수준을 유지하고 있다. 스님은 "불교 전반을 알기 위해선 일본어 경전을 꼭 봐야 할 것 같아 일어 공부도 열심히 했다."고 말했다.

【 부처가 되었다고 생각되는 때를 조심하라 】

● **공부는 어떻게 하셨습니까?**

● "많은 시간은 아니었지만 선원에서 10안거 정도를 지냈습니다. 상원사, 해인사, 동화사 선원 등에서 공부를 했습니다. '이뭣고' 화두를 하다 '옴마니반메훔' 주력을 해보기도 했어요. 성불하는 방법은 여러 가지가 있습니다. 자기 몸에 맞는 옷을 입고 견성을 위해 열심히 노력하면 됩니다. 급하게 생각하지 말고 이번 생에 못하면 다음 생에 한다는 생각으로 하면 좋습니다. 그런데 여기서 조심해야 할 것이 있습니다. 정진을 하다가 어느 순간 부처가 되었다고 생각되는 때가 있습니다. 결코 견성의 순간이 아닌데도 그렇게 생각하는 때가 있어요. 여기서 더 나가야 합니다. 거기서 만족하면 그동안의 정진이 헛수고가 될 수 있습니다. 이것을 조심해야 합니다."

● **기억에 남는 스님들이 많을 것 같습니다.**

● "청담 스님과 성철 스님, 한암 스님, 운허 스님, 관응 스님 등을 모시고 살아 봤습니다. 이외에도 그동안 같이 공부한 많은 스님들이 다 기억에 남습니다. 상원사에서 뵈었던 한암 스님은 아침 일찍 나오셔서 대중 울력을 같이 했습니다. 스님은 흐르는 물일지라도 필요한 만큼만 쓰라고 강조했습니다. 전쟁이 나자 한암 스님은 상좌들이 남쪽으로 내려갈 것을 간청했지만 이를 완강히 거부했습니다. 한암 스님이 '죽어도 상원사에서 죽겠다'고 하신 것을 직접 들었습니다.

해인사에 있을 때 모셨던 지월 스님은 자비 보살이셨습니다. 대중을 항상 아껴 주셨고 모든 일에 솔선수범하셨습니다. 대중 속에서 같이 살았던 분입니다.

청담 스님과 함께 정화를 이끌었던 금오 스님은 평소에 매우 엄격했지만, 가끔 보면 동자승같이 천진한 면도 많았습니다. 하루는 제가 광화문 국제극장에 영화를 보러 간 적이 있었습니다. 그때 본 것이 액션영화였는데, 거기서 금오 스님을 만났습니다. 금오 스님도 액션영화를 좋아해 보러 오셨는데, 나란히 앉아서 영화를 보고 나온 일도 있습니다. 금오 스님은 지금 생각해도 되게 순박하고 구김살이 없는 분이었던 것 같습니다."

●   "저의 바로 윗사형인 혜명 스님과 고성 운흥사 낙수암에서 용맹정진을 해봤습니다. 생쌀만 먹으면서 참선도 하고 조사어록도 봤습니다. 어록을 보니 옛 조사스님들은 삼사십대 이전에 이미 견성을 했습니다. 그런데 저는 그 나이에 견성을 못해 더 열심히 하려 했습니다. 하지만 화두가 잘 안됐어요. 나중에 운허 스님이 선(禪) 공부보다 강사(講師)를 해보라고 권하기도 했습니다. 그러나 저는 일언지하에 거절했습니다. 선(禪)을 하면 강을 뛰어넘는데, 교(敎)를 하면 다리를 놓고 강을 건너야 하기 때문입니다. 끝내 견성을 하지는 못한 것 같습니다. 허허."

성철 스님이 인정할 정도로 머리가 좋았던 혜정 스님은 책을 즐겨봤다. 참선을 하면서 큰 진전을 보지 못하면서 책을 더 가까이 했다고 한다.

【 적에게도 손을 내밀 수 있는
　　자비 정신이 필요한 시기 】

● **부처님 가르침의 핵심은 무엇입니까?**

● 　"행복입니다. 행복해질 수 있는 길을 부처님은 세시하고 있습니다. 성불하게 되면 모든 것을 다 갖추게 됩니다. 아무것도 가지지 않아도 행복해질 수 있습니다. 얼마 전 입적한 법정 스님이 얘기한 '무소유'라는 것도 마찬가지입니다. 우리가 가지고 있는 것은 '소유'가 아니라 '관리'입니다. 소유하고 있다고 생각하면 욕심이 생기고 나중에는 꼭 사고가 납니다. 소유욕과 탐욕을 버려야 합니다. 그렇게 되면 부처님이 말씀하신 행복을 성취할 수 있습니다."

혜정 스님은 "너도 부처고 나도 부처고 우리 모두 부처라는 생각을 하며 모든 사람과 소통하게 된다면 행복은 더 빨리 찾아올 것"이라고 덧붙였다.

● **교도소 재소자 포교를 열심히 하시는 이유가 있나요?**

● 　"동화사에 있을 때 가깝게 지내던 법조인 소개로 교화 활동을 시작했습니다. 문수사로 올라와서도 계속하고 있습니다. 지금도 한 달에 한 번은 서울구치소에 갑니다. 소소하게 생긴 용돈으로 재소자들에게 책도 사주고 법문도 합니다. 필요한 사람들에게는 떡이나 과일도 넣어 주고 있습니다. 그들에게 조금이라도 도움이 될 수 있는 이야기를 해주려 하는데, 좋은 부처님 말씀을 들으면 재소자들도 좋아합니다."

● **조계종이 자성과 쇄신 결사를 진행하고 있습니다. 어떻게 보시는지요?**

● "지금 종단이 정부와 대립각을 세우고 있습니다. 내부적인 쇄신을 위한 노력도 함께 하고 있어 보기 좋습니다. 조금 아쉬운 것은 불교계가 우리 사회를 이끌지 못하고 있다는 점입니다. 불교는 어느 누구와도 소통하고 대안을 제시할 수 있어야 합니다. 그래서 상대방이 종단을 존중하도록 해야 합니다.

절에는 누구든지 와서 참배하고 또 참회하게 해야 합니다. 개신교인이든 정부 사람이든 누구나 오게 해야 합니다. 정부는 소통을 부르짖으면서도 꽉 막혀 있습니다. 같이 시비하면 똑같은 짓을 하는 것밖에 안 됩니다. 적에게도 손을 내밀 수 있는 자비 정신이 필요한 시기가 아닌가 생각됩니다."

3시간이 넘는 시간 동안 혜정 스님은 종단의 과거와 현재, 미래에 대해 차근차근 설명을 이어 나갔다. 그러는 사이 해가 북한산 너머에 떠올라 절 뒤편의 문수봉 근처 안개를 다 밀어냈다. 문수사 맞은편 계곡 너머 보현봉 역시 눈앞에 펼쳐진다.

혜정 스님이 말씀하신 지혜와 자비의 햇살이 멀리 한강과 서울 시내에까지 퍼지고 있었다.

은혜 알고

갚는
사람이

진짜
불자

안성 석남사 회주

정무 스님

정
무
스
님

군산 은적사에서 당대의 선지식 전강 스님을 은사로 출가했다.
스님은 우리나라 '효' 법문의 일인자로 꼽힌다.
용주사 주지를 맡은 이후
사도세자를 모신 정조의 효심을 선양하고
부처님의 효 사상을 널리 알리기 위해 동분서주하고 있다.
용주사와 석남사에 부모은중경탑을 세우기도 했으며,
템플스테이 역시 효를 테마로 진행하고 있다.
오늘날 템플스테이의 효시가 된 수련회를
영주포교당에서 처음 실시했으며,
항상 밝은 표정으로 종단의 대소사를 챙긴다.
현재 안성 석남사에서 주석하고 있다.

긴긴 겨울 추위에 이은 꽃샘추위도 잠시 비켜간 2011년 3월 19일. 차를 달려 안성으로 향했다. 석남사에 주석하고 있는 원공정무(圓空正無) 대종사를 만나기 위해서다. 도시를 벗어나니 고속도로 옆 산과 들은 하나둘 기지개를 켜며 봄맞이를 준비하고 있다.

서운산 자락 석남사로 들어가는 길은 좁았다. 겨우 차 한 대가 다닐 수 있는 길을 따라 가다 보니 계곡이 눈에 들어온다. 안성에서 유일하게 산과 계곡을 함께 즐길 수 있는 곳이어서 행락철이면 사람들로 붐빈다고 한다. 아직 사람들의 모습은 보이지 않았다.

주차장을 거쳐 석남사의 일주문 격인 금광루 앞에 섰다. 한글로 된 주련이 보인다. '효심 천심 불심 언제나 이 마음 수행도 봉사도 나날이 즐거워.' 평소 정무 스님이 자주 말씀하시는 법문을 압축해 놓은 느낌이다. 금광루 아래를 통과해 종무소 앞마당으로 갔다. 종무소가 있는 건물에도 '우주는 한 집안 중생은 한 가족 서로 원망 말고 은혜만 갚아라'라는 문구가 큼지막하게 적혀 있다. 두 개의 주련 글씨에 정무 스님 가르침의 핵심이 다 녹아 있다. 그래도 스님을 뵙기 위해 주석처인 도중당(道中堂)을 찾았다. 소박한 방에 책이 한가득이다. 절을 올리고 자리에 앉았다.

"날이 많이 풀렸네. 볕이 참 좋아." 언제나 그렇듯 스님은 인자한 미소로 객을 맞아 준다. 그랬다. 종단의 대소사가 있을 때 몇 번 뵈었던 스님은 항상 밝고 즐거운 모습이었다. 2007년 6월 금강산 내금강에 올랐을 때도, 2008년 4월 11일 중국에서 도의 국사 구법기념비를 세웠을 때도, 2010년 11월 15일 서울 신정동에 국제선센터가 문을 열었을 때도 스님은 대중들 앞에서 "이렇게 좋은 날 그냥 넘어갈 수 있느냐?"며 덩실덩실 어깨춤을 추었다. 조계종의 대종사가 '위엄' 대신 '춤'으로 당신의 솔직한 마음을 표현하며 대중들과 눈을 맞추었던 것이다.

【 무애도인 전강 스님 】

● **겨우내 많이 추웠습니다. 어떻게 지내셨습니까?**

● "매일매일 똑같습니다. 새벽 3시에 일어나 4시 예불 및 참선, 5시 책을 보거나 법문 준비, 7시 아침 공양 및 울력, 9시 공부 및 신도 제접, 11시 사시 예불, 12시 점심 공양 및 울력, 2시 공부 및 신도 제접, 5시 저녁 예불, 6시 저녁 공양 등으로 하루 시간을 보냅니다. 사찰의 주지나 소임 스님들은 언제나 '안주도량 호지불법(安住道場 護持佛法)'의 자세로 살아야 하는데 그래도 가장 나이 많은 내가 잘 살아야 대중들도 더 열심히 살지 않겠어요?"

스님은 항상 '정각'에 맞춰 생활을 한다. 보다 정확하게 살기 위해서라고 한다. 석남사의 일정은 그래서 항상 정각에 맞춰져 있다.

● **오늘이 부처님 열반재일입니다. 부처님의 열반은 무엇을 의미할까요?**

● "부처님이 오신 것이나 가신 것은 일대사인연(一大事因緣)에 따른 것입니다. 중생제도라는 큰 인연이 그 안에 있습니다. 특히 부처님이 우리들에게 전하려고 했던 것은 '자기를 똑바로 알아야 한다'는 것이었습니다. 부처님은 자기를 알고 법(法)에 따라 살라고 가르치셨습니다. 인간들의 '자기 상실'을 준엄하게 꾸짖었던 것입니다. 열반도 마찬가지입니다. 부처님은 열반에 들면서도 자아를 찾을 것을 대중들에게 강조했습니다. 그러면 대중들이 자아를 어떻게 찾을 것인가가 중요해집니다. 방법은 간단합니다. '의식하는 자기, 살아 있는 송장을 끌고 다니는 이것이 무엇인가?'를 참구하면 됩니다. '이뭣고'를 찾기 위해 평생 공부해야 하는 것입니다. 우리는 죽는 그 순간까지 공부해야 합니다. 평생을 공부해도 죽을 때 정신을 놓아 버리면 소용이 없습니다. 성철 스님도 법문에서 강조했듯이 '자기를 바로 봐야' 합니다."

부처님의 열반이 단순한 죽음이 아닌, 인간들의 미혹함을 깨우치기 위한 것이었음을 스님은 강조했다.

● **스님의 출가인연이 궁금합니다.**

● "나는 1958년 군산 은적사에서 전강 스님을 은사로 출가했습니다. 전북대 수의학과를 다니며 은적사에 가끔 가곤 했었는데 거기서 전강 스님을 만났습니다. 전강 스님은 1957년부터 은적사 주지로 와 계셨습니다. 전강 스님의 제자인 송담 스님과 능파 스님도 은적사에 함께 있었습니다. 송담, 능파 스님과는 자주 어울리면서 불교에 대한

이야기뿐만 아니라 세상사에 대해서도 의견을 나누곤 했습니다. 송담 스님이 '이 선생(정무 스님)은 중이 돼야 하는데…'라며 출가를 권하기도 했습니다. 대학을 다니면서 군산 중앙고등학교 야간반 국어선생을 하고 있었는데 대학 졸업을 얼마 앞두고 자연스럽게 출가를 했습니다. 출가하고 나서 대학을 졸업했습니다. 인연 따라 자연스럽게 출가해 전강 스님의 세 번째 제자가 되었습니다."

전강 스님은 현대 한국의 대표적 고승이자 화성 용주사의 정신적 지주다. 1914년 해인사에서 출가한 전강 스님은 전국의 선원에서 혹독하게 정진을 했는데, 한번은 피가 코와 입으로 흘러나오고 머리가 터져 삭발조차 할 수 없었다고 한다. 스님은 1921년 크게 깨달은 후 '작야월만루 창외노화추 불조상신명 유수과교래(昨夜月滿樓 窓外蘆花秋 佛祖喪身命 流水過橋來, 어젯밤 달빛이 누각에 가득하더니 창밖엔 갈대꽃 가을이로구나. 부처와 조사도 몸과 목숨을 잃었는데 흐르는 물은 다리를 지나오는구나)'라는 오도송(悟道頌)을 남겼다.

이후 당대의 선객들을 찾아가 인가(印可)를 받은 스님은 만공 스님을 찾아갔다가 더욱 큰 깨달음을 얻게 되는 계기를 마련했다. 전강 스님은 처음에 만공 스님으로부터 인가를 받지 못했다가 재발심을 하고 다시 정진하였으며, 마침내 전법게(傳法偈)를 받았다. 만공 스님은 전강 스님에게 '불조미증전 아역무소득 차일추색모 원소재후봉(佛祖未曾傳 我亦無所得 此日秋色暮 猿嘯在後峯), 즉 부처와 조사도 일찍이 전하지 못하였고 나 또한 얻은 바 없다네. 오늘 가을빛 저물어 가니 원숭이 휘파람은 뒷산 봉우리에 있구나.'라는 게송을 전하였다고 한다.

이후 서른세 살이던 1931년 통도사 보광선원의 조실을 시작으로, 법주사 복천선원, 김천 수도암 선원, 해남 대흥사, 담양 보광사, 구례 화엄사, 망월사 등의 주지와 조실을 차례로 지내기도 했다. 전강 스님은 이후 1961년 인천 용화사에 법보선원(法寶禪院)을 개설하여 15년여에 걸쳐 후학 지도에 전념했다. 전강 스님의 맏상좌이자 정무 스님의 맏사형인 송담 스님은 '도인 중의 도인'으로 추앙받고 있으며, 현재 용화사 법보선원 선원장을 맡고 있다.

● **전강 스님은 어떤 스승이셨습니까?**

●   "전강 스님은 경허, 만공 스님의 법을 이은 대도인이었습니다. 당대 제일의 선지식이라고 확신합니다. 전강 스님 앞에서는 어떤 스님도 함부로 입을 벌리지 못했습니다. 그만큼 도가 깊었기 때문입니다. 전강 스님은 제자들에게 항상 판치생모(板齒生毛) 화두를 참구하라고 하셨습니다. 이 화두는 어떤 납자가 '어떤 것이 조사가 서쪽에서 오신 뜻입니까(如何是祖師西來意)'라고 물었을 때 조주 선사가 '판때기 이빨에 털이 돋는 것이니라(板齒生毛)'라고 대답한 것에서 유래한 공안입니다. 이 화두는 1,700개 중 제일 어려운 것이라고 알려져 있습니다. 은사스님께서는 항상 공부를 챙기셨고 제자들에게도 정진에 관해서는 한 치의 빈틈도 허락하지 않으셨습니다."

정무 스님은 전강 스님이 "진짜 무애도인(無碍道人)이었다."고 덧붙였다. "모든 일에 자유자재하신 분이 전강 스님"이라며 "재를 지내도 유가족의 처지와 상황에 맞게 하셨고, 법문도 대중들의 수준과 열기에 따라 하셨다."고 스님은 전했다.

전강 스님을 모시면서 기억에 남는 일화가 있을 것 같습니다.

"서울 청룡사에서 동안거 정진을 할 때가 기억납니다. 전강 스님은 당시 대중들에게 매일 아침 소참법문(小參法門)을 하셨습니다. 100여 일간의 안거가 끝나고 정진행 보살이라는 분이 소감을 발표하는데 그 내용에 전강 스님을 표현하는 말이 다 있었습니다. 그 보살님은 '소설도 아니고 잡담도 아니고 사실도 아니고 신화도 아닌 것 같은 그런 법문으로 마음을 사로잡는 설법을 해주시는 스님을 평생 처음 봤다'고 말했습니다. 앞에서도 말했듯이 스님의 법문은 상황에 따라 당신의 체험을 바탕으로 하는 법문이었기에 대중들이 어렵지 않게 이해할 수 있었습니다. 전강 스님은 그런 분이었습니다."

【 '효'를 널리 알리기 위한 불사에 나서다 】

행자 이후 공부 과정은 어떠셨나요?

"은적사에서 출가를 하고 서울 봉은사로 와 행자 생활을 시작했습니다. 봉은사에서 『초발심자경문』과 『법화경』, 『금강경』을 배웠습니다. 행자 1년을 마치고 김천 직지사 강원에 갔습니다. 직지사에서는 관응 스님이 학인들을 가르치고 있었습니다. 당시 학인이 50여 명 정도 있었던 것으로 기억합니다. 그때 정화 불사가 한창이었을 때인데 조계사에 계시던 동산 스님이 관응 스님에게 학인들을 데리고 조계사로 오라는 청을 했습니다. 젊은 학인들을 정화 불사의 동력으로 삼고 싶은 마음이 있었기 때문입니다. 그런데 동산 스님의 바람과는 다르게 촌 출신 학인들은 서울에 와서 공부와 정화 불사에 매진하기보다 여기 저기 구경하러 다니기 바빴습니다. 결국 그렇게 올라간 학인들 중 몇 몇을 제외하고는 다 흩어지게 되었습니다. 나 또한 직지사로 다시 내려가 잠시 있다가 삼척 영은사로 갔습니다. 탄허 스님이 거기 계셨기 때문입니다. 탄허 스님에게서 『화엄경』을 배웠습니다. 영은사에서 파계사 도원 스님과 직지사 녹원 스님이 함께 공부를 했습니다.”

● **1968년도에 영주포교당 주지를 하면서 최초의 수련법회를 열었다고 들었습니다.**

● “탄허 스님께 공부를 배운 이후 1963년 김제 흥복사에서 전강 스님을 모시고 정진했고, 1966년 동화사 금당선원에서 효봉 스님 밑에서 안거를 지냈습니다. 그리고 범어사에서 공부를 하고 싶어 부

⊙ 용주사 템플스테이에서 『부모은중경』을 사경하는 참가자들의 모습.

산으로 가다 하루 저녁 머무르려 들른 영주포교당의 주지를 맡게 되었습니다. 원래 영주포교당이 대처승들의 절이었는데 마침 절이 비어 있어 몇몇 신도들의 도움으로 포교당에 자리를 잡게 되었습니다. 나는 매일 아침 영주 시내를 돌면서 도량석(道場釋)을 했습니다. 통행금지 해제 사이렌이 매일 새벽 4시에 울렸는데, 그 사이렌 소리에 맞춰 도량석을 했습니다. 하루는 경찰서 앞을 지나가는데 경찰이 나를 불러 세웠습니다. 아마 인근 주민들이 시끄럽다고 제보를 했었나 봅니다. 그래서 나는 경찰한테 '네 일이나 똑바로 하라'며 경찰서 문을 박차고 나온 적도 있습니다. 그렇게 석 달을 살았습니다. 그러니 영주 시민들이 하나둘 인정을 해주기 시작했습니다. 신도들도 조금씩 불어났습니다."

정무 스님의 지극정성에 영주 시민들도 마음을 움직인 것이다. 이렇게 되자 이번에는 대처승들이 가만히 있지를 않았다. '절을 다시 내 놓으라'며 몇몇 대처승들이 300여 명의 신도를 데리고 쳐들어왔다고 한다. 정무 스님은 끝까지 버티며 결국 영주포교당을 '사수'했다. 이후 스님은 학생회를 만들고 템플스테이를 개최했다. 현재 대한민국의 대표 관광 상품 중의 하나인 템플스테이가 40여 년 전 정무 스님에 의해 처음 만들어졌던 것이다.

● **여러 사찰에서 공부를 하셨는데 기억에 남는 분들이 많을 것 같습니다.**

● "제게 『화엄경』을 가르쳤던 탄허 스님은 유(儒)·불(佛)·선(仙)에 통달하셨던 분입니다. 각 경전의 한문을 통째로 외우셨습니다. 머리가 상당히 비상했습니다. 직지사 강원에 같이 있었던 각성 스님

도 타고난 천재입니다. 각성 스님이 나이는 나보다 조금 어렸지만 경
전 공부할 때 보면 탁월했습니다. 각성 스님은 아마 전생부터 '대강
사'였을 것입니다. 겸우 스님이라는 분도 생각납니다. 스님은 한 치
의 흐트러짐도 없는 사람이었습니다. 공부든 수행이든 너무도 깔끔
해 주위에 사람들이 별로 없을 정도였습니다. 겸우 스님은 오대산 북
대에서 10년 동안 정진한 뒤 태백 정암사와 영월 법흥사에서도 공부
했습니다."

● **1971년부터 12년 동안 화성 용주사 주지를 하셨습니다.**

● "영주포교당 주지를 마치고 보은 법주사에서 몇 달 살았습니
다. 그러던 중 전강 스님이 용주사 주지를 하라고 저를 부르셨습니다.
전강 스님이 처음에는 송담 스님에게 주지를 맡겼는데, 송담 스님은
선원에서 공부만 하신 분이어서 몇 달 못하고 다시 선원으로 돌아갔습
니다. 그래서 내가 용주사 주지를 맡게 되었습니다."

용주사는 잘 알려져 있듯이 효행본찰(孝行本刹)이다. 정조가 아버지인
사도세자를 추모하기 위해 세운 절이 바로 용주사다. 정조는 장흥 보
림사 보경 스님으로부터 『부모은중경(父母恩重經)』을 받아 읽고 큰 감
동을 받았다고 한다. 『부모은중경』은 부모님의 열 가지 은혜에 대한
부처님의 가르침을 담은 경전으로, 부모님의 크고 깊은 은혜에 보답
하도록 가르치고 있다. 정조는 특히 마지막 열 번째 구절인 '구경연민
은(究竟憐愍恩)' 대목에서 눈물을 쏟았다. 정조가 훗날 김홍도를 불러
『부모은중경』을 그리게 하는데, 백 살 먹은 노모가 임종을 맞으러 방
으로 들어가면서 댓돌 앞에서 뒤따라오는 여든 살 아들의 등을 쓰다

듬으며 '넘어질라! 조심하라'며 지극한 눈빛을 보내는 바로 그 장면
이다. 부모는 죽는 순간까지 자식을 사랑한다는 사실이 정조의 가슴
을 울렸던 것이다.

이런 역사를 가지고 있는 용주사의 주지를 맡으면서 정무 스님은 본격
적으로 '효'를 널리 알리기 위한 불사에 나서게 된다.

● **용주사와 효, 정무 스님은 떨어질 수 없는 그런 관계인 것 같습니다.**

● "부처님은 『부모은중경』을 통해 열 가지 은혜를 말씀하셨습
니다. 잉태하여 보호한 은혜, 해산의 고통을 참으신 은혜, 낳고 근심을
놓으신 은혜, 좋은 것만 먹이신 은혜, 마른자리 골라 눕히신 은혜, 젖
을 먹여 길러 주신 은혜, 더러움을 씻어 주신 은혜, 멀리 가면 걱정하
신 은혜, 자녀 위해 몹쓸 짓도 하신 은혜, 끝까지 사랑하신 은혜 등입

⊙　1982년 용주사 주지 당시 대웅전 앞에서의 모습.

니다. 이제 우리는 이 은혜를 갚아야 하며, 나는 그 방법으로 다음의 열 가지 효도하는 법을 일러주고 싶습니다. 첫째, 은혜에 감사하고 공경해야 합니다. 둘째, 건강하고 성실해야 효도할 수 있습니다. 셋째, 큰 방에 모시고 제때에 봉양해야 합니다. 넷째, 출입 시 또는 때때로 대화를 나누어야 합니다. 다섯째, 용돈을 드리되 씀씀이를 따지지 말아야 합니다. 여섯째, 부모보다 호화롭게 살지 말아야 합니다. 일곱째, 인과를 믿고 선법을 행하게 해야 합니다. 여덟째, 자연건강법으로 질병을 예방해야 합니다. 아홉째, 병이 나면 지극정성으로 간호해야 합니다. 그리고 마지막으로 운명 때는 절대 울거나 흔들리지 말아야 합니다.

이렇게 자연과 부모의 은혜만이라도 깊이 느끼고 생각하고 실천한다면 사람답고 복되고 참된 진리에 합당한 삶을 살아갈 수 있습니다."

본격적인 '효' 법문이 시작되자 스님의 표정은 한결 진지해졌다. '정말 진심으로 부모님께 효도해야 한다'고 스님은 여러 차례 강조했다. 사실 '어머니 마음'이라는 노래를 쓴 양주동 선생도 『부모은중경』에 근거해 가사를 만들었다고 전해진다. '낳으실 제 괴로움 다 잊으시고 기르실 제 밤낮으로 애쓰는 마음 진자리 마른자리 갈아 뉘시며 손발이 다 닳도록 고생하시네 하늘아래 그 무엇이 넓다 하리요 어머님의 희생은 가이없어라.' 정무 스님은 부모님 은혜는 아무리 강조해도 지나치지 않다며 항상 부모님께 효도할 수 있도록 노력하라고 당부했다.

영주포교당에서 진행하던 수련법회의 테마는 용주사에서 '효'로 바뀌었다. 스님이 석남사에서 가족 단위 수련생을 위해 제작한 1박 2일

‘수련법회’ 책자에는 ‘효도하는 법 10가지’를 비롯해 ‘효도한 공덕 5가지’, ‘불효의 과보 5가지’ 등 효행 매뉴얼이 담겨 있다. 또한 효행을 위해서는 건강도 중요하기 때문에 ‘음주의 36과보’, ‘과식의 5가지 손해’, ‘소식의 5가지 이점’ 등 건강 관련 지침도 적어 놓았다. 이와 함께 성불의 장애가 되는 게으름에 대해서도 상세히 기록해 두었다.

● **석남사와 용주사에 ‘부모은중경탑’을 세우셨습니다.**

● “1980년에 용주사에 탑을 세웠고 여주 신륵사 사적비에 부모은중경의 내용을 같이 넣었습니다. 그리고 2003년에 석남사 부모은중경탑을 세웠습니다. 3층으로 된 탑비 앞면에는 ‘부모은중경’ 구절이, 뒷면에는 절의 역사가 새겨져 사적비 역할도 하게 했습니다. 불자들과 시민들이 탑비를 돌며 부모님 은혜를 생각하면 좋겠습니다.”
정무 스님은 “상좌들도 각자 절에 부모은중경탑을 세워 부처님의 효사상을 널리 전파했으면 좋겠는데 그렇지 않아 조금 서운하다.”며 아쉬움을 표하기도 했다.

● **스님께서는 부모님 은혜를 비롯한 오종대은(五種大恩)도 말씀하십니다.**

● “나는 항상 오종대은을 강조합니다. 낳아 주고 길러 주신 하늘 같은 부모 은혜, 각처에서 편안하게 살게 해준 나라 은혜, 서로서로 도와가며 사는 이웃 은혜, 바른 진리 일러주고 깨쳐 주신 스승 은혜, 태양·공기·물과 같이 다함없는 자연 은혜 등이 바로 그것입니다. 이 다섯 가지에 대해서는 항상 잊지 말고 살아야 합니다.”

　은혜 알고 갚는 사람이 진짜 불자

【 선정에 집착하지 않고
　법을 위하여 몸 바치는 것이 깨달음 】

● **스님은 깨달으셨습니까?**

● "못 깨달았습니다. 그래도 공부를 하면 세상을 살아가는 데 장애가 많이 없어집니다. 깨닫지 못했지만 그래도 공부하는 데 있어 몇 가지 얘기는 하고 싶습니다. 깨달았다는 욕심과 집착을 버리면 바로 깨달음이라고 했습니다. 깨달음은 중도(中道)에 의해 깨달아지고, 중도는 곧 팔정도(八正道)이고, 팔정도는 곧 헌신과 용기, 끝없는 자비입니다. 깨달음은 그렇게 행동하고 살아가는 것입니다. 선정과 쾌락에 집착하지 않고 법을 위하여 이 몸 바치는 것이 깨달음입니다. 바로 부처님의 길인 것입니다. 그런데 수행자들은 생각만 하고 있습니다. 깨달음이 무엇인가 생각하고, 중도가 무엇인가 생각하고, 팔정도가 무엇인가 생각하고, '이뭣고'만 생각하며 아침부터 밤까지 이렇게 오로지 한 소식 하기만 생각하며 기다리고 있습니다. 이렇게 공부한다면 깨달음은 절대 올 수 없습니다."

정무 스님은 특히 좌선을 할 때 "스승 없이, 발심(發心) 없이, 눈을 감고 하지 말고, 허리를 펴고, 가부좌나 반가부좌의 자세로 하되 시선을 밖에 두지 말아야 하며 화두 없이 망상으로 하지 말라."고 말했다.

● **신도들과 성지순례도 많이 하신 것으로 알고 있습니다.**

● "그동안 50여 개국을 다녔습니다. 인도 성지순례도 스물한 번 했습니다. 인도에 가서 부처님 성지를 본 신도들이 '죽어도 여한이

없다'고 합니다. 그 말을 들을 때마다 함께 순례를 온 보람이 느껴졌습니다. 설악산 대청봉에도 서른 번 올랐습니다. 정상에 섰을 때 사람들이 즐거워하는 것을 보면 나도 즐겁습니다. 여행은 인간을 겸허하게 합니다. 또 정신을 새롭고 젊게 합니다. 여행은 자기의 울타리를 벗어나 새로운 충격을 극복하는 기도정진입니다. 밝은 정신으로 기도하는 성지 순례자에게서는 있던 병도 달아납니다. 한국 불자들은 성지순례 할 때 고추장과 김치를 가지고 가지는 말기 바랍니다. 입맛은 습득되는 것이지 타고나는 것이 아닙니다. 곳곳이 부처님 성지입니다. 기회가 된다면 부처님 성지에 다니면서 신심을 기르는 것도 좋은 방법입니다."

⊙ 덕운 스님과 함께한 정무 스님.

● **불교를 바라보는 사회적 시선이 그리 따뜻하지만은 않습니다.**

● "우리 불교계에는 아주 나쁜 세 가지가 있습니다. 첫째는 무위(無爲)입니다. 아무것도 하지 않고 노는 것입니다. 매일 도량 청소라도 해야 하는데 그렇지 않고 노는 스님들이 많습니다. 둘째는 무식(無識)입니다. 공부 안 하는 수행자들도 많습니다. 책이라도 봐야 중생을 제도할 텐데 참 걱정입니다. 셋째는 도식(盜食)입니다. 일하지도 않고 얻어먹으려 합니다. 이 세 가지만 고치면 불교가 좀 더 나아질 것입니다."

그러면서 스님은 법화행자 5종 서원을 소개했다. "모든 사람을 부처님으로 모시겠습니다. 모든 일을 불사로 정성 다하겠습니다. 모든 이웃을 배려하고 봉사하겠습니다. 모든 생명을 존중하고 보호하겠습니다. 모든 환경을 정화하고 장엄하겠습니다." 스님이 주석하는 방문의 한 귀퉁이에 써놓고 매일 보며 다짐하는 서원이라고 했다. 마치 조계종이 진행하고 있는 수행, 문화, 생명, 나눔, 평화 결사의 내용이 '법화행자 5종 서원'에 다 들어 있는 듯하다.

정무 스님의 말씀 하나하나가 우리 생활에서 없어서는 안 될 것들이다. 스님은 마지막으로 건강하고 행복하기 위한 조건에 대해 설명했다.

"기분이야 좋든 말든 기분 좋다 생각하고 기분 좋게 활동하자. 건강이야 어떻든지 건강하다 생각하고 건강하게 생활하자. 행복하든 말든 행복하다 생각하고 행복하게 봉사하자."

정무 스님의 생활법문 한 말씀, 한 말씀이 봄날의 아름다운 햇살처럼 따사롭다.

구경각
해야

진짜
금(金) 될 수
있어

장수 죽림정사 조실

도문 스님

<h1>도
문
스
님</h1>

근현대 한국불교의 대선지식인 용성 스님의 손상좌로

용성 스님 선양사업을 평생 동안 진행해 왔다.

용성 스님 탄생지에 죽림정사를 창건했고

기념관과 교육관 등을 세워 불자와 국민들에게

용성 스님의 사상을 전하고 있다.

도문 스님은 독립운동을 펼쳤던 아버지와

용성 스님의 인연으로 자연스럽게 용성 스님의 상좌인

동헌 스님을 은사로 출가한 후

'유훈 10사목' 실현을 위해 노력하고 있다.

네팔에 건립하고 있는 대성석가사도

용성 스님 유훈사업의 일환으로

도문 스님의 상좌인 법신 스님이 불사를 맡고 있다.

죽림정사를 비롯한 전국의 용성 스님 성지를

쉬지 않고 다니며 불법(佛法)을 전하고 있다.

백두대간 장안산 자락 전북 장수군 번암면 죽림리 죽림정사. 근현대 한국불교의 대선지식이자 민족 독립운동을 이끌었던 용성 스님의 뜻을 기려 생가 터에 만든 사찰이다. 2010년 3월 28일 죽림정사를 찾았다. 일주문격인 충의원통문을 지나 종무소와 피안교를 거쳐 절 안으로 들어가니 용성기념관과 용성교육관과 대웅보전과 용성 조사 생가가 차례로 보인다.

죽림정사는 '용성진종조사 유훈실현후원회'에서 1969년부터 생가 터 주변 토지 매입을 시작한 이후 많은 불자들의 십시일반 정성과 지자체, 정부 보조로 2007년 10월 지금의 모습을 드러냈다. 이 불사의 중심에는 죽림정사 조실 불심도문(佛心道文) 대종사가 있다. 도문 스님은 용성 스님의 유훈에 따라 평생 동안 선양사업을 벌여온 '용성진종조사의 진짜 법손'이다.

도문 스님이 주석하고 있는 승방(僧房)으로 가 절을 올렸다. 순간 깜짝 놀랄 일이 벌어졌다. 팔순을 바라보는 스님이 맞절을 하며 "어서 오세요!"라고 인사를 하시는 게 아닌가? 삼배를 하는 동안 도문 스님은 똑같이 머리를 숙이며 객을 맞아 주었다. 당황스러웠다.

"보신 바와 같이 죽림정사 터가 굉장히 좋은 길지입니다. 당대 풍수지리의 대가인 이서구(1754~1825) 전라감사가 초도순시를 나와 장안산 자락인 여기 죽림 마을 뒷산을 바라보며 100년 이내에 이곳에 대도인(大道人)이 출생해 조선왕조가 멸망한 후에 나라를 구할 것이라고 예언하였던 곳입니다. 바로 이곳에서 용성진종 조사님이 태어나셨고 또 죽림정사가 만들어졌습니다."

도문 스님의 첫마디에서 '자부심'이 짙게 배어 나왔다. 곧바로 질문 보따리를 풀었다.

【 맞절을 하는 큰스님 】

● **하루 일과가 어떻게 되는지 소개해 주실 수 있을까요?**

● "새벽 2시에 기상합니다. 그리고 바로 새벽 예불을 올리고 새벽 3시부터 아침 발우 공양 때까지 자리(自利)의 참선 보림 정진을 합니다. 이어서 『소심경(小心經)』을 염송하면서 대중과 함께 아침 발우 공양을 합니다. 아침 공양이 끝난 뒤에는 대중에게 수기응물(隨機應物)로 설합니다. 그 이후에는 대중 시간에 맞추어 점심, 저녁 발우 공양을 하며 사중 생활을 합니다.

법회가 있는 날에는 참례 대중에게 설법을 하기도 하고, 타 지역에서 설법 초청이 들어오는 날에는 그곳에 가서 법문을 하기도 하며, 방문하는 대중이나 귀빈이 오면 대접을 하면서 그때그때 형편과 처지에 따라 응대합니다. 시간이 날 때마다 불타의 경전이나 조사의 어록을 보고 또 원고를 정리하기도 합니다."

"용성진종 조사께서 열반하신 날이 음력 2월 24일이고, 음력 5월 8일은 탄생하신 날입니다. 음력 8월 29일은 또 오도하신 날입니다. 이 날에는 각각 봉찬대제를 올리면서 역대전등 제대조사 다례제를 함께 봉행합니다. 음력 6월 14일 동헌완규 조사 탄생 봉찬대제일에는 장안산에 올라 뜻있는 사부대중과 함께 산상기도로 국태민안을 기원합니다. 음력 5월 8일 용성진종 조사의 탄생일에 동헌완규 조사께서 오도하셨기에 동헌완규 조사의 오도제는 용성진종 조사 탄생 봉찬대제와 함께 봉행합니다. 음력 8월 4일 구례 화엄사 각황전에서 동헌완규 조사 입멸 봉찬대제를 봉행하고 전국 각종 법회 초청 시 원근을 가리지 않고 다닙니다. 법회에 가서는 불타의 경전, 조사의 간화로 설법을 합니다."

용성진종 조사 동상 앞에서 기도하는 도문 스님.

도문 스님은 이외에도 죽림정사에서 매월 음력 4일 법회, 경주 천룡사
지에서 매월 음력 5일 법회, 구미 아도모례원에서 매월 음력 21일 법
회를 열어 대중을 위한 설법과 일체 영가 천도 법문을 하고 있다. 또
용성 스님 유훈 실현 10사목 도량인 경주 낭산 사천왕사지와 창원 봉
림산 봉림사 봉림선당지 등을 순례하며 진언 다라니를 염송하면서 온
겨레의 업장 소멸을 발원하고 있다.

● **스님의 출가인연이 궁금합니다.**

● "소승의 가문은 대대로 용성진종 조사님과 깊은 인연이 있었
고 아버지는 독립운동가로서 용성진종 조사의 유발상좌가 되기도 했
습니다. 그러한 인연으로 어려서부터 주력(呪力) 수행을 하였고 열두
살 때인 1946년 조부모님을 따라 장성 백양사 조실 만암종헌 대종사
를 계사로 하여 사미 10계를 수지하고 동헌완규 조사를 은사로 하여
득도하였습니다."

도문 스님은 어려서부터 불교와 인연이 깊었다. 물론 여기에는 용성
스님이라는 확실한 고리가 있었다. 도문 스님은 여섯 살 때 조부모님
과 어머니로부터 『천자문』, 『동몽선습』, 『소학』 등과 사서(四書), 오경
(五經), 『도덕경(道德經)』 등을 배웠다. 이렇게 학습을 받고 용성 스님의
지도에 따라 불교 수행도 게을리 하지 않았다.

● **행자 생활은 어렵지 않으셨나요? 그리고 행자 이후 공부 과정은 어떠셨나요?**

● "절집 안에서 행자 생활은 거의 하지 않았다고 할 수 있습니
다. 방금 말씀드린 바와 같이 열두 살까지 한학을 공부하고 '주력수

행'을 해온 것이 사실상의 행자 생활이라 하겠습니다. 열두 살에 출가한 바로 뒤에 만암종헌 대종사로부터 간화선에 대한 가르침과 '만법귀일 일귀하처(萬法歸一 一歸何處)' 화두를 받고 인가(認可)를 받았습니다. 만암종헌 대종사께서는 당시의 선지식 134명에게 직간접적으로 산승에 대한 점검을 해줄 것을 요청하기도 했습니다. 이러한 가운데 할아버지로부터 해동 조선의 역사와 동토 중국의 역사를 배웠고, 용성진종 조사가 한글로 번역한 『사십이장경(四十二章經)』을 위시로 한 용성진종 조사의 번역본 20여 종의 불타 경전과 10여 종의 용성진종 조사 어록을 봉독하였습니다."

●　은사이신 동헌 스님은 어떤 분이셨나요?

●　"동헌완규 조사는 선지(禪旨)가 밝은 참선 수행자시고, 교학(敎學)에도 해박하셨으며, 율행(律行)에 엄정(嚴正)한 정직하고 청정하신 스님이셨습니다. 또 동헌완규 조사는 대명필(大名筆)이기도 하십니다. 전국에서 많은 스님들과 신도들이 스님의 글씨를 받아 가기도 했습니다. 동헌완규 조사는 그의 은사 겸 수법사이신 용성진종 조사의 유훈 10사목(遺訓 十事目) 부촉을 받아 소승으로 하여금 그것을 실현하도록 당부하셨습니다. 동헌완규 조사는 용성진종 조사의 유훈 실현을 위해 '용성진종조사 유훈실현후원회'를 결성하여 손수 증명법사(證明法師)로 등단하시고 소승에게 지도법사(指導法師)를 하도록 하여, 고문진 회장단 화주진을 결성하여 초창기에 이 유훈 실현을 진두지휘하셨습니다."

● **은사스님이 강조하신 가르침은 무엇입니까? 기억에 남는 일화가 많을 것입니다.**

● "동헌완규 조사님은 특히 제행무상인(諸行無常印)과 제법무아인(諸法無我印)과 열반적정인(涅槃寂靜印)인 삼법인(三法印)을 수도의 표본으로 삼고, 교화의 지침으로 하라고 강조하고 가르치셨습니다. 한번은 소승이 수행 과정 중에 단식을 하려 한 적이 있었는데 은사스님께서 극구 말리셨습니다. '몸이 약한 법사가 단식을 하면 몸이 상하여 노경에 몸을 지탱할 수가 없다'고 당부하셨습니다. 소승이 여든을 바라보는 이 나이에 이렇게 건강을 유지하고 있는 것은 은사스님의 은덕이 아닐까 생각합니다."

【 국민들이 사분오열의 과보를 받지 않기를 바라며 】

● **도문 스님 하면 떠오르는 분이 용성 스님입니다. 용성 스님은 어떤 분입니까?**

● "용성진종 조사님은 석가여래부촉법(釋迦如來付囑法) 제67세 환성지안(喚醒志安) 조사의 후신으로서 석가여래부촉법(釋迦如來付囑法) 제68세, 석가여래계대법(釋迦如來系代法) 제75세, 조선불교 중흥율(朝鮮佛敎重興律) 제6조십니다. 또 기미년 3·1독립운동 민족대표 33인 중 불교계 대표시고 이 독립운동의 막후 기둥으로서 대한제국 부흥 운동을 대한민국 수립 운동으로 향도하셨습니다. 이와 함께 용성진종 조사님은 우리 근대 불교의 역경초조(譯經初祖)시고 근대 선농불교 초조시며, 불교 정화 불사의 초조시기도 합니다."

용성 스님은 경허 스님과 더불어 근대 한국불교의 새벽을 연 선각자로 추앙받고 있다. 1864년 출생한 용성 스님은 열네 살에 부처님 몽중 마정 불수기(夢中摩頂佛授記)를 받고 지리산 덕밀암 조실 혜월 스님 문하에 출가했다. 기미년 3·1독립운동을 전개하다 투옥되었던 스님은 출옥 후 불교 정화에 주력하는 한편, 불교의 대중화를 촉진하기 위해 경전 번역, 어록 저술 활동에도 열정을 쏟았다.

이와 함께 서울 대각사에서 대각교(大覺敎) 운동을 전개한 것을 비롯해 불교 경전의 한글화, 선농불교 실현을 위한 화과원(華果園) 설립, 한국 불교 최초의 찬불가 작사·작곡·제작 등을 이끌었다. 용성 스님은 후학 육성에도 힘써 제자를 많이 길러 냈다. 동산, 동헌, 고암, 동암, 인곡, 자운, 봉암, 소천, 운암 스님 등 '용성진종 문하 9제(九弟)'라 불리는 제자를 비롯해 50여 제자와 수많은 근현대 선지식을 배출하기도 했다. 스님은 1940년 음력 2월 24일 대각사에서 '제행지무상 만법지구적 포화천리출 한와마전상(諸行之無常 萬法之俱寂 匏花穿籬出 閑臥麻田上)', 즉 '모든 것이 한 모양으로 머물러 있지 아니하며 만법이 다 고요하도다. 박꽃이 울타리를 뚫고 나가니 삼밭 위에 한가로이 누웠도다'라는 임종게를 남기고 열반에 들었다.

● **용성 스님이 한국불교에 남기신 것은 무엇일까요?**

● "용성진종 조사는 '마음 가는 곳에 부처님이 계시니(心處存佛) 차별 현상의 일용범사(日用凡事)와 평등본체(平等本體)의 이치분상에 불공하라(理事佛供)'는 교훈을 남기셨습니다. 그리고 3대 교화지침도 함께 전했습니다.

지침의 첫째는 불교의 생활화입니다. 생활이 곧 부처님의 법이요, 부처님의 법이 곧 생활이라는 말씀입니다. 둘째는 불교의 대중화입니다. 불사를 통하여 온 겨레 전 인류 모두 다 함께 성불인연을 짓도록 하라는 것입니다. 셋째가 불교의 지성화이니 참선수행(參禪修行), 염불수행(念佛修行), 간경수행(看經修行), 주력수행(呪力修行)을 근본으로 하라는 말씀입니다."

용성 스님은 이와 함께 3대 생활을 제시했다. 악을 그치고 선을 닦는 지악수선(止惡修善)의 보통생활, 나고 죽는 괴로움을 여의고 열반의 즐거움을 얻는 이고득락(離苦得樂)의 신앙생활, 미혹인 어리석음을 굴려 깨달음을 여는 전미개오(轉迷開悟)의 수행생활을 정진의 기준으로 삼을 것을 후학들에게 당부했다.

● **스님은 용성 스님의 유훈 선양을 위한 활동을 계속하고 있습니다. 유훈의 내용은 무엇인가요?**

● "용성진종 조사님의 유훈은 현재 한국불교계에도 매우 중요한 것들이라고 생각합니다. 유훈의 내용을 보면, 처음 넷은 가야불교, 고구려불교, 백제불교, 신라불교 초전법륜 폐허성지를 잘 가꿀 것을 당부하는 내용입니다. 그리고 다섯째, 사바세계 차사천하 남섬부주의 성산(聖山)인 남산(南山)과 신라의 진산(鎭山)인 낭산(狼山)을 잘 수호하라. 여섯째, 호국호법 도량 남산 중 고위산 천룡사 제4창 불사를 성취하여 수도 발원 교화 도량의 언덕으로 삼아라. 이에 덧붙여 부처님이 탄생하신 룸비니 동산 등 부처님 5대 성지를 잘 가꾸어라. 일곱째, 『연기화엄부』, 『소승아함부』, 『대승방등부』, 『공혜반야부』, 『실상법화부』, 『원적열반

부』등 6부의 한문 경전을 한글로 번역, 1백만 권 이상 발간·유포하여 인천 대중의 지혜(智慧)의 안목으로 삼도록 하라. 여덟째, 삼귀의 오계 (三歸依五戒) 수계법회를 통하여 수계 제자가 1백만 명이 넘도록 할 것이며, 이 수계 제자에게 아들이나 손자 대 혹은 증손자 대에 가서 한 아들이나 한 손자나 한 증손자를 낳아 잘 기르고 가르쳐서 부처님 전에 바쳐 출가봉공케 하라. 아홉째, 온 겨레 전 인류 만 중생과 성불인연을 지어 나아가라. 마지막으로 열 번째, 안으로 수행은 비묘엄밀(秘妙嚴密)하게 하고 밖으로 교화는 중생의 근기를 따라 하되 인연 따라 신도를 삼아『묘법연화경』제20「상불경보살품」의 상불경보살(常不輕菩薩)의 수행을 본받아 성불인연을 지어 나아가라 등입니다.”

용성 스님 유훈 실현 불사는 동헌 스님과 도문 스님으로 이어졌고, 도문 스님은 1961년부터 유훈 실현을 위해 동분서주하고 있다.

스님은 가야의 불교전래지인 경상남도 창원시 봉림산 봉림사 봉림선당지 부지를 확보했다. 당시 문화재 지표조사에서 ‘진경대사보월능공탑’(보물 제362호) 등 보물 2점을 확인하였고 발굴조사를 하여 봉림사지 발굴조사 보고서가 나왔다.

도문 스님은 부처님 탄생 성지인 네팔 룸비니원에 대성석가사를 착공해 완공 단계에 있고, 성도 성지인 인도 보드가야 보리수원에도 사찰 부지를 마련해 놓고 있다. 도문 스님의 상좌인 법신 스님이 불사를 맡고 있는 대성석가사는 완공되면 북인도와 네팔 최대 불교 사찰이 될 것으로 기대를 모으고 있다. 스님은 또 145만 권이 넘는 경전과 어록을 무주상 법보시로 보급해 왔고, 110만여 명에게 계를 주었다. 상상할 수 없을 정도로 엄청난 포교 성과다.

● **용성 스님의 유훈 실현 활동을 오랫동안 해온 이유가 있을까요?**

● "용성진종 조사는 1940년 세수 77세, 법랍 61세를 일기로 열반에 드셨습니다. 이때 용성진종 조사께서는 동헌완규 조사에게 이 유훈 10사목(遺訓十事目)을 부촉하시고 당신의 49재를 봉행한 뒤에 개봉해 보라고 하셨습니다. 그래서 동헌완규 조사는 용성진종 조사의 49재를 봉행한 뒤 유훈 10사목 봉투를 개봉하였던 것입니다. 소승은 용성진종 조사의 유훈 실현 부촉과 은사 겸 수법사이신 동헌완규 조사의 실현 당부를 드높이 받들어 유훈 10사목을 실현하려 합니다. 그래서 사분오열된 국민정신을 하나로 모아 장차 국민들이 사분오열의 과보를 받지 않을 수 있도록 하기 위해 사부대중과 온 겨레가 모두 함께 동참하여 이 유훈 실현 공덕으로써 불타 조사의 가피력을 입어 성불인연 만들기를 발원하고 있습니다."

【 산승은 알지 못합니다 】

● **최근 『연기법의 생활』이라는 논서를 전국에 법보시하고 계십니다.**

● "많은 불자와 국민들이 불교의 5대 수행인 참선수행(參禪修行)하여 의단독로(疑團獨露)하고, 염불수행(念佛修行)하여 삼매현전(三昧現前)하며, 간경수행(看經修行)하여 혜안통투(慧眼通透)하고, 주력수행(呪力修行)하여 업장소멸(業障消滅)하며, 불사수행(佛事修行)하여 복덕구족(福德具足)하는 불교의 진수를 맛보고 불타의 성도문과 조사의 오도문에 드는 멋쟁이가 되었으면 합니다."

 구경각해야 진짜 금(金) 될 수 있어

『연기법의 생활』은 용성 스님의 사상과 가르침을 정리해 놓은 논서다. 도문 스님은 최근까지 4만 권의『연기법의 생활』을 전국 불자들에게 나눠 주었고, 앞으로 10만 권 법보시를 목표로 이 책을 재정리하여 배포할 예정이다.

● **깨달음은 무엇입니까?**

● "'주인공인 본성(本性)은 본래청정(本來淸淨)하니 다만 이 마음을 쓰라. 곧 성불해 마치리라.' 용성진종 조사께서는 석가여래부촉법 제33세이자 동토 6조인 혜능 조사의 가르침과 깨달음이 만대의 교훈이라고 하셨습니다. 용성진종 조사님은 대각사상(大覺思想)을 통해 자각(自覺), 각타(覺他), 각행(覺行), 각만(覺滿), 직지인심(直指人心), 견성성불(見性成佛), 등분교화(等分敎化), 전법도생(傳法度生)하라고 교시해 주셨습니다. 그렇기 때문에 중생들은 오욕락(五慾樂)만 즐기는 불각중생(不覺衆生)인 똥주머니로서 하찮은 존재가 아니고 순금(純金)같이 소중한 존재임을 자각해야 합니다. 용성진종 조사님은 또 순금이 들어 있는 금광(金鑛)을 만나는 것이 시각(始覺)이요, 이 금광 가운데에서 금이 아닌 것들을 떨어내는 수련이 본각(本覺)이요, 금만 남은 순금이 구경각(究竟覺)이라고 비유하여 말씀해 주셨습니다. 금이 본래의 금이지만 찬란히 빛나는 금이 되고자 한다면 시각, 본각, 구경각을 알아야 하는 것입니다."

● **어떤 화두로 공부를 하셨나요?**

● "맨 먼저 열두 살에 만암종헌 대종사로부터 '만법귀일 일귀하처(萬法歸一 一歸何處)' 화두를 받았습니다. 열다섯 살에는 평창 오대산

상원사 청량선원 조실 한암중원 대종사로부터 '부모미생전 본래면목
(父母未生前 本來面目)' 화두를 결택 받았으나 다음 해 6·25전쟁으로 인하
여 대종사님을 친견할 수가 없게 되었습니다. 스무 살에 서울 대각사
대각선원에서 범어사 조실 동산혜일 대종사로부터 무자(無字) 화두를
받았습니다. 스물다섯 살에는 순창 아미산 대모암에서 학선병식 대선
사로부터 '정전백수자(庭前栢樹子)' 화두를, 스물일곱 살에 동래 금정산
범어사에서 동헌완규 조사로부터 '시심마(是甚麼)' 화두를 결택 받았습
니다. 그리고 그해 음력 6월 14일에 금정산 범어사에서 동헌완규 조사
로부터 정법안장(正法眼藏)을 계승하였습니다. 그 후에도 전강영신 대
선사로부터 '판치생모(板齒生毛)' 화두를 결택 받고 인증 받았습니다.
이와 같이 훌륭하신 집안 어른들의 은덕과 많은 선지식의 지도와 가피
력으로 주력과 참선, 간경수행을 하였습니다. 그리고 자심보림(慈心保
任), 비심보림(悲心保任), 지혜보림(智慧保任), 복덕보림(福德保任) 중에 있
습니다."

⊙   아침 발우공양을 하기 전 게송을 외고 있는 도문 스님과 제자들.

● **공부를 하시면서 체험을 하셨습니까? 깨달으셨습니까? 제행무상을 배우시고
제법무아를 확철하셨다 하는데, 깨달으셨습니까?**

● "산승불회(山僧不會)입니다. 산승은 알지 못합니다. 산승은 모
르겠습니다."

도문 스님은 알 듯 모를 듯한 말 '산승불회'를 얘기했다. 그러나 앞서
밝힌 바와 같이 스님은 스물일곱 살에 경계를 체험했다. 스님은 1961
년 4월 15일 창원 봉림사지에서 참선하다 오도송을 읊었다. '천지불
타체 산수조사의 산산시수수 유산조수어(天地佛陀體 山水祖師意 山山是水水
遊山鳥水魚)', 즉 '하늘과 땅은 부처님의 몸이요, 산과 물은 조사의 마음
이로다. 산은 산이요 물은 물이어서, 새는 산에서 물고기는 물에서 노
는구나'라는 말이다. 제자의 오도를 전해들은 동헌 스님은 1961년 6월
도문 스님에게 전법게(傳法偈)를 내렸다. '용사소수법 비법비비법 오금
무전전 여역무수수(龍師所授法 非法非非法 吾今無傳傳 汝亦無受受)', 즉 '불타
조사님이 주신 바 법이여 법도 아니다. 법 아님도 아니다. 내 이제 전
한 바 없이 전하노니 너도 또한 받은 바 없이 받아라'라고 말이다.

【 불교의 미래는 젊은이에게 있다 】

● **왜 불교를 믿어야 하나요?**

● "불교 이외의 모든 종교는 육도윤회를 벗어날 수가 없습니다.
오직 불교만이 생사고해의 육도윤회를 벗어날 수 있기 때문에 불교를
믿어야 합니다. 불교의 중요한 가르침은 인연과(因緣果)의 원리(原理)입

니다. 그렇기 때문에 불교 불법을 학습해야 합니다. 변화하지 않는 불변의 실상법(實相法)을 바탕으로 한 인연에 의한 변화무쌍한 연기법(緣起法)을 깨닫기 위하여 불교를 믿어야 합니다."

● **청소년과 군 포교에도 관심이 많으시다고 들었습니다.**

● "청소년과 군은 한국불교의 미래를 책임질 수 있는 사람들입니다. 그렇기 때문에 미래의 불자들을 일찍부터 길러내야 합니다. 그래서 소승은 오래전부터 청소년과 군 포교를 사부대중이 모두 다 함께 하여야 한다고 주장하였습니다. 소승은 첫 교화를 양양 낙산보육원 원장으로서 시작했습니다. 그리고 두 번째로 평창 오대산 월정사 포교당인 강릉 관음사 주지 발령을 받음과 동시에 관음사 부설 금천유치원 원장으로 활동하게 되었습니다. 그리고 이와 함께 평창 극락사 부설 연화유치원을 설립하면서 오대산 월정사 조실 탄허택성 대종사를 초대 이사장으로 모시고 초대원장으로서 어린이 교화에 이바지하였습니다.

그 후 경주 분황사 주지로 가서 동헌완규 조사님을 조실로 모시고, 경상남도와 경상북도를 통합한 '영남불교 중고등학생연합회'를 설립하여 초대 지도법사로 등단해 중·고등학생들을 교화했습니다. 이후 서울대학교 총불교학생회를 창립하여 초대 지도법사로 나섰고, 고려대학교와 6불회 등 대학교의 학생들을 불자화하는 데 이바지하였습니다. 이와 같이 예전부터 소승은 어린이, 청소년, 대학생 포교에 관심이 많았습니다. 군 포교의 경우 오래전부터 천주교의 신부님과 기독교의 목사님들은 이미 왕성한 활동을 군부대에서 하고 있었는데 우리 불교는 그렇지 못했습니다. 당시 홍도 스님이 앞장서고 뜻있는 불자들이 후원하여 군 포교에 적극 나서게 되었습니다. 이러한 인연으로 군승 초창기부터 현재에 이르도록 동국대 불교대학을 이수한 젊은 군법사 후보들과 인연을 짓되 상좌, 조카상좌, 손상좌로 하여금 군법사 활동을 열심히 하도록 하였습니다. 이렇게 초·중·고등학생과 대학생, 청신사, 청신녀 교화를 진행해 지금까지 1백만 명이 넘는 수계 제자를 배출하였습니다."

● **제자와 사부대중에게 강조하는 가르침은 무엇입니까?**

● "목표를 세우되 그 목표는 상구보리 하화중생(上求菩提 下化衆生)하라고 말합니다. 위로는 보리(菩提)인 대각(大覺), 대도(大道), 대광명(大光明), 대지혜(大智慧)인 불도를 구하고 아래로는 온 겨레 전 인류 만 중생을 교화하여야 한다고 강조하고 있습니다. 그리고 일상생활의 수

⊙ 법륜 스님과 대화하는 도문 스님.

행에 있어서는 제악막작(諸惡莫作), 즉 모질고 더러운 모든 악을 짓지 말고, 중선봉행(衆善奉行), 즉 좋고 좋아할 뭇 선을 받들어 행하면서, 자정기의(自淨其意), 즉 그 마음을 청정히 하여 깨달으며, 시제불교(是諸佛敎), 즉 이것이 모든 부처님의 가르침이라고 제불대게(諸佛大偈)를 일러주었습니다. 성불을 목표로 할 때는 보살도(菩薩道)가 제일입니다. 용성진종 조사께서 말씀하시기를 '하루의 생활이 일생의 생활이 되고, 일생의 생활이 영생을 장엄하는 것'이라고 하셨습니다. 그래서 하루하루의 생활이 보살행이 되어야 하겠습니다.

보살행은 십바라밀을 통하여 이루어집니다. 보시(布施) 단나바라밀이 평등(平等)의 근원이고, 지계(持戒) 시라바라밀이 자유(自由)의 근본이며, 인욕(忍辱) 찬데바라밀이 평화(平和)의 기초이고, 정진(精進) 비리야바라밀이 자주(自主)의 기본이며, 선정(禪定) 선나바라밀이 해탈(解脫)의 본향이고, 지혜(智慧) 반야바라밀이 열반(涅槃)의 기반이며, 방편(方便) 오파야바라밀이 상생(相生)의 근거이고, 원(願) 바라니타나바라밀이 서원(誓願)의 요인이며, 역(力) 바라바라밀이 연기(緣起)의 핵심이고, 지(智) 야양낭바라밀이 실상(實相)의 원인입니다. 자리(自利)의 6바라밀과 이타(利他)의 4바라밀인 십바라밀로써 보살도 수행(菩薩道修行)을 삼아 성불인연(成佛因緣) 만들길 바랍니다.”

도문 스님의 수행과 교화 이야기는 끝이 없었다. “그간의 수행과 교화를 일체중생을 위해 회향할 일만 남았다.”는 스님의 말에서 열정이 느껴진다.

인터뷰가 끝날 때쯤 죽림정사 주지이자 정토회 지도법사인 법륜 스님이 왔다. 이 날이 때마침 용성 스님 열반재일이어서 법륜 스님은 멀리

필리핀에서 달려왔다. 도문 스님은 반가운 듯 법륜 스님에게 "일이 바쁘겠지만 건강도 챙기면서 하라."고 당부한다.

고등학교 시절 만나 수십여 년 모신 은사스님의 격려가 법륜 스님에게도 큰 힘이 된 듯하다. 용성 스님 유훈 실현이 곧 '불교의 자성과 쇄신'이라고 강조한 도문 스님은 오늘도 전국을 다니며 부처님의 법을 전하는 스승의〔法師〕 역할에 충실하고 있다.

‘참 나’
찾으면

모두가

위대한
부처

대구 동화사 조실

진제 스님

진제 스님

'남 진제 북 송담'으로 일컬어지는 한국불교 대표 선지식이다.
석우 스님을 은사로 출가한 이후 향곡 스님을 만나
'일면불 월면불(一面佛 月面佛)' 화두를 타파해 인가를 받고
경허-혜월-운봉-향곡 스님으로 이어지는 법맥을 잇고 있다.
스님은 최근 신학자 폴 니터 교수를 만나
대화를 나누기도 했으며,
2011년 9월에는 미국으로 건너가
한국불교의 정수를 전할 예정이다.
대구 동화사와 부산 해운정사의 조실로
수많은 납자들을 지도하며 법을 이을 그릇을 찾고 있다.
스님은 '참 나'를 찾으면 항상 평화롭고
자유자재한 삶을 살 수 있다고 강조한다.

황벽 선사는 말했다. "번뇌망상 벗어나기 예삿일 아니니 화두를 단단히 잡고 한바탕 공부할지어다. 뼛골에 사무치는 추위 맛 모른다면 어찌 코를 찌르는 매화향기 얻을 수 있으랴." 지난겨울이 그랬다. 삼한사온은 온데간데없고 '삼한사한(三寒四寒)'이라는 말이 유행할 정도의 혹한이 사람들을 괴롭혔다. 그래서 오랜만에 느껴보는 봄의 정취가 더 반갑다.

찬 기운을 밀어내는 바람이 멀리 바닷가에서 불어오던 2011년 4월 2일 부산을 찾았다. 거리에 모습을 드러낸 벚꽃과 노란색 옷을 입기 시작한 개나리가 눈에 들어온다. 해운대역에서 내려 장수산 자락에 들어서니 해운정사다. 해운정사는 현재 한국불교를 이끌고 있는 진제법원(眞際法遠) 대종사가 주석하며 후학들을 제접하고 있는 사찰이다.

원통보전에 들러 부처님께 인사를 올리고 진제 스님이 주석하고 있는 금장실(金杖室)로 갔다. 수많은 납자들이 진제 스님에게 법을 묻기 위해 찾았을 방에 앉으니 절로 손에 땀이 난다.

얼마 후 진제 스님이 호탕한 웃음을 보이며 방에 들어왔다. 법을 구하기 위해 오는 출재가자들을 위해 언제나 문을 열어 둔다는 명성 그대로 스님은 궁금한 것은 무엇이든 물어보라며 자리에 앉았다. 날짜가 조금 남긴 했지만 스님에게 부처님이 이 땅에 온 의미부터 물었다.

"모든 생명이 있는 중생에게는 생사(生死)가 가장 중요한 문제입니다. 이러한 문제를 해결하고 그 방법을 가르쳐 주기 위해서 부처님은 사바세계에 오셨습니다. 모든 사람들은 인인개개(人人箇箇)의 자기의 본 마음을 밝혀서 사람다운 사람, 우주가 다 멸해 없어져도 나고 죽는 일에 구애됨이 없이 밝은 삶을 찾으라는 것이 부처님 오신 뜻입니다. 부처님께서 말씀하신 '천상천하 유아독존'은, 모든 사람들의 마음 바탕은 부처님과 똑같은 지혜와 덕상이 갖추어져 있으므로, 마음 밭을 닦아 누구나 부처가 될 수 있다는 사실을 행동으로 보이신 위대한 가르침입니다. 또한 이미 부처로서 인격이 갖춰진 '참 나'에 대한 하화중생(下化衆生)의 실천적 의미는, 보다 더 깊고 넓게 사회를 이롭게 하는 자비심과 봉사를 실천하라고 가르치신 것입니다." 진제 스님은 "우리 모두 일상생활 속에 이러한 봉사와 실천을 행하는 가운데 '참 나'를 밝히는 참선수행을 꾸준히 연마함으로써 위대한 부처가 될 것"이라며 '상구보리 하화중생'의 삶을 강조했다.

해운정사 전경. ⊙

【 향곡 스님과의 인연 】

● **스님의 출가인연이 궁금합니다.**

● "부처님께서는 카필라국의 왕자로 태어나셨지만 인생이 무상함을 아시고 어떻게 하면 생사에서 벗어날 수 있겠는가를 고민하시다가, 진리를 깨닫는 데 그 답이 있음을 아시고 왕위도 마다하시고 깨닫기 위해 출가하셨습니다. 그래서 설산에 들어가 6년간 고행한 끝에 자기의 본 마음을 밝혀, 우주가 다 멸해 없어져도 나고 죽는 일에 구애됨이 없는 참 나를 깨달으셨습니다. 산승도 스무 살 때 집 근처 절에 도인(道人)이 계신다는 소식을 듣고, 당숙과 해관암(海觀庵)에 가게 되었습니다. 석우 선사께 인사를 드리니까, 저를 보고 하시는 말씀이 '이 세상에 사는 것도 좋지만, 금생에 사바세계에 안 나온 것으로 하고 중놀이를 해보지 않겠는가?' 하셨어요. 그래서 제가 '중놀이를 하면 어떠한 장처(長處)가 있습니까?'라고 물으니, '범부가 위대한 부처되는 법이 있네'라고 하셨습니다. '범부 중생이 위대한 부처가 된다'는 이 말에 이상하게 마음이 끌렸어요. 그래서 부모님께 허락을 얻은 후, 위대한 부처가 되기 위해 출가하였습니다."

스님은 남해에서 태어났다. 7남매 중 넷째였다. 스님의 부모님은 공부해서 도인이 되겠다는 아들의 말이 반갑고 대견해 흔쾌히 출가를 허락했다고 한다. 1954년의 일이다.

● **출가 3~4년차 시절이 가장 힘들 때라고 합니다. 스님은 어떠셨나요?**

● "진실로 자기가 하고 싶은 것을 하면 힘들어도 힘들다는 생각

이 들지 않습니다. 산승도 스물네 살 때 여름 해제 후에 은사스님의 허락을 얻어 걸망을 짊어지고 동화사를 떠나 태백산 각화사 동암(東庵)으로 갔습니다.

혼자서 모든 반연을 끊고 오로지 공부만 하겠다는 각오로 정진에 몰두했습니다. 저녁 9시에 방선(放禪)하면 대중이 잠들기를 기다렸다가 살며시 혼자 일어나 두어 시간씩 더 정진할 정도로 그때는 열심히 정진했습니다."

● **은사이신 석우 스님은 어떤 분이셨습니까?**

●   "석우 선사께서는 해인사 조실과 조계종의 초대 종정을 지내신 큰스님이십니다. 당시에 '절집 정승은 석우 선사'라는 말을 들을 정도로 지혜와 인덕이 훌륭하셨습니다. 석우 선사께서는 종정에 오르신 후 동화사에서 주석하셨습니다. 당시 제가 시자를 하며 모셨는데, 하루는 제가 대중과 함께 팔공산 등산을 하고 내려오다가 빈 토굴을 발견하고 며칠 정진하고 온 적이 있었습니다. 그때 선사께서 저의 발심(發心) 의지를 보시고는 '부모미생전 본래면목(父母未生前 本來面目)' 화두를 주셨습니다. 그것이 출가하여 받은 첫 화두입니다."

'부모미생전 본래면목'은 '부모에게 나기 전에 어떤 것이 참 나인가?'를 참구하는 화두다. 그때부터 스님의 화두와의 씨름은 시작됐다.

● **석우 스님 입적 후 향곡 스님을 찾아가셨다고 들었습니다. 향곡 스님은 어떤 분이신가요?**

●   "향곡 선사는 60여 년 전 성철 선사와 봉암사 결사를 주도하

여, 삼칠일(三七日) 동안 화두일념삼매에 들어 확철대오(確徹大悟)하여
최상승의 진리를 발견함으로써 한국의 정신문화를 세계 정상에 우뚝
올려놓으신 분입니다. 조선시대 이후로 불교계는 억불숭유(抑佛崇儒)의
침체기였는데, 향곡 선사는 고려시대 태고, 나옹 선사의 최상승 진리
의 안목을 다시 열어 보이신 위대한 성인이셨습니다.

향곡 선사는 일만 겹의 조사관문(祖師關門)을 부수고 불조(佛祖)의 보금
자리를 타파하시어, 운봉 선사로 부촉되어온 불조의 깨달은 법맥을 이
어받으셨습니다. 어느 때는 보검과 같고, 어느 때는 걸터앉은 사자 같
고, 어느 때의 한마디는 천하인의 혀를 꼼짝 못하게 하고, 어느 때의
한마디는 파도를 따르고 물결을 좇았습니다. 제불제조(諸佛諸祖)와 어
깨를 나란히 하는 부처님의 깨달은 법을 이어받은, 한국 선종사에 큰
족적을 남기신 대선지식이셨습니다."

향곡혜림(香谷蕙林) 스님은 운봉성수 스님의 법맥을 이은 근현대 대표
적인 선지식으로 성철 스님, 청담 스님과 가깝게 지내며 봉암사 결사
를 주도했다. 전국 제방 선원에서 납자들을 지도하고 부산 기장 묘관
음사에 선원을 개설하여 후학들을 제접하는 한편, 선암사, 불국사, 동
화사의 조실 등을 역임하면서 종풍(宗風)을 크게 선양했다.

● **향곡 스님에게서 인가를 받고 법맥(法脈)을 이으셨습니다.**

● "'부모미생전 본래면목' 화두로 참구하던 중, 어느 날 반짝
떠오르는 지견(知見)이 있었습니다. 점검을 받기 위해 묘관음사에 주석
하고 계시던 향곡 선사를 찾아가니, 선사께서 대뜸 물으셨습니다. '일
러도 삼십방(三十棒)이요 이르지 못해도 삼십방이니, 어떻게 하려느

냐?' 내가 답을 못하고 우물쭈물하자 향곡 선사께서 다시 물으셨습니다. '남전(南泉) 선사의 참묘(斬猫) 법문에 조주 선사께서 신발을 머리에 이고 나가신 것에 대해서 한마디 일러 보아라.' 나는 그 물음에도 답을 하지 못하였습니다. '알았다'고 자신만만했는데 그만 여지없이 방망이를 맞았던 것입니다. 그러나 당시에는 선지식에 대한 믿음이 정립되어 있지 않았던 때라, 생각을 쉽게 놓을 수가 없어 제방을 행각하며 2년여 세월을 어정쩡하게 허비해 버렸습니다. 그러다가 스물여섯 살 때 오대산 상원사에서 동안거를 하던 어느 날 문득 거짓에 사로잡혀 허송세월한 스스로를 반성하고, 모든 잘못된 소견(所見)을 놓고 백지로

돌아가서 다시 공부를 시작하리라는 결심으로 해제하자마자 향곡 선사 회상을 찾아갔습니다. 선사께 예배드리며, '이 일을 마칠 때까지 스님을 의지해서 공부하려고 왔습니다'라고 하니 향곡 선사께서 물으셨습니다. '이 심오하고 광대무변한 대도(大道)를 네가 어찌 해결할 수 있겠느냐?' '신명(身命)을 다 바쳐서 해보겠습니다'라고 대답하니 향곡 선사께서 새로 '향엄상수화' 화두를 주셨습니다."

향엄상수화(香嚴上樹話) 화두는 어떤 사람이 아주 높은 나무 위에서 입으로 나뭇가지를 물고 매달려 있는데 나무 밑에서 어떤 사람이 '조사서래의(祖師西來意)'를 물었을 때의 상황을 표현한 화두다. 대답하지 않으면 묻는 이의 뜻에 어긋나고, 만약 대답한다면 낭떠러지에 떨어져서 목숨을 잃게 되는데, 이러한 때 어찌해야 하는지를 묻는 화두다. 진제 스님은 2년여 동안 이 화두에 매달렸다. 화두일념으로 두문불출하고 정진을 하던 스물여덟 가을 드디어 '향엄상수화' 화두의 관문을 뚫어냈다. 향곡 스님에게 오도송을 지어 바치니 매우 좋아했다. 그러나 진제 스님은 '일면불 월면불(一面佛 月面佛)'에 또다시 막혔다. 그래서 이 화두를 풀기 위해 다시 정진에 나섰고, 5년여 동안 씨름한 끝에 마침내 타파했다. 스님은 '일봉타도비로정 일할말각천만측 이간모암신각와 해상청풍만고신(一棒打倒毘盧頂 一喝抹却千萬則 二間茅庵伸脚臥 海上淸風萬古新)', 즉 '한 몽둥이 휘두르니 비로 정상 무너지고 벽력 같은 일 할에 천만 갈등 흔적 없네. 두 칸 토굴에 다리 펴고 누웠으니 바다 위 맑은 바람 만년토록 새롭도다'는 오도송을 읊었다. 진제 스님은 향곡 스님에게 최종적으로 인가를 받은 뒤 경허-혜월-운봉-향곡 선사로 이어져 온 임제정맥(臨濟正脈)의 법등(法燈)을 부촉받고 '진제(眞際)'라는 법호와

함께 전법게를 받았다. 전법게의 내용은 다음과 같다. '부진제법원장
실 불조대활구 무전역무수 금부활구시 수방임자재(付眞際法遠丈室 佛祖大
活句 無傳亦無受 今付活句時 收放任自在, 진제법원 장실에 부치노라. 부처님과 조사의 산
진리는 전할 수도 받을 수도 없는 것이라. 지금 그대에게 활구법을 부촉하노니 거두거나 놓거
나 그대 뜻에 맡기노라).'

진제 스님은 이후에도 성철 스님, 서옹 스님 등 당대의 선지식들과도
공부를 함께 하며 법을 체득했다.

【 하루에도 천 번 만 번 의심을 밀어 주어야 】

● **깨달음이란 무엇인가요?**

● "자기의 참 모습입니다. 누구나 다 이 몸뚱이를 이끌고 있는 '참 나'가 있습니다. 그 참 나는 우주가 생기기 이전에도 있었고 우주가 멸한다 해도 변함없이 있습니다. 깨닫기 전에는 육도(六道)의 세계가 분명하더니, 깨달은 후에는 비고 비어서 항상 여여(如如)하며, 여여한 가운데 깨달음과 어리석음도 없으며, 때로는 만인 앞에 진리의 가게를 펴기도 하고 거두기도 하고, 주기도 하고 빼앗기도 합니다. 이처럼 깨달음이란, 모든 개개인이 가지고 있는 참 나를 깨달아서 영원토록 세계가 한 집이요, 만유(萬有)가 동체(同體)이며 대안락과 대자유의 무심삼매를 수용(收用)하게 되는 것을 말합니다."

● **깨달음의 경지를 설명해 주실 수 있습니까?**

● "깨달음의 경지에는 세 가지가 있습니다. 가장 낮은 단계인 '법신(法身)의 진리'가 있고, 그 위에 육근(六根)과 육식(六識)을 송두리째 뿌리 뽑아서 온 삼천대천세계가 텅텅 비어 성인과 범부가 없는 '여래선(如來禪)의 진리', 그리고 그 위에 부처님께서 전하신 지극한 이치로서 '향상일로(向上一路)는 일천 성인도 전하지 못한다'는 최상승(最上乘)의 진리가 있습니다. 이것은 대오견성해야 알 수 있습니다.
법신의 진리를 깨달은 세계는 '온 세계가 조그마한 티끌도 볼 수 없는 청정한 모습'을 본 것입니다. 최상승의 깨달은 세계는 언설로 설명할 수 있는 세계가 아닙니다. 오직 깨달은 자만이 알 수 있는 세계입니다.

그래서 일천 성인의 이마 위의 일구(一句)를 뚫어 지나간 자만이 알 수
있는 것입니다."

● 깨달은 사람과 깨닫지 못한 사람은 뭐가 다른가요?

● "사람에게는 생로병사가 가장 중요한 문제입니다. 세상에 부
귀공명을 누리는 사람도 모두 이것에 직면하면 심각한 문제가 됩니다.
깨달은 자는 항상 여여(如如)해 마음의 지혜가 밝아 있기 때문에 모든
갈등과 번뇌를 찾을 수가 없고 생과 사가 있을 수 없습니다. 그러므로
모든 유정과 무정이 나와 더불어 한 몸이 되고, 온 세계가 한 집인 삶
을 살아가게 됩니다.

그러나 아직 깨닫지 못한 자는 자기 안에 진리가 있다는 사실을 모르
고 바깥으로만 치달으니, 돈과 명예와 애욕 등 오욕락(五慾樂)으로 마
음의 병통을 초래하는 것입니다. 항상 어리석음에 갇혀 있어서 온갖
시비와 갈등, 시기와 질투에 편안한 삶을 누릴 수도 없고 죽음에 다다
라서는 공포와 불안, 애착과 원한 때문에 삶의 고통을 그대로 다 짊어
지고 육도윤회 속에서 쳇바퀴 돌 듯 삶을 살아가게 됩니다."

스님은 "수행에 있어 처소는 관계가 없다. 공부는 사위의(四威儀, 행주좌와)
가운데 무르익어야 하기 때문에, 일체처 일체시에 화두를 놓치지 않아
야 한다. 기도도 마찬가지지만 아직은 스스로 몸과 마음을 다스리지
못하기 때문에 더 경건하게 하기 위해 성지(聖地)를 찾아 몸과 마음을
다잡고 복을 지으며 수행과 기도를 하는 것"이라고 덧붙였다. 진제 스
님은 "그러나 무엇보다도 수행에 있어서 선지식의 역할이 매우 중요
한데 부처님의 정법(正法)은 만나기도 어렵고 또한 바르게 지도받기도

어렵다."며 선지식과의 인연을 여러 차례 강조했다.

"중생이 위대한 성인이 되는 것입니다. 부처님같이 대지혜를 얻어 대자유와 대안락 속에서 영원히 살아갈 수 있는 것입니다. 참선을 하면 지혜롭고 성실하고 책임감도 강해집니다. 이 참선수행을 꾸준히 연마하면 마음 가운데 가지가지의 갈등과 시기, 질투, 공포, 불안이 봄눈 녹듯이 녹아내려 평온한 여생을 누릴 수 있고, 죽음에 다다라서도 편안히 이 몸을 벗고 더 좋은 여건 속에서 새로운 몸을 받게 됩니다. 그러니 살아생전에 이렇게 꾸준히 닦아 연마하고 항시 대오견성의 발원을 세운다면 다음 생에는 반드시 더 좋은 여건 속에서 수행을 닦아 견성(見性)할 수 있게 될 것입니다."

"간화선에서 화두는 이 몸뚱이와 같고 의심은 생명과 같습니다. 부처님께서도 '어떤 것이 나의 참 모습인가' 하는 의심에 6년간 삼매에 드셨는데, 새가 머리에 집을 지어도 모르셨습니다. 그래서 화두 없이 의심만 있다면 몸뚱이 없는 영혼과 같아 그 어떠한 것도 이룰 수 없고, 또 의심 없는 화두는 죽은 시체와 다를 것이 없어서 아무런 가치가 없는 것입니다. 그래서 화두와 의심이 하나가 되어 빈틈없이 밀어 주는 게 간화선 수행법입니다. 그러나 우리는 생각만으로 살 수 없기 때문에 일상생활 속에 꾸준히 익히는 것이 우선입니다. 그러니 화두를 들고 일상생활 가운데 하루에도 천 번 만 번 의심을 밀어 주어야 합니다."

스님은 직접 간화선의 자세에 대해서도 설명했다. 앉아서 좌선할 때는 반가부좌를 해서 손을 배꼽 밑에다 붙이고 가슴을 쫙 펴면 바른 자세가 된다. 눈은 2미터 아래에다 두고 보통으로 떠서 있되 노려볼 필요는 없다고 했다. 스님은 "대오견성(大悟見性)은 일념삼매가 지속되어 참의심이 발동 걸려야 가능한 것이니, 끊임없이 의심하고 챙기고, 챙기고 의심해야 한다."며 "반드시 화두 일념이 지속되어야 참 나를 깨달을 수 있다."고 말했다.

【 서구에서 불교가 급성장하고 있는 이유는? 】

● **얼마 전 폴 니터 교수가 스님을 찾아 왔습니다. 대담은 어떠셨습니까?**

● "산승은 올해 초 폴 니터 교수와 함께 종교 간의 대화를 가졌습니다. 참으로 의미 있는 자리였습니다. 서양의 신학자로서, 그만큼 신심 있고 순수한 분이 진리의 목마름에 종교와 나이를 초월하여 머나먼 타국까지 와서 산승을 만나고자 하는 열정에 깊은 감명을 받았습니다. 폴 니터 교수는 서양의 많은 지성인들이 진리를 알고자 하는 갈증에 목말라하고 있고, 그 해법을 불교의 참선수행에서 찾는다는 말을 하더군요. 동양 정신문화의 골수인 간화선에 대해 얘기하고 또 불교와 기독교 간의 화합에 큰 희망을 얻게 된 자리였습니다. 대담에서 인류 개개인의 내적 평화 없이는 세계평화란 불가능하다는 데 인식을 같이

하고 종교 간의 화합과 공존, 인류평화를 위해서 선(禪) 수행을 통한 해법의 가능성을 확인했습니다." 진제 스님은 미국 유니언 신학대학의 초청으로 올 9월에 미국으로 건너가 워싱턴, 뉴욕, LA 등에서 한국 간화선을 알릴 예정이다.

● 서구에서 불교가 급성장하고 있는 이유는 뭘까요?

● "폴 니터 교수는 내실(內實) 없는 종교는 과학이 발달할수록 도태할 수밖에 없으며, 따라서 서양의 다른 종교인들이 내실 있는 수행에 호감을 가지고 불교에 많이 귀의하고 있다고 말했습니다. 불교는 선수행을 통해 정신문화를 계발하고, 나아가 진리를 깨닫는 데 착안을 두고 있습니다. 모든 행이 바르려면 마음수행을 닦아서 거짓 없이 순수해야 합니다. 거기에서 지혜가 나와서 바르게 살고 바르게 인도할 수 있는 것입니다. 그러면 저절로 나와 남이 없이 서로가 한 몸이 되고 온 세계가 한 집이 되어 잘 살 수 있는 것입니다. 이렇듯 불교는 자기의 성품을 밝히고 행을 닦는 철저한 수행을 바탕으로 삼고 내실이 철저한 종교이기 때문에 큰 매력을 느끼게 된다고 봅니다."

● 현재 동화사와 해운정사 조실로 계십니다. 후학들은 어떻게 지도하십니까.

● "부처님으로부터 내려오는 단 한 가닥의 법맥이 끊어지지 않게끔 공부하는 이들이 바른 참선법을 익히도록 지도하고 있습니다. 일상생활 속에서 무르익어서 바깥으로 치닫는 온갖 습기가 녹아내려 평정심 가운데 부처님의 최고의 진리를 원만히 깨달아 지혜와 자비로 일체 중생을 위해서 살 수 있도록 가르치고 있습니다.

다만, 활구 참선(活句參禪)을 할지언정 사구(死句)를 참구하지 말라고 합니다. 활구를 참구하면 부처님과 조사의 스승이 되지만, 사구를 참구하면 자기 자신도 구제하기 어렵기 때문입니다. 그러면 어떤 것이 활구 참선입니까? 일천 성인(一千聖人)의 이마 위의 일구를 투과(透過)해야만 활구가 됩니다. 일천 성인의 이마 위의 일구를 투과하지 못하면 활구의 세계를 전혀 모른다는 뜻입니다. 이마 위의 일구를 투과한 자는 죽이기도 하고 살리기도 하고 주기도 하고 빼앗기도 하고 기(機)와 용(用)을 가지런히 쓰는 수완을 갖추게 되는 것입니다. 그러나 정해정식(情解情識)에 떨어진, 알음알이의 사구(死句)는 도저히 이러한 자재의 수완을 갖출 수가 없기 때문에 자기 자신도 구제할 수 없습니다."

매년 여름과 겨울 안거가 되면 동화사와 해운정사의 선방에서는 각각 30여 명 이상의 수좌들이 정진한다. 또 대구 경북을 비롯한 영남권의 스님들은 진제 스님의 법문을 듣고 안거를 시작해 진제 스님의 법문을 끝으로 안거를 마치고 있다.

● **스님의 법맥을 이을 법기는 찾으셨습니까.**

●   "대전까지 간 사람이 두세 명 되는 것 같지만 아직 서울에 이른 사람은 없습니다. 발심납자들이 밤낮을 잊고 정진하고 있으니 기다려 봅시다."

스님의 법을 이을 그릇을 찾았는지가 궁금해 불쑥 던진 질문이었다. 스님은 후학들이 많이 있긴 하지만 아직 확철대오한 사람은 없다고 했다.

진제 스님을 모시고 있는 한 스님은 "지금 스님께서 후학을 밝히지 않는 것은 공부가 덜 된 사람이 공부를 완전하게 마칠 수 있도록 하기 위한 배려"라고 귀띔하기도 했다.

진제 스님은 돈오돈수와 돈오점수에 대해서도 의견을 피력했다. "돈오점수는 한 계단 한 계단 닦아서 부처님의 경지에 오르는 수행법입니다. 그래서 여러 생, 오랜 세월이 지나야만 온전히 깨달음을 이룰 수 있는 수행법입니다. 그러나 돈오돈수는 화두일념삼매에 푹 빠져 죽었다 살아남으로 인해 한 걸음도 옮기지 않고 부처님의 경지에 이르게 되는 수행법으로, 부처님의 법맥은 바로 이 돈오돈수법으로 이어져 내려왔습니다."라고 강조했다.

【 5대 결사는 한국불교가
다시 태어나는 계기가 될 것 】

● **젊은 세대는 불교를 어려운 종교라고 얘기합니다.**

● "팔만사천 법문이 다 마음법을 설해 놓은 것입니다. 마음이 아닌 오욕락이라는 허상을 좇아 바깥으로 치달아 살고 있는 이들에게는 당연히 어렵게 느껴질 수 있습니다. 그러나 인생이 무상하고 세상이 허무함을 알아 진리를 깨닫고자 하는 마음이 일어나 선지식을 찾아가 불교를 배운다면 불교는 어려운 게 아니라 하나하나 내 수행을 점검해야 할 방편임을 알게 됩니다. 마음에 관심이 없는데 마음법이 쉽게 느껴질 수 없는 이치입니다."

"새해 들어 총무원 집행부는 범종단적 차원의 '자성과 쇄신 결사'를 제안한 바 있습니다. 이는 우리 모든 수행자들의 의지를 천명한 시대적인 소명입니다. 고려시대에는 백련(白蓮)결사와 지눌의 정혜(定慧)결사가 있었습니다. 그 결사를 통해서 세속화된 불교와 타락한 형식불교를 척결하며, 정법수행(正法修行)을 주창했습니다. 근세에는 '부처님 법대로 살자'는 봉암사 결사로 한국 승가의 내적(內的)인 혁신과 납자들의 수행 풍토 확립에 큰 족적을 남겼습니다. 따라서 모든 출가자들은 깨달음을 통해 생사(生死)의 고통에서 영구히 벗어나서 널리 일체중생을 제도하고자 하는 출가 본분으로 돌아가야 합니다.

한국 불교는 지난 1,700여 년의 역사 속에서 생활불교로서 국민들과 함께하며 시대정신을 이끌어 왔습니다. 이번 수행, 문화, 생명, 나눔,

⊙ 진제 스님이 동화사에서 깨달음의 말씀을 전하고 있다.

평화 5대 결사를 통해 한국불교가 민족종교로서의 자긍심을 되찾고 사회와 함께하는 국민불교로 다시 태어나는 계기가 될 것입니다.”

● 마지막으로 불자와 국민들에게 당부하고 싶은 한 말씀 부탁드립니다.

● “‘인비지단(人貧智短)이요, 마수모장(馬廋毛長)이라’ 했습니다. 사람들이 빈한(貧寒)하게 사는 것은 지혜(智慧)가 짧기 때문이요, 말이 여위면 털이 긴 법입니다. 밝은 지혜는 출세와 행복의 근본이 됨이니, 모든 분들이 이러한 밝은 지혜를 증득하여 억만년이 다하도록 수용하시기를 바라는 뜻에서 모든 분들에게 화두 하나를 드리니, 마음속에 소중히 간직하여 일상생활 속에 부지런히 참구하시기 바랍니다.

‘부모에게 이 몸 받기 전에 어떤 것이 참 나던고?’ 인생은 오늘 있다가 내일이면 가는 법입니다. 세상사 바쁘다 해도 ‘참 나’를 깨닫는 이 일을 밝히는 것보다 바쁘고 급한 일이 없습니다. ‘참 나’를 깨닫게 되면, 수천 생을 태어나더라도 밝은 지혜의 눈을 잃지 않고 온갖 갈등에서 벗어나 항상 평화롭고 대자유자재한 삶을 살게 됩니다. 우리 모든 불자와 국민들이 이웃을 내 몸같이 사랑하며 살기를 바랍니다.”

스님은 막힘이 없었다. 법(法)의 언저리에라도 다가가고 싶은 낮은 근기의 불자에게 풀어 주는 법문은 청량제와 같았다. 금장실을 나와 다시 해운정사를 한번 둘러봤다. 해운대 바닷가에서 불어오는 봄바람이 상쾌했다. 사찰을 나와 다시 속세로 들어가고 있는 발걸음도 무척 가벼웠다.

白雲清風自去來
日落西山月西東

지금

이
순간을
살펴라

동국대 불교학술원장

인환 스님

인
환
스
님

한국전쟁 중 배를 타고 남쪽으로 내려와
부산에서 만난 보살님과의 인연으로
선암사를 찾아가 출가했다.
출가 이후 일본으로 건너가
도쿄대학에서 박사학위를 받았다.
일본에서 공부를 마친 후 캐나다로 건너가
해외포교에 나섰다.
한국불교가 해외에 눈을 돌리지 못할 때
일찍이 스님은 밖으로 나가서 공부하며
포교를 실천했던 것이다.
귀국 후에는 동국대학에서 학생들을 지도했으며,
특히 학생들에게 '참선'을 가르쳤던 것을
큰 보람으로 생각하고 있다.
여든을 넘긴 세수에도 동국대 불교학술원장을 맡아
불법 홍포에 매진하고 있다.

부처님오신날이 얼마 남지 않았다. 형형색색의 연등(燃燈)들이 전국의 사찰들을 장엄하고 있다. 북한산 자락 경국사에도 연등이 하나둘 걸리고 있다.

경국사에는 총무원장을 지낸 지관 스님이 주석하고 있다. 지관 스님은 경국사에서 지내며 '가산불교대사림' 발간 불사를 비롯한 수많은 연구를 진행하고 있다. 경국사에는 또 호암인환(顯庵印幻) 스님도 함께하고 있다. 지관 스님이 조실(祖室), 인환 스님은 한주(閑主)로 후학과 신도들을 제접하고 있다.

2011년 4월 21일 인환 스님을 만나기 위해 경국사를 찾았다. 경국사의 큰법당 격인 극락보전 옆 조그만 환희당(歡喜堂)에서 인환 스님은 수십 년째 머무르고 있다. 환희당 마루에는 크고 작은 박스들이 쌓여 있었다. 스님의 책을 묶은 것인데 곧 부산 내원정사 도서관으로 보낼 것이라고 한다. 작은 문을 열고 들어가니 역시 제일 먼저 보이는 것은 책들이다. 지금까지 만났던 스님들 중 인환 스님은 가장 작은 방에 가장 많은 책을 가지고 있었다.

스님에게 삼배를 올리고 자리에 앉았다. 스님은 경북 청송에서 올라온 것이라며 국화차를 직접 내주셨다. 스님에게 환희당의 뜻이 따로 있느냐고 먼저 여쭈었다.

"매일 즐겁고 기쁘게 살자고 지은 이름입니다." 그래서인지 스님의 표정은 매우 밝았다. 팔순을 넘긴 나이가 믿기지 않을 정도로 건강도 좋아 보인다.

스님은 최근 동국대 불교학술원장을 맡았다. 지난 1996년 동국대 교수로 정년퇴임한 뒤 15년 만에 학교로 환지본처(還至本處)한 것이다. 동국대 관계자들은 "종립학교인 동국대와 불교학의 발전을 이끌 만한 최적의 인물이 바로 인환 스님"이라고 전했다.

불교학술원은 동국대학교가 불교학 연구 활성화를 위해 설립했다. 2009년 6월 초대 학술원장으로 로버트 버스웰 교수(UCLA)가 임명된 바 있으며, 산하에 불교문화연구원, 전자불전문화콘텐츠연구소, 동

⊙ 인환 스님의 주석처인 환희당. 내원정사 도서관으로 보내질 책들을 묶어 상자에 담아 두었다.

국역경원, 종학연구소, 한국불교전서역주사업단, 조선불교사기편찬 사업단을 두고 있다. 전임연구교수 6명, 연구초빙교수 16명, 전임연구 원 6명 등 총 41명의 인원이 상근하고 있는 국내 대표적인 불교학 연구기관이다.

"불교학술원은 '한국불교학 연구 중심'의 세계적인 연구기관을 지향하고, 동국역경원의 역경사업을 미래지향적으로 계승하여 21세기 통합대장경 아카이브 사업을 추진하며, 한국불교학 연구 진흥을 책임질 최고의 불교학자들이 연구를 이끌고 후학을 양성할 수 있는 연구인프라를 갖추도록 할 것입니다."

인환 스님은 이를 위해 21세기 통합대장경 아카이브 구축, 매년 '간화선 국제학술대회' 개최, 한국불교학 진흥 연구인력 양성, 한국불교학 진흥기금 모연 사업 등을 펼치겠다고 말했다.

이와 함께 인환 스님은 지난 4월 15일 조계종 원로의원으로 선출되기도 했다. 한 달 새 두 가지 중요한 소임을 함께 맡게 된 것이다.

"부족한 나에게 갑자기 많은 일들이 주어졌습니다. 어렵겠지만 맡은 일에 최선을 다해 볼 생각입니다."

불교학술원에 이어 화제를 스님의 출가와 수행 등으로 돌렸다. 스님은 한국의 대표적인 학승(學僧)답게 질문 하나하나마다 자세한 설명을 덧붙였다.

【 출가하는 날에 받은 충격 】

● "내 고향은 북한 원산입니다. 거기서 나고 자라다가 1·4후퇴
때 배를 타고 내려왔습니다. 가족이 모두 오지 못하고 저만 원산항에
서 묵호항으로 와 다시 걸어서 부산까지 갔습니다. 그 과정에서 죽을
고비를 수차례 넘겼습니다. 부산에서 피난 생활을 하다 보니 여러 생
각이 들었습니다. 죽어서만 지옥에 간다고 하는데, 내가 서 있는 이곳
이 지옥과 다름없다는 생각을 하게 되었습니다. 그러던 중 길에서 한
노보살님을 만났습니다. 제가 불쌍했던지 그 보살님이 밥을 사주면서
'불도를 닦아볼 생각이 없느냐?'고 물었습니다. 불교에 대해서는 전혀
모르던 때입니다. 그 보살님이 잘 생각해 보라고 하고 10일 후에 다시
만나자고 했습니다. 다시 만난 그 노보살님이 '학생, 결심이 됐소?' 하
고 물었어요. 그런데 나도 모르게 그냥 '네!'라고 대답해 버렸습니다.
그래서 그 노보살님을 따라 절에 갔습니다. 그 절이 바로 부산 선암사
입니다."

그렇게 스님은 선암사까지 갔다. 당시 선암사 선원에는 향곡 스님을
비롯해 석암 스님, 지월 스님, 석호 스님(서옹 스님), 홍경 스님, 무불 스
님, 설봉 스님 등 기라성 같은 수좌들이 정진하고 있었다.

불교와 전혀 인연이 없던 청년이 졸지에 출가하겠다고 절 마당에까지
간 것이다.

"내가 절에 간 날이 때마침 1952년 하안거 해제날이었습니다. 그때
선암사 조실이 향곡 스님이었는데 우연히 해제법회를 보게 되었습

니다. 해제법회를 보러 작은 절에 500여 대중이 모여들었습니다. 그때는 아무것도 몰랐지만 지금 생각하면 대단한 법거량이 벌어졌습니다.

조실스님이 법상에 올라 하는 말이 '창천(蒼天)! 창천(蒼天)! 누가 이 뜻을 아는가? 한마디 일러라!'였습니다. 그때 30대 중반의 한 스님이 자리에서 일어나 한마디를 했습니다. 그때 무슨 말을 했는지는 기억이 나지 않습니다. 그러자 향곡 스님이 '안 된다. 안 된다. 그것으로는 안 된다'고 했습니다. 그러자 그 젊은 스님이 앞으로 나오더니 법상을 어깨로 밀었습니다. 향곡 스님은 놀라지도 않고 꿈쩍도 안 했습니다. 향곡 스님은 주장자로 그 수좌의 어깨를 툭툭 때렸습니다. 그리고는 다시 '안 된다. 그것으로는 안 된다'고 했습니다. 젊은 수좌스님은 향곡 스님에게 합장하며 인사하고는 다시 자리로 돌아가 앉았습니다."

출가하러 절에 온 첫날 풍경이 평생 수행을 해도 좀처럼 보기 힘든 모습이었으니 인환 스님이 받은 충격은 말로 다 표현할 수 없을 정도였다. 스님은 "그 모습을 보니 이런 세상도 있구나. 나도 이 길로 가야겠다."고 확신했다고 한다. 그 후 스님은 본격적으로 절 생활을 시작했다. 처음 보름 동안은 부목(浮穆) 처사들과 함께 산에 올라 땔나무를 하며 살았다. 그 후 정식 행자가 되어 부엌에 들어갔다. 부엌에 가보니 훗날 불교학자가 된 김지견 박사가 공양주를 하고 있었다. 스님은 국과 반찬 등을 담당하는 채공을 맡았다. 약 1년간의 행자 생활을 마치고 스님은 사미계를 받는다.

● **석암 스님이 계를 주셨다고 들었습니다.**

● "내가 행자가 된 뒤 세 명의 행자가 더 들어와 총 다섯 명의 행자가 함께 사미계를 받았습니다. 당시, 나를 제외한 다른 네 명의 행자는 스승을 정했는데 나만 정하지 못했습니다. 법명도 받지 못했습니다. 석암 스님이 내 사정을 아셨던지 계를 주시면서 눈을 한 번 감으시더니 '너의 법명은 인환(印幻)으로 하겠다'고 하시고 계를 주셨습니다."

석암 스님이 '인환'이라는 법명을 준 이유는 "세상이 참으로 무상한 줄 알아야 올바로 수행할 수 있고 중노릇을 잘할 수 있기 때문"이라고 한다. 스님은 계를 받고 나서도 은사를 정하지 못했다. 계를 받고 나서 한 달여가 지났을 때 금강산 표훈사 주지를 했던 원허 스님이 선암사에 왔다. 원허 스님은 전쟁이 나 남쪽으로 내려와 전국의 선방을 다니다가 선암사까지 온 것이었다. 석암 스님은 선암사 감사(監寺, 지금의 총무)라는 지위를 이용해 원허 스님에게 인환 스님을 상좌로 받아줄 것을 청했다. 원허 스님은 "북쪽에는 상좌가 몇 있지만 남쪽에 내려와서는 제자가 없다."며 흔쾌히 수락했다.

● **원허 스님은 어떤 스승이셨나요?**

● "은사스님은 표훈사 주지를 하면서 소속 암자이던 마하연 관리까지 함께 했습니다. 일제시대까지만 해도 마하연선원에 방부를 들여야 수좌로서 인정을 받던 시절이어서 대중들이 항상 많았습니다. 스님은 그 많은 대중스님들의 뒷바라지를 다 했을 정도로 행정능력이 뛰어났습니다. 또 표훈사에 어느 누가 찾아와도 꼭 차비를 챙겨서 보낼

정도로 보시에 인색하지 않았습니다."

원허 스님은 휴전이 되자 언젠가는 다시 표훈사로 갈 생각으로 양양 낙산사로 갔다. 낙산사 역시 여느 사찰과 마찬가지로 전쟁 중 소실된 상태였다. 원허 스님은 낙산사에 살면서 복원불사를 했다. 표훈사 주지를 하면서 알고 지내던 신도들이 발 벗고 나서줘 불사를 원만히 해낼 수 있었다고 한다. 인환 스님은 낙산사 불사를 마친 스승을 서울 적조암으로 모시고 와 1967년 원허 스님이 입적할 때까지 극진히 모셨다.

⊙ 은사 원허 스님의 진영을 가리키며 출가 초기를 설명하는 인환 스님.

◉ 내원정사 범종 타종식. 오른쪽부터 석암 스님, 인환 스님, 정련 스님, 동춘 스님.

● **1983년 석암 스님에게서 전법을 받으셨습니다. 석암 스님과도 각별한 관계였다고 하던데요.**

● "내가 출가한 선암사에서 석암 스님을 만났고 그 이후에도 스님에게 많은 가르침을 받았습니다. 석암 스님에게 『초발심자경문』을 배웠고, 사미계를 받은 후에는 『사미율의』도 배웠습니다. 이 외에도 『사분계율』, 『사분율장』 등을 석암 스님 밑에서 공부했습니다. 석암 스님의 영향으로 후일 내가 일본에서 계율(戒律)을 공부했다고 할 수 있습니다.

석암 스님은 한마디로 대중정신으로 살았던 분입니다. 그만큼 대중들을 잘 외호하고, 공부를 할 수 있도록 했습니다. 그 어렵던 시기에 선

암사는 노장 스님들에게 방을 하나씩 드렸고, 낮에는 큰방에서 정진을
하게 했습니다. 내 은사인 원허 스님이 범어사에 있다가 선암사로 온
것은 선암사가 수행하기에 좋은 환경을 가지고 있었기 때문일 것입니
다. 석암 스님은 그렇게 잘 살았습니다."

석암 스님은 율(律)에도 정통했지만 선원에서 정진하는 수좌스님들의
모임인 '선림회' 회장을 맡을 정도로 선(禪)에도 밝았다고 한다. 인환
스님은 석암 스님에게 호암(顥庵)이라는 법호와 함께 법맥(法脈)과 계맥
(戒脈)을 이어 받았다.

스님은 석암 스님의 권유로 해인사 강원에 가기도 했다. 당시 해인사
에는 자운 스님, 영암 스님, 운허 스님 등이 학인들을 가르치고 있었
다. 인환 스님은 운허 스님에게 경(經)을 배우기 시작해 3년 6개월 정
도 해인사에 머물렀다. 그러다 운허 스님이 통도사로 옮기자 따라가서
강원 과정을 마쳤다. 인환 스님은 통도사 강원 1기 졸업생이다. 그 후
스님은 동국대 불교대학에 입학해 석사 과정까지 마쳤다.

● **정화를 직접 겪으셨지요?**

●   "출가해 선암사에 있는데 정화 불사가 시작됐습니다. 석암 스
님은 1955년 하안거 때 서울 조계사에서 안거를 하는 것으로 생각하
고 올라가자는 제안을 했습니다. 그래서 선암사를 지킬 몇 명을 제외
하고 전 대중이 조계사로 가서 정진하면서 정화에 동참했습니다. 전국
에서 400~500명이 모여 들었는데, 나는 후원에 가서 국 끓이는 갱두
(羹頭) 소임을 보며 살림에 손을 보탰습니다."

【 캐나다에 한국의 불교를 소개하다 】

● **동국대를 졸업하고 일본 유학에 나선 이유가 있었나요?**

● "당시 한국에는 불교 관련 자료가 많지 않았습니다. 그래서 일본 유학을 떠나게 됐습니다. 처음에는 일본 고마사와 대학에 가서 4년간의 박사 과정을 마쳤습니다. 과정을 마치고 나니 더 공부를 하고 싶은 욕심이 생겼습니다. 그래서 '붙으면 좋고 떨어져도 괜찮다'는 심정으로 도쿄대 인도철학과에 응시했습니다. 운이 좋았던지 붙었습니다. 그래서 도쿄대에서 공부를 더 하게 됐습니다."

스님은 계율의 대가이던 히라카와 아키라 박사를 지도교수로 모시고 연구에 매진했다. 5년여 공부 끝에 스님은 「신라불교 계율사상 연구」 라는 박사논문을 내놓았다. 스님은 "비록 일본에서 공부했지만 모국에 도움이 되고자 한국불교를 연구했다."고 전했다.

스님은 일본에서 독하게 공부했다. 일본에서 지낸 10년 동안 딱 한 번 한국에 왔다 갔을 정도였다. 방학 때는 밀린 공부를 하면서 일본의 임제종, 조동종 사찰의 선원에 들어가 참선도 했다. 또 동남아시아에서 온 스님들과 교류하며 위빠사나를 배우기도 했다. 위빠사나가 한국에 들어오기 훨씬 전에 이미 체험한 것이다.

● **박사학위를 받고 왜 귀국하지 않고 캐나다로 가셨습니까?**

● "일본에서 10여 년 공부를 하고 나니까 일본어를 마스터하게 됐습니다. 공부를 마치고 보니 영어를 더 공부해 보고 싶은 마음이 생겼습니다. 그런데 한국으로 돌아가면 다시 외국에서 공부하기가 어려

울 것 같은 생각이 들었습니다. 그래서 바로 캐나다로 갔습니다."

인환 스님이 한국에서 공부하던 시절에 사찰에서 영어를 공부하면 "부처님 법 공부 안 하고 요상한 짓 한다."고 타박받기 일쑤였다고 한다. 당시의 기억 때문이었는지 스님은 곧바로 캐나다로 가 영어를 배우며 토론토에 대각사를 열었다. 입소문을 타고 신도들도 많이 늘어 스님은 '너무 재미있게 포교하며 살았다'고 한다. 스님은 대각사 신도들에게 참선을 가르치며 한국의 간화선을 북미에 소개했다. 한국불교가 해외포교에 눈을 돌리지 못할 때 스님은 숭산 스님과 함께 서구 포교의 첫발을 연 셈이다.

● **한국에 돌아온 특별한 계기가 있었나요?**

● "캐나다와 미국을 오가며 포교를 하고 있었는데 당시 동국대 교수이던 지관 스님이 여러 번 돌아오라는 청을 했습니다. 몇 번 고사를 했었는데 지관 스님이 간곡하게 부탁해 1982년 귀국했습니다. 귀국하자마자 동국대 교수를 하며 학생들을 가르치게 됐습니다."

스님은 동국대 교수로서 십수년 동안 후학들을 가르쳤다. 당시 인환 스님에게 배운 스님들과 재가자들이 지금은 한국불교의 주축이 돼 법(法)을 전하고 있다.

● **동국대에 계실 때 가장 기억에 남는 일을 꼽는다면 무엇이 있을까요?**

● "많은 일들이 있었지만 그래도 기억에 남는 것이라고 하면 학생들에게 참선을 가르쳤다는 것입니다. 퇴임을 몇 년 앞두고 정각원에서 학생들에게 교양과목인 '자아와 명상'을 가르쳤습니다. 보통 적게

는 70~80명, 많게는 100명까지 듣는 수업입니다. 사실 학생들은 학점 이수가 목적이기 때문에 수업에 그렇게 진지하게 임하지 않습니다. 그런데 수업을 진행할수록 학생들이 하나둘 변해가는 모습을 보았고 강의가 끝날 때쯤에는 많은 학생들이 참선에 관심을 보이고 또 개인적으로 법당에 찾아오는 사람들도 많았습니다.

정각원 수업과 함께 불교대학원과 사회교육원에서도 참선을 가르쳤습니다. 학부 과정보다는 숫자가 적어 훨씬 가르치는 것이 쉬웠습니다. 문자가 아닌 실제 선(禪)을 가르쳤다는 것에 보람을 느꼈습니다."

스님은 "초심자들에게 참선의 자세와 호흡법, 마음가짐 등에 대해 상세하게 알려줬고 한 학기를 공부하고 나면 어디서든 참선을 할 수 있는 수준이 되도록 했다."고 덧붙였다.

⊙ 경국사 일주문.

【 깨달음은 체험의 세계 】

● **불자들에게 추천해 주실 만한 경전이 있을까요?**

●   "불자들에게는 『금강경』, 『화엄경』, 『법화경』, 『능엄경』을 추천하고 싶습니다. 특히 젊은 불자들은 『능엄경』을 많이 봤으면 좋겠습니다. 『능엄경』에는 젊은이들이 보기에 좋은 글들이 많이 있습니다. 또 원효 스님의 『발심수행장』도 많이 보시기 바랍니다. 기가 막힌 글들이 담겨 있습니다."

● **출가 이후 기억에 남는 스님들이 많이 있을 것 같습니다.**

●   "내가 해외에 17년간 있다 와서 그렇게 많은 스님들을 알지는 못합니다. 그래도 석암 스님과 함께 저에게 가장 많은 영향을 주신 분은 운허 스님입니다. 말씀드린 바와 같이 운허 스님은 제 강원 스승이기도 합니다.

운허 스님은 당시 강원의 전통적인 학습방법을 혁신적으로 바꾼 분입니다. 운허 스님은 종래의 전통 강원 방식에서 탈피하여 각 학인들이 해당하는 과목의 그룹에 들어가 매일 배우는 분량을 정하게 했습니다. 또 항상 토론식으로 수업을 이끌었습니다. 운허 스님은 열띤 강의로 학인들을 매료시켜서 반응이 매우 좋았었고, 어느 누구라도 청강할 수 있도록 허락했습니다. 운허 스님은 공부도 그렇지만 인격적으로 흠잡을 데가 없는 스승이었습니다.

망월사에 계시던 춘성 스님도 기억납니다. 내가 적조암에서 은사스님을 모시고 있을 때 춘성 스님이 가끔 오셨습니다. 춘성 스님은 '무애

도인'입니다. 호탕한 성격이었습니다. 곡차를 좋아하셨는데, 몇 번 곡
차 대접을 한 적도 있습니다. 지금은 지관 스님과 원로의원 현해 스님
과 가깝게 지냅니다."

● **어떤 화두로 공부를 하셨나요?**

● "'이뭣고'입니다. 출가 초기 석암 스님이 주신 화두입니다. 선
암사에서 10안거 정도를 했는데 그때 공부했던 힘으로 지금도 정진하
고 있는 것 같습니다."

인환 스님은 "선암사에 살던 시절 석암 스님을 모시고 서면시장을 오
가며 궁금한 것들을 물어 많은 답을 얻을 수 있었다."고 전했다.

"이 시절에 먼 길을 함께 가고 오면서, 율장에 관한 것뿐만 아니라 석
암 스님이 젊은 수행 시기에 경험한 일화들을 비롯해 참선수행, 화두
참구 등 수행 정진에 요긴한 조언, 절집 안의 사정, 조사스님들의 법문
등 실로 다양한 것을 배울 수 있었습니다. 이때 배운 바가 너무나 많았
고, 초발심의 신참수좌였던 나에게 석암 스님의 말씀은 마른 땅에 빗
물 스며들 듯 평생의 가르침으로 다가왔습니다."

● **스님을 강사**(講師)**또는 율사**(律師)**라고 보는 사람들이 많습니다.**

● "강사나 율사, 선사로 나누는 것은 사실 의미가 없습니다.
부처님 제자로 출가해 열심히 공부해서 대중들을 잘 가르치면 그만
입니다. 선(禪), 교(敎), 율(律)은 어느 것도 버릴 것이 없습니다. 부처
님 공부를 제대로 하려면 이 세 가지를 다 잘 알아야 합니다. 중국이
나 한국의 조사스님들을 보면 세 가지에 능통하지 않은 분이 없습니

다. 교리부터 율장, 조사어록까지 다 꿰고 있습니다. 한 가지 분야에 탁월해도 좋지만 세 가지를 겸비하면 시너지 효과가 있을 것입니다."

- **스님은 깨달았습니까? 깨달음은 무엇입니까?**

- "나는 석암 스님에게서 법(法)을 받았습니다. 법을 주고받은 도리는 말로 해서 알 수 있는 것이 아닙니다. 피상적으로 얘기해 봤자 쓸데없는 망상만 피우게 합니다. 전법은 이심전심의 도리입니다. 스승의 말 한마디에 눈빛으로 통하는 것이라고 할 수 있습니다. 쉽게 설명할 수 있는 세계가 아닙니다."

스님은 깨달음의 세계는 말로 할 수 있는 것이 아니라며 직접 공부해서 체험하는 것이 가장 중요하다고 말했다.

【 한국불교 세계화의 3대 조건 】

● "이와 관련해서는 미국의 경우를 살펴볼 필요가 있습니다. 미국에는 세계 불교가 다 들어와 있습니다. 티베트, 중국, 일본, 동남아 불교는 물론이고 한국불교도 열심히 포교하고 있습니다. 이 중 티베트 불교가 가장 널리 알려졌고 신도 수도 많습니다. 그 이유는 하나입니다. 바로 영어가 되기 때문입니다. 티베트 스님들은 인도로 쫓겨날 때부터 인도에서 현지어를 배우고 영어를 배웠습니다. 또 수행도 열심히 했습니다. 그렇다보니 세계 어디를 가도 '현지화'에 성공하고 있습니다.

이렇게 볼 때 한국불교 세계화를 위해서는 3대 조건이 있다고 생각합니다. 첫째는 영어, 둘째는 불교 교리에 대한 정확한 이해와 수행, 셋째는 간화선의 체계화입니다. 특히 간화선은 한국불교가 다른 나라와 비교해 우위를 점할 수 있는 분야이기 때문에 하루빨리 일을 진행시켜야 합니다."

스님은 한국불교 세계화와 함께 인재 양성도 시급하다고 강조했다. 스님은 "역경과 인재 양성, 포교는 종단의 미래 운명을 결정할 사업들"이라며 "아직도 구호만 요란했지 인재 양성을 위한 구체적 방법들은 많이 제시되지 못하고 있다."고 안타까움을 나타냈다. 인환 스님은 "제대로 된 인재를 배출하려면 그만큼 투자해야 한다."며 종단 안팎의 관심과 지원을 당부했다.

"죽음이라는 것은 방 안에 있다가 문을 열고 밖으로 나가는 것과 같이 자연스러운 것입니다. 평소 순간순간, 매일매일 올바르게 살면 아무 문제가 없습니다. 평생을 잘 살지 못한 사람들은 죽음을 두려워합니다. 그래서 지금 이 순간을 올바르게 사는 것이 중요합니다. 내가 서 있는 이 자리를 살피면 금생(今生)뿐만 아니라 내생(來生)에도 좋은 삶을 살게 될 것입니다."

인터뷰가 계속되는 3시간여 동안 스님 방의 전화는 쉴 새 없이 울렸다. 스님이 휴대전화를 쓰지 않기 때문에 방의 유선전화가 스님과 연결되는 유일한 통신수단이다. 스님의 안부를 묻거나 고민을 털어놓는 신도들의 전화는 물론이고 언론사들의 인터뷰 요청까지 내용도 다양했다. 스님은 한 통화, 한 통화를 할 때마다 때로는 할아버지처럼, 또 때로는 선생님처럼 말하며 칭찬도 하고 타이르기도 하며 정성을 다해 응대했다.

부처님오신날을 앞두고 만난 인환 스님은 이렇게 부처님의 인자한 미소를 그대로 닮아 있었다.

존재
원리를
알면

날마다

좋은
날

봉화 금봉암

고우 스님

고우 스님

수십 년간 제방에서 정진하다 세상에 나온
고우 스님은 불자들이 청하는 자리라면
원근(遠近)을 따지지 않고 찾아가 법문한다.
최근에는 대표적 불교 수행법인 간화선과
위빠사나의 소통을 위한 연찬회에 참석해
두 수행법이 다르지 않음을 역설했다.
고우 스님은 1968년경 문경 봉암사에 들어가
선원을 재건해 오늘날 조계종 특별종립선원의
기틀을 다졌다.
또 선원수좌회 공동대표와
봉화 각화사 태백선원 선원장 등을 지냈으며,
현재 조계종 원로의원이고
조계사 선림원 증명법사로서 후학들을 제접하고 있다.
봉화 금봉암에 주석하고 있다.

"미소가 얼굴에서 사라지지 않는다. 만났던 사람들 모두 다시 친견하기를 바란다. 불교를 가장 쉽게 풀어준다….."

고우(古愚) 스님을 아는 사람들의 한결같은 애기다. 필자 역시 같은 느낌이었다. 2003년 봉화 각화사 서암에서 스님을 처음 만났을 때 '옆집 할아버지 같은' 모습으로 하던 법문을 아직도 잊을 수 없다.

'여름 장맛비 같은 봄비'가 내리던 2011년 4월 30일, 고우 스님을 만나기 위해 봉화 금봉암을 찾았다. 금봉암은 법당과 요사채, 공양간이 전부인 작은 암자다.

스님은 올해로 다섯 번째 부처님오신날을 금봉암에서 맞는다. 금봉암은 다른 사찰에 흔히 있는 단청도 없다. 연등도 없다. 부처님오신날에 등을 켜지 않느냐는 물음에 스님은 "마음에 등불 켜는 것이 중요하지 법당에 등을 거는 것은 그리 중요하지 않다."고 잘라 말했다.

공양시간이 다 돼 도착해서인지 스님은 저녁부터 먹자고 했다. 공양주보살이 정성껏 준비해 준 국수가 메뉴다. 스님은 평소에도 국수를 즐겨 먹는다고 한다. 역시 국수가 스님들에게는 최고의 별미인 듯하다. 공양 후 자리를 옮겼다. 최근 많은 일정을 소화해 다소 피곤한 듯 스님은 "오늘은 간단하게 차 한잔 하고 내일 본격적인 애기를 하자."고 했다.

　　그럼에도 스님은 '중도연기(中道緣起)가 불교의 핵심'이라며 한참을 설명했다. 시간을 너무 빼앗는 것이 아닌가 하는 조바심이 들 정도로 스님은 자상하게 '불교와 중도연기', '무아와 공' 등에 대해 풀어주는 것은 물론 한국 사회의 소통 부재와 교육 현실 등에 대해서도 날카로운 비판을 서슴지 않았다.

　　이튿날 이른 아침 공양을 하며 다시 스님과 마주했다. 아침 메뉴는 '죽'이다. 스님은 죽을 먹으면서 "출가 초기만 해도 죽을 조식(朝食)으로 자주 먹었다."며 "그때는 직접 농사를 짓던 시기여서 죽만 먹고 일하는 것이 쉽지 않았다."고 했다. 먹어야 힘을 쓰는데 그러지 못했다는 회고다. 이야기의 주제는 자연스럽게 스님의 출가와 수행으로 옮겨갔다.

【 평상심으로 생활하는 사람이 부처 】

● **스님의 출가인연이 궁금합니다.**

● "나는 발심(發心)해서 출가한 것은 아닙니다. 폐결핵을 심하게 앓고 있어 요양차 절에 간 것이 인연이 돼 출가하게 된 것입니다. 가급적 인적이 드물고 대중이 적은 사찰을 찾아 스물다섯 살에 김천 청암사 수도암으로 가게 되었습니다. 당시 수도암에는 은사이신 법희 스님이 주지 소임을 보고 있었습니다."

불교와의 큰 인연이 없었던 스님은 강원에서 만난 관응 스님의 첫 강의를 듣고 뒤늦게 발심하게 됐다고 한다. "관응 스님의 강의를 듣고 깜짝 놀랐습니다. 관응 스님이 말씀하신 『도서』의 '장식파경(將識破境, 의식을 갖고 경계를 없앤다)' 한마디를 듣고 '불교가 이런 것이구나' 하는 생각을 했습니다. 그때서야 비로소 발심을 한 것 같습니다."

● **고봉 스님, 관응 스님, 혼해 스님으로부터 경(經)을 배우셨다고 들었습니다.**

● "청암사 강원에서 고봉 스님에게 『금강경』을 배웠습니다. 『금강경』을 통해 공(空)과 무아(無我)를 알았습니다. 관응 스님 밑에서는 『기신론』과 유식(唯識)을 공부했습니다. 혼해 스님은 선(禪)을 공부한 스님입니다. 경전도 선(禪)을 토대로 가르치셨습니다. 『금강경』을 다시 보고 『원각경』을 배우고 『화엄경』을 공부하기로 했는데, 혼해 스님이 책을 구해 놓으라고 하시고는 출타를 하셨습니다. 한달이 지나도 오시지 않아 향곡 스님이 있는 묘관음사로 가서 선원에 방부를 들였습니다. 세 분 모두 각각의 분야에서 대가들이었는데 내

가 운 좋게 선지식들 밑에서 다양하고 깊이 있게 공부를 할 수 있었
습니다."

스님은 7~8년이 지난 뒤 경남 함안에서 다시 혼해 스님을 만났다고
한다.

● **어떤 화두로 공부를 하셨나요?**

● "묘관음사에서 향곡 스님으로부터 '부처도 아니고 마음도 아
니고 한 물건도 아닌 이것은 무엇인가?' 라는 화두를 받았습니다. 그런
데 이 화두가 잘 안 돼 나중에 향곡 스님 법문을 듣고 '일면불 월면불
(日面佛 月面佛)' 화두를 들었습니다. 화두는 나에게 스승이면서도 도반
과 같은 존재입니다."

'일면불 월면불' 화두는 마조 스님과 관련된 일화에서 나온 것이다.
하루는 마조 스님이 몸이 아팠는데 그 절의 원주(院主) 스님이 문병
을 와서 마조 스님에게 물었다. "스님! 요즈음 병세가 어떠하십니
까?" 마조 스님은 여기서 '일면불 월면불!'이라고 답했다. 말뜻을
그대로 풀면 '해의 얼굴을 한 부처님! 달의 얼굴을 한 부처님!'이다.
일면불의 수명은 1,800살이고 월면불의 수명은 하루 낮 하루 밤이
라고 한다.

● **화두는 무엇입니까? 화두는 공부에서 어떤 역할을 합니까?**

● "화두는 짧은 순간에 깨닫게 하는 역할을 합니다. 이것이 안
되는 경우는 점진적으로 주관과 객관을 없애 가는 역할을 합니다. 주
객이 사라진 경지를 삼매(三昧) 또는 선정(禪定)이라 말합니다. '마른 똥

막대기', '뜰 앞의 잣나무'를 듣고 바로 주객이 끊어지지 않더라도 삼매를 통해서 주객을 점진적으로 끊는 역할을 합니다. 한순간에 깨닫거나 점진적으로 나가서 깨닫거나 깨닫고 나면 효과는 같습니다. 간단하면서 힘 있게 마음을 세탁해 나가는 것이 참선입니다. 번뇌를 세탁한 후에 일어나는 생각이 마하반야(摩訶般若)입니다. 그 지혜로 사고하고 생활하는 것을 평상심(平常心)이라고 합니다. 그 평상심으로 생활하는 사람을 부처라 하고 도인이라 합니다. 이 평상심이 자손에게 음덕을 끼치는 자리이며, 사회를 안정시키는 자리이고, 진짜 좌선하는 자리입니다."

【 팔만대장경을 한 글자로 줄이면 바로 空 】

● **기억에 남는 선지식들이 많이 있을 것 같습니다.**

● "효봉, 동산, 금오, 전강, 경봉, 지월, 성철, 향곡, 서옹, 서암 스님 등 근현대 선지식들을 만나 뵈었습니다.

서옹 스님을 많이 만났습니다. 스님은 굉장한 신사였습니다. 성철 스님은 선사(禪師)지만 불교를 가장 논리적이고 체계적으로 정리한 분입니다. 『백일법문』 하나만 봐도 불교에 대해 알 수 있을 정도로 정리를 잘하셨습니다. 해인사 지월 스님도 몇 번 만났습니다. 지월 스님은 '하심제일'이라는 말을 들을 정도로 수행을 열심히 하셨습니다. 누구를 만나도 허리를 굽혀 절을 했습니다. 스님은 한국불교 수행자들의 모델이셨습니다."

고우 스님은 1968년경 뜻을 모은 도반들과 함께 문경 봉암사에 들어가 선원을 재건해 오늘날의 조계종 특별종립선원의 기틀을 다졌다. 또 선승들의 모임인 선납회(禪衲會, 지금의 선원수좌회) 창립을 함께했다. 이후 스님은 선원수좌회 공동대표와 봉화 각화사 태백선원 선원장 등을 지냈다. 현재는 조계종 원로의원이며 조계사 선림원 승명법사로서 후학들을 제접하고 있다.

● **스님은 깨달으셨습니까?**

● "나는 깨닫지 못했습니다. 깨달음은 언행일치를 통해 확인할 수 있는데 아직까지 언행일치가 안 됩니다. 누가 안 좋은 소리를 하면 기분이 언짢아집니다. 진짜 깨달았다면 부처님같이 행동해야 합니다. 그래야 깨달았다고 인정받을 수 있을 것입니다."

스님은 깨달음은 아니지만 두 차례 '사고가 바뀌는 경험'을 했다고 한다. 첫 번째는 1970년대 초 상주 심원사에서 정진할 때였다. 하루는 참선을 하다 불현듯 '무시이래(無始以來)' 구절이 떠올랐다. 스님은 "그 무시이래가 '비롯함이 없는 아득한 옛날이 아니라 바로 지금 이 순간'이라는 시간과 공간을 초월한 느낌이 왔다."고 전했다. 두 번째는 1981년 각화사 동암에서 『육조단경』 '정혜불이품(定慧不二品)'의 '정과 혜가 하나 되더라도 비도(非道)이다. 하나가 되어 통류(通流)해야 한다'는 구절을 보고 나서다. 고우 스님은 "통류라는 말을 보는 순간 충격이 왔다. 백척간두진일보(百尺竿頭進一步)라는 말이 비로소 이해되면서 눈앞의 두두물물이 다 부처라는 것을 알았다."고 밝혔다.

● **부처님 가르침의 핵심은 무엇입니까?**

● "부처님께서 우리에게 알려 주신 것은 바로 공(空)과 무아(無我)입니다. 부처님께서 45년간 법문하시고 역대조사들이 말씀하신 것을 모아 놓은 것이 '팔만대장경'입니다. 팔만대장경을 한 자로 줄이면 바로 '공' 한 글자입니다. 부처님께서도 공, 무아를 깨달으시고 절대적인 행복을 느꼈습니다. 부처님께서는 당신을 포함한 우주 자연의 존재 원리를 깨닫고 영원한 행복을 얻었습니다. 그런데 우리는 객관 대상은 물론이고 자기 자신도 '있다'고 생각합니다. 그 착각으로 살아가고 있는 것입니다. 우리는 부처님께서 깨달으신 공을 이해하여 착각으로부터 벗어나야 영원한 행복이라는 목적에 도달할 수 있습니다. 참선은 공과 무아를 체험하기 위해 하는 수행입니다. 참선 공부가 바로 공과 무아로 갈 수 있는 지름길입니다."

● **참선을 하다 보면 몸도 아프고 정신도 집중할 수 없는 때가 있습니다. 이럴 때는 어떻게 해야 합니까?**

● "처음 참선을 하면 적응하기 쉽지 않습니다. 사람에 따라 다르긴 하지만 대부분 한 달 내에 육체적인 조복(調伏)을 받을 수 있습니다. 그리고 조금 길면 한 철 정도 걸립니다. 몸이 아프다고 해서 병이 나는 것은 아닙니다. 걱정하지 않아도 됩니다. 화두에 집중하다 보면 몸의 고통은 다 잊게 됩니다."

참선할 때의 호흡에 대해서도 스님은 "죽으나 사나 화두가 생명이다. 호흡이 어떻고 다리가 아프고 이런 것들은 신경 쓸 필요가 없다. '성성적적'으로 화두가 잘 되면 호흡도 안정된다."고 말했다.

【 공과 무아를 알면 삶이 바뀐다 】

● **왜 부처님의 가르침을 공부해야 하나요?**

● "행복하게 살기 위해서입니다. 다른 종교는 행복을 '나' 밖에서 얻으려 합니다. 특히 지금은 자본주의 사회다 보니 행복의 조건을 물질에 둡니다. 그러나 물질은 절대적인 행복의 조건이 될 수 없습니다. 밖으로 추구하는 행복은 상대적이고 유한한 행복이기 때문에 순기능과 역기능이 항상 함께 따라옵니다. 부처님의 가르침을 깨닫게 되면 역기능이 없고 절대적이고 무한한 순수 행복을 느낄 수 있게 될 것입니다.

『서장』에서 대혜 선사는 부처님의 가르침을 이해하고 체험하면 내가 바로 부처이고 조사가 될 수 있다고 했습니다. 그 자리를 발견할 수 있는 가장 좋은 방법이 선(禪)입니다. 선이라고 하면 좌선(坐禪)을 떠올리는데, 몸이 앉는 것이 좌선이 아니라 마음이 앉는 것이 좌선입니다. 이런 경지에 이르게 되면 일상생활이 매일매일 행복해지면서 다른 사람에게도 좋은 감화와 영향을 줄 수 있게 됩니다."

스님은 "그런데 지금 불교인들은 자기만을 위해서 수행하는 경우가 많다."고 지적했다.

"이것은 잘못된 것입니다. 수행을 통해서 사회와 이웃에 많은 도움을 줄 수 있어야 합니다. 대혜 선사는 대신(大臣)이 수행을 열심히 해 정치를 잘하면 임금을 요순의 지위에 올릴 수 있다고 했습니다. 대혜 선사는 송나라가 금나라에 핍박을 받던 시기에 선(禪)으로 전쟁에 지친 백성들에게 용기를 주었습니다. 혼자 잘되려고 참선을 하는 것이 아닙니다. 처음에는 나를 위하여 참선을 하다가도 이웃을 위하는 것이 나를 위한 것이고, 나를 위하는 것이 이웃을 위하는 것이라는 것을 자연스럽게 알게 될 것입니다. 이런 생각이 되지 않으면 참선을 잘못하는 것입니다. 참선을 제대로 하면 마음이 넓어지고, 이기심이 없어지며 남과 더불어 잘 살아야겠다는 절대적이고 무한한 생각이 저절로 들게 됩니다."

● **그럼 공과 무아를 알게 되면 어떻게 삶이 바뀔 수 있습니까?**

● "먼저 형상은 달라도 본질이 다 평등하다고 알아서 비교를 안 하게 되고, 비교에서 오는 모든 스트레스를 받지 않게 됩니다. 생각이 다르다고 모양이 다르다고 종교가 다르다고 우리는 얼마나 싸우고 있습니까? 외형은 다르나 본질은 모두 하나입니다. 갈등과 대립, 투쟁은

◉ 1980년대 초반 동춘 스님(오른쪽)과 희양산에 오르다 휴식 중인 모습.

자해 행위입니다. 본질을 알면 절대로 비교하지 않고 스트레스 받지
않습니다.

둘째, 자기가 하는 일의 가치와 의미를 알게 됩니다. 가치와 의미를 알
면 하는 일이 즐거워서 열심히 하게 됩니다. 그럼으로써 전문가가 되
고 전문가가 되니 남들에게 인정받고 존경받는 사람이 됩니다. 모든
분야에서 훌륭한 인재가 많은 사회와 국가는 안정되고 좋은 사회이고
좋은 나라입니다.

셋째, 자주적인 사람이 됩니다. 자신의 욕망이나 외부의 유혹에도 흔
들리지 않기 때문에 공익을 위해서 당당히 살아갈 수 있는 사람이 됩
니다.

넷째, 소통하는 사람이 됩니다. 지금 우리 사회를 보면 소통의 부재
에서 오는 갈등을 얼마나 많이 겪고 있습니까? 가정에서, 직장에서,
사회에서, 정치권에서 소통 부재의 소음이 국민을 정신적으로 얼마
나 괴롭히고 있습니까? 진보든 보수든 국가와 국민을 잘되게 하자고
만든 제도이고 수단입니다. 그렇지만 소통의 부재로 많은 문제들을
만들어 왔습니다. 다리 길이가 다르다고 황새 다리를 끊어서 뱁새 다
리에 붙이는 것은 소통이 아닙니다. 산에 여러 종류의 나무들이 다툼
없이 잘 자라듯이, 다양한 삶을 서로 인정하면서 더불어 살아가야 합
니다."

● **말씀하신 바와 같이 불교는 참 좋은 공부인데 왜 상좌는 두 명만 두셨습니까?**

● "공식 상좌는 두 명이지만 내 법문을 듣는 사람들이 다 내 제
자 아닙니까? 허허."

고우 스님은 중산 스님과 중선 스님을 제자로 두고 있다. 두 스님은 출가 이후 줄곧 선원에서만 정진하고 있다. 지난 동안거가 끝난 이후 둘째 상좌인 중선 스님이 금봉암에 와 고우 스님을 모시고 있다.

【 간화선과 위빠사나 】

● **얼마 전 '간화선과 위빠사나 국제연찬회'에 참석하셨습니다. 왜 참가를 결심하셨나요?**

● "간화선과 위빠사나를 개신교와 가톨릭의 관계처럼 생각하는 사람들이 많습니다. 나는 지난 연찬회에서 두 수행법이 다르지 않다는 것을 얘기하고 싶어 참석했습니다. 영가 스님은 『영가집』에서 위빠사나를 성성적적(惺惺寂寂)으로 표현하고 있습니다. 화두를 통한 삼매나 위빠사나를 통한 삼매는 다르지 않습니다. 색깔이 다른 보자기에 포장된 같은 내용물이라고 보면 됩니다. 그래서 두 수행법이 서로 싸울 이유가 없는 것입니다. 대립하고 싸우면 그것은 불교가 아닙니다."
지난 4월 8일부터 3일간 공주 전통불교문화원에서 열린 국제연찬회는 200여 사부대중이 참석한 가운데 진행됐다. 미얀마에서 위빠사나를 지도하고 있는 파욱 스님과 고우 스님이 함께한 연찬회는 남방과 북방의 대표적인 수행법인 위빠사나와 간화선에 대해 알아 보고 소통하기 위해 마련된 자리였다. 평소 '소통'을 강조하는 고우 스님은 흔쾌히 연찬회에 참석했다. 고우 스님의 경계를 넘나드는 법문에 참석자들은 열띤 호응을 보내기도 했다.

● **간화선과 위빠사나의 수행방법을 돈오돈수**(頓悟頓修)**와 점수돈오**(漸修頓悟)**로 볼 수 있는 것입니까?**

● "간화선은 화두를 들고 공부합니다. 인간은 본래 부처임에도 중생이라고 생각합니다. 이것은 착각입니다. 그 착각에 의해 수행하는 것 또한 착각입니다. 그래서 깨닫는다는 말도 허구입니다. 법(法)으로 보면 '닦는다', '깨닫는다'는 말도 성립할 수 없습니다. 위빠사나는 '미혹'한 것이 있다는 생각을 하고 닦는 것이어서 점진적 수행이라고 볼 수 있습니다. 그러나 간화선은 착각을 단박에 깨는 것이기 때문에 돈오돈수입니다."

● **연찬회가 끝나고는 중국 성지순례도 다녀오셨습니다. 한국불교가 중국불교의 아류라고 보는 사람도 많습니다.**

● "지난 4월 21일부터 26일까지 선원장 스님 20여 명과 태고보우 스님이 석옥청공 스님을 만났던 천호사를 비롯한 몇몇 사찰을 다녀왔습니다. 우리나라의 옛 조사들이 중국에 가서 공부를 하고 온 사례는 많습니다. 도의 국사는 서당지장 선사에게, 태고보우 국사도 석옥청공 스님에게, 나옹 스님도 평상처럼 스님에게 공부를 배웠습니다. 그래서 우리 스님들은 중국 선불교 현장을 찾아갑니다. 고봉 스님이나 대혜 스님이 공부했던 사찰도 가고 초조 달마부터 육조 혜능에 이르는 초기 중국 선불교 현장도 자주 갑니다. 그런데 이것을 사대주의로 보는 사람이 있는 모양인데, 그것은 맞지 않습니다. 불교는 국가와 민족을 초월합니다. 허공에 국경이 없듯이 부처님 법을 공부하는데 국경이 무슨 의미가 있습니까?"

【 부처님은 전쟁도 막았다 】

● 최근의 일들을 보면 사회가 종교를 걱정하는 지경에 이르렀습니다. 왜 이런 일이 벌어졌다고 보시나요?

● "최근 몇몇 종교인들의 모습을 보며 나 역시 가슴이 아팠습니다. 우리 사회가 막다른 곳까지 오지 않았나 하는 생각도 듭니다. 이런 일이 일어나는 원인은 종교인들 스스로 자신의 종교에 대해 정확하게 이해하지 못하고 있기 때문입니다. 그러다 보니 종교를 이용해 자기 욕망을 충족하려는 생각까지 합니다. 부처님과 하느님은 그렇게 가르치지 않았습니다. 종교인들은 이런 면에서 국민들에게 마음으로 사과해야 합니다."

스님은 종교계가 철저하게 반성해야 한다며 장군죽비를 거침없이 내리쳤다. 스님은 특히 "여러 가지 갈등을 해소하여 사회를 통합해야 할 정치권이 갈등을 조장하고 있는데 종교마저 정치의 잘못된 것만 배우고 있다."고 일침을 놓았다.

● 깨달음의 사회적 역할에 대해 어떻게 보십니까?

● "깨달음의 사회적 역할 문제는 부처님이 그 당시 사회를 어떻게 바라보고 대안을 제시했는지를 살펴보면서 검토해 볼 필요가 있습니다. 부처님의 출가 동기 자체가 '사회'에 대한 문제의식에서 비롯됐다고 할 수 있습니다. 부처님이 깨닫고 나서 지혜의 눈으로 당신이 고뇌했던 문제를 비추어 보니 해결방법이 나왔습니다. 이것이 바로 '깨달음과 사회성'입니다.

부처님 당시로부터 2,600년이 지났지만 법(法)은 시간과 공간을 초월해 적용할 수 있는 것입니다. 부처님은 깨달음의 눈으로 사회를 개혁하고 발전시키려 노력했습니다. 스님들은 사회성의 실천에 몸을 바치고 본인도 행복하고 다른 사람들도 행복하게 하겠다고 출가한 사람들입니다. 스님들은 사명감과 원력(願力)을 가져야 합니다.

우리는 무아(無我)와 공(空)을 이해해서 절대 무한의 세계에서 사회를 볼 수 있도록 열심히 공부해야 합니다. 지혜의 눈으로 삶을 살면서 사회도 그렇게 되도록 노력해야 합니다. 부처님은 사회화의 실천을 위해 45년간 방방곡곡을 다녔습니다.

시대는 바뀌었지만 부처님 깨달음의 내용은 바뀐 것이 없습니다. 존재원리를 깨달은 것입니다. 존재의 원리를 알면 가정과 사회를 좋은 방향으로 개선할 수 있습니다. 부처님은 전쟁도 막았습니다. 부처님 당시 아사세 왕이 밧지국을 쳐들어가려 했습니다. 왕이 대신을 보내 전쟁을 이길 수 있는지 부처님에게 물어보라고 했습니다. 부처님은 그 물음엔 대꾸를 안 하고, 아난에게 밧지국이 큰일이 있을 때마다 부족장들을 불러 논의해서 일을 잘 처리하고 있느냐고 물었습니다. 그렇다고 하자 민주적으로 일을 잘 처리하는 나라는 번성하면 했지 멸망하지 않는다고 말했습니다. 그래서 그 얘기를 대신이 왕에게 전해 전쟁을 막았습니다. 불교는 사회문제에 대해 해법을 제시해야 합니다. 그런데 지금 불교를 보면 오히려 세속적으로 닮아가고 있습니다. 정말 반성해야 합니다. 불교를 알고 지혜를 계발해 사회에 영향을 줄 수 있어야 합니다. 갈등과 대립은 어떤 이유로든 옳지 않습니다. 자살이나 갈등, 대립 등 우리 사회의 많은 문제를 풀 수 있는 방법이 다 불교 안에 있습니다. 불교와 사회성은 하나입니다."

● **마지막으로 중생들에게 당부하고 싶은 한 말씀 부탁드립니다.**

● "자기를 바로 봐야 합니다. 긍정적으로 보되 스스로를 비하하거나 부정적으로는 보지 말아야 합니다. 남도 긍정적으로 봐주고 서로서로 칭찬하고 인정해야 합니다. 우리 모두는 불성을 가지고 태어난 부처님입니다."

스님과의 인터뷰가 진행되는 동안에도 불자들이 적지 않게 찾아왔다. 멀리서 온 불자들을 더 기다리게 할 수 없어 자리를 정리했다.

고우 스님은 금봉암에서 불자들을 위해 매월 넷째 주 목요일 저녁에 『서장』 강의를 하고 있다. 작은 법당에 100명이 넘는 불자들이 와 법문을 듣고 있다고 한다. 서울 등지에서도 스님의 법문을 듣기 위한 법석(法席)이 계속 마련되고 있다. 스님은 건강이 허락하는 한 어디든 달려가서 불자와 국민들을 만날 것이라고 했다. 그래서일까? 사람들은 '상구보리 하화중생(上求菩提 下化衆生)'을 직접 실천하고 있는 고우 스님을 더 보고 싶어 한다. 스님과 이틀을 보내고 금봉암을 나오며 정해지지 않은 스님과의 만남을 먼저 기대하는 것이 단순한 '오버'는 아닌 듯하다.

한국의 대표 선지식 18인에게 듣는
인생과 깨달음 이야기

2011년 9월 5일 초판 1쇄 발행
2011년 9월 26일 초판 3쇄 발행

글·사진   _ 조계종 총무원 · 유철주

펴낸이   _ 박상근(至弘)
주간   _ 류지호
책임편집   _ 이기선
편집   _ 사기순, 이상근, 정선경, 이기선
디자인   _ 백복자
제작   _ 김명환
홍보마케팅 _ 허성국, 김대현, 김영수
관리   _ 윤애경

펴낸 곳   불광출판사
            110-140 서울시 종로구 수송동 46-21, 3층
대표전화   02) 420-3200
편집부   02) 420-3300
팩시밀리   02) 420-3400

출판등록 제1-183호(1979. 10. 10)
ⓒ 조계종 총무원 · 유철주, 2011
ISBN 978-89-7479-600-6 03220
값 16,000원

독자의 의견을 기다립니다.
www.bulkwang.co.kr
잘못된 책은 바꾸어 드립니다.